李坤明　张丽艳　张春燕　柯　倩◎著

企业风险的
形成和治理研究

QIYE FENGXIAN DE
XINGCHENG HE ZHILI YANJIU

中国财经出版传媒集团
经济科学出版社
Economic Science Press
·北京·

图书在版编目（CIP）数据

企业风险的形成和治理研究／李坤明等著．－－北京：经济科学出版社，2023.12

ISBN 978 - 7 - 5218 - 5580 - 7

Ⅰ.①企…　Ⅱ.①李…　Ⅲ.①企业管理 - 风险管理 - 研究　Ⅳ.①F272.35

中国国家版本馆 CIP 数据核字（2024）第 038023 号

责任编辑：杜　鹏　胡真子
责任校对：郑淑艳
责任印制：邱　天

企业风险的形成和治理研究

李坤明　张丽艳　张春燕　柯　倩◎著

经济科学出版社出版、发行　新华书店经销
社址：北京市海淀区阜成路甲 28 号　邮编：100142
编辑部电话：010 - 88191441　发行部电话：010 - 88191522
网址：www. esp. com. cn
电子邮箱：esp_bj@ 163. com
天猫网店：经济科学出版社旗舰店
网址：http: //jjkxcbs. tmall. com
固安华明印业有限公司印装
710 × 1000　16 开　15.5 印张　270000 字
2023 年 12 月第 1 版　2023 年 12 月第 1 次印刷
ISBN 978 - 7 - 5218 - 5580 - 7　定价：118.00 元

前　言

党的二十大报告强调，要坚持以推动高质量发展为主题，坚持把发展经济的着力点放在实体经济上，把扩大内需战略同深化供给侧结构性改革有机结合起来，增强国内大循环内生动力和可靠性，提升国际循环质量和水平，准确把握金融服务实体经济的新态势和让利实体经济的政策要求，为推动经济实现质的有效提升和量的合理增长提供保证。然而，受外部市场环境和企业内部管理的影响，企业在生产经营过程中面临的投资失误、财务危机和股价崩盘等风险事件屡见不鲜。作为实体经济的主体，企业各类风险存量一旦临近阈值，单个部门的金融风险很可能跨部门转移至整个金融系统，严重阻碍我国实体经济的持续健康发展，甚至引发金融危机。

投资是影响企业价值和企业未来发展前景的重要因素，也是改革开放以来我国经济高速增长的主要推动力，但近年来我国经济高速增长的背后却存在着"高投资，低效率"和"宏观好，微观不好"等问题（李佳霖等，2019）。根据国家统计局数据分析，2008~2019年，全社会固定资产投资支出的平均增速16.14%已远远超越国内生产总值的平均增速11.5%，投资对产出的贡献从2008年的53.3%下降到2019年的31.2%①。可见，低水平的重复建设和

---

①　国家统计局. 固定资产投资和国内生产总值 ［DB/OL］. https：//data. stats. gov. cn/easyquery. htm？ cn = C01.

单纯数量扩张没有出路，只有以质取胜，不断夯实实体经济基础，突破供给约束堵点，形成更高效率的投入产出关系，不断塑造新的竞争优势，才能支撑我国经济持续健康发展。

债务问题是金融风险的来源之一，企业债务规模的迅速上升，使其潜在的财务脆弱性引发担忧。国际货币基金组织（International Monetary Fund，IMF）的《全球金融稳定报告》指出，非金融企业部门杠杆的积累可作为财务脆弱性的一个反映[①]，因为高水平的债务更容易受到不利冲击的影响，当流动性压力转变为偿还问题时，高杠杆率的企业很可能导致整个部门的风险聚集（巴拉哈斯等，2021）。而历次金融危机的经验事实也表明单个部门的违约可通过资产负债表关联造成跨部门的连锁冲击（苟文均等，2016），影响金融系统稳定。2020年开始，经济潜在增速下行等冲击使得我国系统性金融风险有重新抬头的迹象，现金流回收延缓，对于偿付能力与流动性头寸较弱的企业而言，很可能导致脆弱性程度加剧，这表明非金融企业部门更深层次的财务风险正在暴露，需要引起重视。

为妥善防范、精准处理和有效化解企业经营过程暴露的风险和危机，本书根据现实问题、理论提炼和逻辑演绎，围绕企业面临的"投资风险、财务风险、股价崩盘市场风险"，拟解决以下问题：企业风险如何形成和集聚？企业风险的影响机制是什么？是否存在影响企业风险的中介传导效应？如何发挥外部治理环境和企业内部治理机制的联动作用，防范和化解企业风险？

本书由10个章节、四大部分构成。第一部分（第1章），介绍本书研究框架，包含研究意义、研究内容和技术路线。第二部分（第2～5章），探索企业非效率投资的形成原因和治理机制。针对我国当前产能过剩、投资效率低下以及金融服务实体经济功能减弱等

---

① 国际货币基金组织. 全球金融稳定报告［EB/OL］. https：//www.imf.org/zh/Publications/GFSR.

一系列经济问题，重点分析金融资源错配对企业投资效率的直接影响、影响机制、中介传导效应和异质性影响，同时，基于外部治理环境，从政府干预度、金融市场化和法治环境三个维度研究政府治理对金融错配与企业非效率投资的调节效应。第三部分（第6~7章），探索企业财务脆弱性的形成机制。宏观环境的不确定性增加了政府调控频率，而政策波动造成的不确定性往往在分析企业决策行为时容易被忽略，在前所未有的高度经济政策不确定下，企业脆弱性势必会通过其相关决策行为受到影响。本部分基于外部环境不确定的视角，分析经济政策不确定性是否对企业财务脆弱性产生影响、影响的具体方向，以及在不同时期阶段和不同特征企业中是否存在异质性，并检验经济政策不确定性与财务脆弱性之间是否存在着基于企业融资相关决策的传导机制。第四部分（第8~10章），探索股价崩盘风险的形成机制，提出相关政策建议。高管团队的性别结构作为企业财务治理过程中的重要因素，其信息披露的管理行为差异对股价崩盘风险的影响已引起广泛关注。本部分围绕高管性别结构，分析女性高管比例、高管职位类型对股价崩盘风险的影响机制和影响方向；利用门限模型检验门限值，研究不同所有权性质企业的异质性和股价崩盘风险在不同分位数水平上的边际效应；根据实证研究结果，对企业风险的化解和治理提出政策建议。

本书由福建农林大学经济与管理学院李坤明副教授、福建水利电力职业技术学院张丽艳老师、中国邮政储蓄银行股份有限公司厦门分行张春燕以及立信会计师事务所柯倩合著。其中，李坤明负责书稿的研究框架设计并指导和参与全书的撰写及校对工作，负责撰写总字数为16万字；张丽艳参与第1~5章和第10章的撰写，并参与全书的撰写和书稿的整理、统稿、校对等工作，负责撰写总字数为5万字；张春燕参与第6、第7、第10章的撰写工作，负责撰写总字数为3万字；柯倩参与第8、第9、第10章的撰写工作，负责撰写总字数为3万字。

本书受福建农林大学经济与管理学院一流师资队伍建设项目、福建省自然科学基金项目（2021J01113）、福建农林大学科技创新专项基金项目（社科类）（CXZX2022026）、2022年度福建农林大学科技创新专项基金项目（KFb22106XA）等课题的支持与资助。

李坤明

2023 年 11 月

目　录

第 I 部分　企业投资风险

第Ⅱ部分　企业财务风险

第Ⅲ部分　企业市场风险

第 1 章

本书研究框架

1.1 研究意义

企业作为实体经济发展的主体，其生产、运营、投资和风险管理等方面的稳健运行，都关乎企业能否持续健康发展，进而影响国家经济的前途命运。本书在现有研究的基础上，通过文献研究法、理论分析法、实证分析法和比较分析法等方法，从"投资决策、财务脆弱性、股价崩盘风险"的角度，探索企业不同风险的形成和治理机制，以期拓展相关理论研究，为实体企业、国民经济的健康发展和政府精准调控提供参考。

1.1.1 理论意义

关于企业投资行为影响因素的研究，国内外学者主要从财务信息、所有权性质、股权结构和行为金融等微观层面进行探讨，较少研究金融资源配置效率对企业非效率投资的直接影响和间接影响，以及外部政府治理和企业内部治理相结合对企业投资行为的联动作用。因此，本书将政府治理、金融错配和企业非效率投资纳入同一研究框架具有重要的理论意义。第一，从金融资源配置效率的角度研究企业投资行为，丰富了企业投资行为影响因素的相关理论研究。第二，探索债务融资在金融错配与企业非效率投资间的中介效应，丰富了企业资本结构理论的研究内涵。第三，考虑内外部治理对企业投资行为的共同作用，分析地区政府治理对金融错配与企业非效率投资关系的调节作用，丰富了公司内部治理的理论研究。

关于企业财务脆弱性的研究，现有文献主要从宏观经济、整体金融系统和银行体系进行分析，较少涉及非金融企业部门的研究。同时，在当前经济政策高度不确定的背景下，更多关注经济不确定性对企业经营决策的影响，忽略了政策波动导致决策变化对企业财务经营状况和现存风险的进一步影响。因此，首先，在现有研究基础上，本书将微观企业作为研究对象，拓展财务脆弱性的研究范围和深度；其次，考虑政策波动的联动作用，分析经济不确定性对企业财务脆弱性的直接影响，丰富了财务脆弱性形成机制的探索；最后，探讨经济不确定性的传导渠道，以及基于不同特征企业可能存在的融资约束差异进行异质性分析，并重点关注企业持有外币计价债务可能产生的影响，为缓解企业财务危机提供新思路。

关于股价崩盘风险的研究，现有文献研究主要基于性别对股价崩盘风险的均值线性影响，较少文献研究高管性别对股价崩盘风险的非线性异质性影响。因此，将整个高管团队作为研究对象，研究我国上市公司高管性别结构对股价崩盘的异质性影响，这在一定程度上丰富了股价崩盘风险和我国高管团队多样性体系建设的理论基础研究。

1.1.2 现实意义

金融资源作为企业投资活动的基础，其资源配置过程中普遍存在的所有制歧视和规模歧视，不仅制约企业投融资效率，也严重阻碍投资对我国经济增长的推动。同时，经济政策不确定性仍然存在，而且难以彻底消除，不确定指数的高涨与波动前所未有，企业债务问题引发的一系列担忧，恐将从企业现有财务脆弱性处传导。加之高管信息披露操纵、信息公开不透明和企业投资决策失误所引发的频繁股价崩盘风险。若企业投资决策失误风险、财务脆弱性风险和股价崩盘风险，通过关联行业或具有系统重要性的大型企业造成整个部门的风险积聚，则可能引发严重后果。因此，深入研究和探索企业风险的形成和治理机制，对于改善企业治理机制以及防范和化解金融危机具有重要的现实指导意义。

首先，当前关于企业风险形成机制的研究主要偏重某个领域，缺乏对经营环节可能出现风险事件的全面考虑，难以准确地反映和评价复杂多变的企业风险，本书从投资、财务和市场等风险维度，深入探索企业风险的形成原因和治理机制，为有效缓解企业风险和避免内部风险堆积造成的连锁冲击提供了科学依据。其次，有助于我们深入理解企业投资行为、财务敏感性和股价崩盘风险的影响机制，对缓解企业投融资困境、改善投资效率低下和深化金融改革具有一定的指导意义，并为进一步探索经济增长内生动力奠定基础。再次，基于宏观治理环境研究企业风险，对企业内部治理具有一定的指导作用，可以辅助企业依据外部环境的变动，适时进行风险管理和投融资决策的调整，从而缓解外部金融资源配置扭曲、经济政策不确定性以及内部高管治理不善造成的负面影响，提高企业抗风险能力，同时也为政府治理和企业监督提供参考。最后，有助于中国企业正确认识女性高管对公司的影响力和作用，挖掘女性高管的经营管理和决策能力，有效降低股价崩盘发生的可能性，同时有效保护广大中小投资者合法权益，对促进我国金融市场的健康稳定发展也具有重要的现实意义。

1.2　研究内容

本书研究企业风险的形成和治理机制，围绕企业"投资风险、财务风险和市场风险"三个脉络展开探索。第一部分，针对金融资源配置扭曲现象，研究金融错配对企业投资效率的影响机制、中介效应和异质性影响，同时基于外部治理环境，从政府干预度、金融市场化和法治环境检验政府治理对企业非效率投资的治理调节效应；第二部分，面对政策不确定指数空前波动和高涨，研究经济政策不确定性对企业财务脆弱性的影响方向、中介传导机制，以及在不同时段和不同特征企业的异质性影响；第三部分，鉴于高管信息披露操纵引发的频繁股价崩盘风险，研究高管性别结构对股价崩盘风险的影响机制，探索二者是否存在非线性关系，并利用面板门限模型检验门限值，同时研究不同所有权性质的异质性和股价崩盘风险在不同分位数水平上的边际效应。具体结构如下。

第1章，本书研究框架。介绍本书撰写的理论意义和现实意义、研究内容和技术路线。

第2章，企业非效率投资的形成机制：金融错配的视角。（1）背景介绍。基于金融资源配置与企业产出效率相背离的背景，提出研究疑问。（2）文献回顾。现有学者在金融资源配置的现状、金融错配的度量方法、金融错配的形成机制、金融错配的经济后果以及企业非效率投资的影响因素方面的研究已取得较大成果，在此基础上，本章提出新的研究视角、内容和方法。（3）理论分析和研究假设。基于资源配置理论、信息不对称理论、代理成本理论、行为金融理论以及交易费用经济学分立的治理结构选择理论，分析金融错配对企业非效率投资的影响机制，以及可能存在的中介变量。（4）本章内容总结。

第3章，金融错配影响企业非效率投资的实证检验。本章以2008～2019年沪深A股上市公司为研究对象，检验金融错配是否加剧企业过度、投资不足，造成企业非效率投资加重。（1）变量选取及预处理。说明样本选取、数据来源和筛选，对变量进行选择和定义，并进行描述性统计和相关性分析。（2）直接效应检验。利用面板数据模型检验金融错配对企业非效率投资的影响。（3）异质性影响的检验。基于我国金融资源配置的表现和现状，检验金融错配在不同所有权性质和不同规模企业中对企业非效率投资的异质性影响。（4）中介效应检验。采用中介效应模型的逐步检验法和自助（Bootstrap）法，检验债务融资在金融错配与企业非效率投资间所起的中介作用，并分组研究不同所有权性质和不同规模企业作用机制的差异和内在联系。（5）稳健性检验。通过重新划分被解释变量的衡量标准，进行稳健性检验，验证回归结果的可靠性。（6）根据实证分析结果归纳结论。

第4章，企业非效率投资的治理：政府治理的视角。（1）背景介绍。政府治理作为企业外部经营环境，影响着企业经营发展，基于此提出政府治理作为调节变量的初步设想。（2）文献回顾。国内外学者对政府治理的界定和产生的经济后果已有丰富的研究，本章在现有成果基础上，拓展了政府治理的衡量维度，综合考虑内外部因素对企业投资行为的共同影响。（3）理论分析和研究假设。基于理论基础，从政府对企业的干预度、金融市场化和法治水平三个维度，分析政府治理对金融错配与企业非效率投资的调节机制。

第 5 章，政府治理的调节效应实证检验。本章将政府治理作为调节变量，从政府对企业干预度、金融业市场化和法治水平三个角度检验政府治理的调节效应。（1）全样本下的调节效应。利用面板效应模型检验政府治理对金融错配与企业非效率投资关系的调节作用。（2）所有权性质的治理异质性。检验政府治理在国有企业和民营企业中的调节差异。（3）企业规模的治理异质性。检验政府治理在大规模企业和小规模企业中的调节差异。（4）稳健性检验。通过重新界定被解释变量的方法，进行稳健性检验，以支持前面的估计结果。（5）根据实证分析结果得出研究结论。

第 6 章，企业财务脆弱性的形成机制：经济政策不确定性的视角。（1）背景介绍。引出政策不确定指数空前高涨以及债务危机引发财务脆弱性不断上升的经济背景，并对两者关系提出疑问。（2）文献回顾。当前，国内外学者关于财务脆弱性的界定和影响因素，以及经济政策不确定产生的经济后果已有丰富的研究，在此基础上，进一步拓展本章的研究思路和内容。（3）简要阐述财务脆弱性的理论基础。包含实物期权理论、信息不对称理论和原罪假说理论。（4）理论分析和研究假设。分析经济政策不确定性对企业财务脆弱性的直接影响、在不同时段和不同特征企业中的异质性影响，以及存在的中介传导渠道。（5）本章内容的归纳总结。

第 7 章，经济政策不确定性影响企业财务脆弱性的实证检验。本章以 2002～2020 年沪深两市 A 股上市公司的季度数据为研究对象，检验经济政策不确定性对企业财务脆弱性的影响方向。（1）描述基本经济事实。简要说明样本数据来源、选择依据和预处理过程，确定变量的选取和度量方法，并进行描述性统计，初步了解企业财务脆弱性的现状和不同时段经济政策走向，为研究设想奠定基础。（2）直接效应检验。对变量进行自相关检验，判断样本数据满足回归的基本要求，再从整体和分阶段角度，检验经济政策不确定性对财务脆弱性的直接影响。（3）异质性检验。从企业规模、所有权结构和海外市场参与度进行异质性检验。（4）中介效应检验。验证经济政策不确定是否通过债务融资成本、债务期限结构和外汇风险进行中介传导。（5）稳健性检验。为保证基准回归结果的稳健，采用指标替换法和工具变量法进行稳健性检验。

（6）根据实证检验结果提炼本章的研究结论。

第8章，企业股价崩盘风险的形成机制：高管性别结构的视角。（1）提出研究背景，引出研究内容。（2）文献回顾。总结国内外学者关于高管性别结构和股价崩盘风险影响因素的相关研究，在现有研究成果的基础，进一步探索高管性别与股价崩盘风险的关系。（3）理论分析和研究假设。基于委托代理理论、信息不对称理论和高阶理论，分析女性高管和高管职位类型对股价崩盘风险的影响机制，以及不同所有权性质下异质性影响。（4）本章内容小结。

第9章，高管性别结构影响企业股价崩盘风险的实证检验。本章选取2009~2019年我国沪深A股上市企业为研究对象，检验高管性别结构对股价崩盘风险的影响。（1）变量选取和预处理。说明样本选择、数据处理方式、变量选取和测度，并进行描述性统计分析、相关性分析和平稳性检验，为研究假设提供一定的支撑。（2）均值回归分析。利用均值回归模型检验女性高管对股价崩盘风险的直接影响，并验证其是否存在非线性关系，然后检验女性高管职位类型和不同所有权性质存在的差异性，最后通过缓解内生性问题和进一步控制其他变量因素的方法进行稳健性检验。（3）门限效应检验。利用面板门限模型研究女性高管对股价崩盘风险是否存在门限值以及门限个数，以及不同所有权性质下门限效应的异质性，最后进行稳健性检验。（4）分位数回归分析。利用分位数回归模型研究女性高管、女性CFO在不同分位点上对股价崩盘风险的异质性影响，以及不同所有权企业在不同分位点上存在的差异。（5）对实证检验结果进行总结。

第10章，研究结论和政策建议。依据实证检验结果，分别从投资风险、财务风险和市场风险维度，对企业风险形成机制和治理措施进行归纳总结，并提出政策建议。

1.3　技术路线

本书的技术路线如图1-1所示。

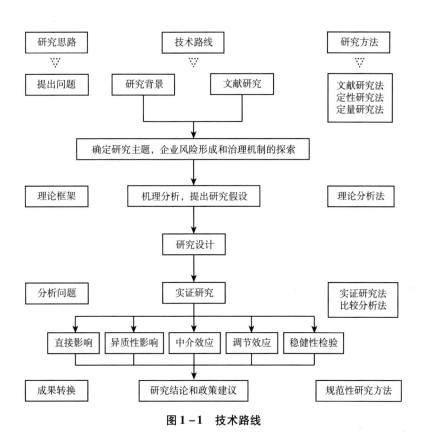

图1-1 技术路线

第 I 部分

企业投资风险

为推动我国经济发展，政府强调要深化投融资改革，推进有效投资和落实投资主体地位的重要性。投资作为改革开放以来经济高速增长的主要推动力，背后却出现堆叠式投资乱象，显然依靠投资"数量"而不注重"质量"的增长模式并不能有效促进我国经济结构的转型升级和实现经济的可持续发展。在应对2008年金融危机时，政府出台了一系列促进经济平稳增长的经济刺激政策，我国经济增长对投资的依赖程度进一步增加，但国内外市场需求增长乏力以及有效供给不足导致投资对经济增长的拉动作用持续减弱。根据国家统计局数据分析，2008~2019年，投资对产出的贡献率从53.3%下降到11.5%。[①] 在政策刺激作用消退后，高速增长时期存留的弊端便逐渐显现，从而制约实体经济发展。

投资作为企业经营活动的一项基本活动，因投资决策失误、投资风险管控不力、投资风险预警欠缺、事后评价和管理机制不完善等内部运行因素以及融资约束、政府干预等外部发展环境的影响，造成企业经营困难甚至破产清算的案例比比皆是。成功的投资项目能为投资人、企业和社会创造财富，无效的投资则是对资源的浪费，那么如何将有限资源投入效益最大的项目，从而降低企业投资风险，一直都是企业发展和经济政策调控的重中之重。

---

① 国家统计局. 国内生产总值和投资 [DB/OL]. https：//data. stats. gov. cn/easyquery. htm？ cn = C01.

第 2 章

企业非效率投资的形成机制：
金融错配的视角

2.1 引　言

金融资源作为实体经济的血脉，担负着为实体经济"输送血液"的职责，资金流动效率将直接影响企业经济发展。在有效市场下，金融资源会按经济效益原则流向高收益企业，以实现金融资源配置的帕累托最优，而我国金融体系的资金配置却与企业经营效率相背离。近年来，资金"脱实向虚"、资金在金融体系空转、"僵尸企业"的大量存在以及房地产行业的兴起，都对实体经济行业的资源配置产生严重的"挤出效应"，不仅造成资源配置效率低下，还拖累实体经济的发展。同时，在中国目前金融体系中，国有银行的信贷决策在很大程度上受到政府宏观政策的影响，即使产出效率不高的国有企业仍可以获得银行的信贷支持，而民营企业却面临严重的融资约束。

当前，我国金融错配现象普遍存在，尤其是国有企业和非国有企业间的金融错配。根据国家统计局、人民银行和银保监会有关数据测算，2018 年末，我国民营企业在税收、GDP、技术创新成果、劳动就业、企业数量等方面，对国民经济的贡献度达到 50% ~ 90%，但民营企业贷款仅占 40%，与其经济贡献并不完全匹配。[①] 邵挺（2010）指出，如果消除金融错配现象，将金融资源配置给资本回报率更高的非国有企业，我国 GDP 增长量将比目前高 2% ~ 8%。

[①] 资料来源：国家统计局、国家金融监督管理总局和中国人民银行官方网站。

因此，深入研究金融错配与企业非效率投资的关系，对于缓解企业非效率投资和促进我国经济整体健康、平稳发展具有重要意义。

基于上述背景，本章将重点探索以下问题：金融错配对企业非效率投资将产生怎样的影响及作用机制？金融错配对企业非效率投资的影响是否存在中介效应？金融错配对企业非效率投资的影响是否存在异质性？

2.2　相关文献回顾

本节主要系统地梳理国内外学者在金融错配的度量方法、金融资源配置的现状、金融错配的形成原因、金融错配对实体经济影响以及资本结构对企业投资效率影响等方面的研究，以便基于现有研究成果，进一步拓展企业投资行为的研究广度和深度。

2.2.1　金融资源配置的现状

林毅夫（2004）指出，相比民营企业，国有企业因肩负政策性负担，能够获得更多政策性贷款青睐，但其经济效益却总体偏低。非国有部门虽然经营效率较高，但常面临"融资难、融资贵"等问题。邵挺（2010）的研究表明，民营企业的资本回报率是国有企业的两倍，但银行贷款和政府资助比重却不足国有企业的1/3。熊美珍和孙德华（2017）指出，2011～2016年非国有经济蓬勃发展，与规模以上的国有企业相比，其工业总产值比重、从业人员比重、企业数目比重在2016年分别上升至73%、80%、95%，但利息支出却增长缓慢，非国有企业融资额度与产出严重失衡，金融错配现象的普遍存在，严重制约金融资源配置效率，干扰了企业资本结构以及企业资产回报率的提升。

2.2.2　金融错配的成因

随着金融错配现象在各个地区、行业、企业间日益凸显，以及民营企业

"融资难、融资贵"问题一直没得到较好的解决，学者们开始对金融错配产生的原因进行深入的研究。杨丰来和黄永航（2006）通过分析我国商业银行对中小民营企业"惜贷""拒贷"现象，发现信息不对称是国有银行不愿意为中小企业提供贷款的根本原因。信贷市场信息不对称等因素隐藏了企业风险收益特征，扭曲银行资金配置方向，使拥有政府直接、隐形担保和自有财富规模庞大的企业具有银行信贷双重优势，而对高成长的中小民营企业的融资产生挤出效应（鞠市委，2018）。虽然非国有企业融资受限与企业自身原因有关，比如抵押物不足、企业规模较小、抗风险能力弱等，但不可否定制度性原因对融资约束发挥的主要作用，在金融资源配置扭曲程度严重的地区，金融机构放贷决策不太看重融资企业的效率，主要依靠所有制等级次序（伦晓波，2018）。简泽等（2018）基于中国 12 个代表性产业企业层面的数据，发现金融部门信贷配置的非市场化，尤其是银行信贷配置的制度倾向是金融错配的重要原因。虽然我国市场经济体制改革逐步深入，但政府对金融资源配置仍具有重要影响，同时，当前集中于货币总量调控而缺少结构性调控的货币政策模式，无论是推行货币紧缩政策，还是宽松货币政策，都将造成更严重的资金错配。邢志平和靳来群（2016）以生产率损失程度衡量金融错配，研究政府干预对国有经济部门和民营经济部门内部金融错配的影响，发现政府对经济干预程度的增强，可以通过控制金融机构调节国有企业之间融资成本差异，有效缓解国有经济部门内部各企业金融错配的程度，但国有部门对民营经济的金融挤出效应进一步加剧了民营企业内部大企业对小企业的挤出，从而导致民营经济部门内部金融错配程度扩大。因此，当前金融市场发展不完善的金融摩擦、政府干预和货币政策调控失衡等因素都造成了我国金融资源配置与企业效率背离。

2.2.3　金融错配的经济后果

现有文献较多从国家和行业层面研究金融错配对全要素生产率、经济增长的影响。简泽等（2018）基于中国 12 个代表性产业企业的数据，研究金融市场不完全对企业间资本扭曲和总量全要素生产率的影响，发现资本扭曲引起了资本、劳动跨企业配置与企业间全要素生产率分布的偏离，造成微观层面企业间资源错配，从而降低总量层面全要素生产率。王欣和曹慧平（2019）采用资本回报率偏离度衡量金融错配程度，通过 GMM 模型检验发现当期和滞后一期的金融错配对制造业企业 FTP 具有显著抑制性，且金融错配对不同所有制企业 FTP 抑制性存在差异，金融错配对国有企业 FTP 抑制作用更强。张庆君等（2016）通过构建系统动力学模型发现，市场摩擦下金融错配的存在使得一些投资效率高的企业融资需求受到抑制，从而导致资本要素没有得到最优配置，低效的资本配置效率降低了企业全要素生产率，进而影响经济增长和投资。

在国内经济增长速度减缓以及金融错配现象普遍存在的情况下，国内学者开始关注金融错配与企业非效率投资间的直接关系。于泽等（2015）发现，相比融资约束、投资机会不足对企业投资效率的限制，我国合意贷款规模管制形成的流动性错配对企业投资的影响占据主导地位。张庆君和李萌（2018）使用动态面板模型 GMM 分析信贷错配现象对企业资本配置效率的影响，发现所有制歧视下的信贷错配降低了企业资本配置效率，相比投资不足，信贷错配对企业过度投资的影响更大。曾艳（2018）以 2007～2016 年沪深 A 股上市的重污染企业作为研究样本，实证分析发现正向金融错配产生的资金缺失、生产成本增加和负向金融错配的过度投资，都将导致企业生产和投资效率降低。因此，金融资源作为其他要素资源的引导者，其资源错配造成其他要素的偏离不仅导致国家和行业层面生产效益的降低，同样也会影响企业的投资效率。

2.2.4　资本结构与企业投资效率的关系研究

早期的 MM 理论认为企业资本结构与企业价值及投资行为无关，企业融资渠道的选择和融资比例的变化都不会影响企业价值，但随着 MM 理论前提假设的不断放宽、税收因素的引入以及代理理论等各类不同理论的推广，债务融资对企业价值具有正向影响，债务融资的增加有利于提高企业价值。詹森（1986）提出了负债的控制效应，认为负债能让经理人员有效遵守未来支付现金流量的承诺，限制他们对自由现金流量的滥用，从而控制经理人员的过度投资行为，减少由此产生的代理成本。江伟（2011）同样也发现银行贷款对于上市公司的过度投资行为具有控制效应。汪晖（2003）指出，债务融资作为市场交易规则达成的契约，能在一定程度上通过改善公司治理提高企业资本配置效率，进而提高企业市场价值。但金融错配的存在却使债务融资的市场治理属性表现出无效性，导致企业资本结构与企业绩效呈负相关（于东智，2003）。周煜皓和张盛勇（2014）通过选取 2009～2013 年我国沪深 A 股上市公司为样本，发现中国市场金融错配现象显著存在，资源配置的非市场化扭曲了债务融资的市场治理属性和功能，改变了资产专用性与资本结构的关系，使得两者呈正相关关系。因此，金融错配作为一种非市场行为，扭曲和限制了资本结构中债务融资市场治理作用。

2.2.5　企业非效率投资的影响因素

　　早期国内外学者主要基于委托代理理论和信息不对称理论分析企业非投资效率问题。委托代理理论和信息不对称理论的提出突破了完美资本市场的假设，认为企业所有者与经营者的利益冲突以及内外部投资者的信息不对称都会降低企业的投资效率。现实中企业经理人与股东之间存在目标不一致现象，经理人的过度自信、建立企业帝国的倾向以及对自己未来职业发展的顾虑（纳拉亚南，1985），在进行投资决策时会过于追求企业短期经营绩效的提升，从而扩大企业生产规模，造成过度投资。而希望平稳度过任职期间的经理人，出于谨慎、保守的心态，则不愿意冒险改变企业原有项目投资或者挑战新项目带来的好处，从而造成企业投资不足（詹森，1993）。哈里森和哈雷尔（1993）在总结企业产生恶性增资原因时，考虑了组织原因、项目相关原因、管理者心理原因和外部环境等因素，检验发现与管理者个人利益相关的组织原因对恶性增资行为具有显著作用。在不完全金融市场下，债务市场信息不对称是普遍存在，外部投资者因无法准确获取企业项目投资信息，要求更高资本回报以弥补未来不确定风险，从而提高了企业融资成本，造成企业减少对部分高投资回报项目的投资，致使投资不足加剧。安杰利斯（2011）指出信息不对称在很大程度上造成了企业非效率投资。

随着研究的深入，学者们从所有权性质、治理结构、融资约束等不同角度探讨提高企业投资效率的有效途径。沃格勒（2000）指出国家所有权的增加是导致企业非效率投资的机制之一，国家干预程度越大，企业受市场制约越弱。贝茨（2005）发现良好的公司治理机制可以抑制公司因现金流过多造成的过度投资。刘放（2019）认为金融资产配置的资金储备功能，可通过缓解融资约束提高企业的投资效率。马国臣（2008）对 2004～2006 年我国制造业 A 股上市公司的年度数据进行研究，检验发现企业自由现金流量是决定公司投资水平的重要因素。郭丽虹和马杰（2009）通过研究资产负债率对企业投资现金流敏感性的影响，发现企业面临融资约束程度越高，投资的现金流敏感性也越高。袁玲和杨兴全（2008）认为股权集中发挥了"隧道效应"，控制权收益驱动下的大股东自利行为导致了企业资本配置效率低下，而汪平和孙士霞（2009）、代文和易于莅（2016）认为股权集中可以发挥"利益趋同效应"，有效监督高管，抑制第一类代理冲突引起的非效率投资，提高企业投资效率。曹小秋等（2018）研究发现股权激励可以缓解高级管理人员和股东之间的利益冲突，降低委托代理成本，激励高管加强内部控制质量，从而优化投资组合，改善企业资本配置效率。

关于企业非效率投资的影响因素，国内外学者认为所有权性质、融资约束、金融资产配置、内部治理机制、股权集中度和股权激励等都会影响企业的投资行为和决策，进而影响企业投资效率。

2.2.6 文献述评

通过对现有文献的梳理可知，国内外学者主要从以下三个方面进行研究。第一，关于我国金融错配表现形式和形成机制的研究，学者们普遍认为信息不对称、金融体制缺陷以及政府对资源配置干扰等因素是造成我国金融资源配置扭曲的重要原因，这种金融错配现象在不同地区、行业和所有制企业中普遍存在，其中国有企业与非国有企业融资能力和经营效率的不匹配是当前金融错配的集中体现。第二，关于宏观层面金融错配对实体经济影响的研究，学者们发现金融资源配置的非市场化行为不仅降低资源配置效率，还导致国家和行业层面全要素生产率下降和产量减少，进而阻碍我国整体经济的发展。第三，关于企业非效率投资的影响因素研究，学者们发现所有权性质、融资约束、金融资产配置、内部治理机制、股权集中度和股权激励都影响着企业投资效率。

现有研究成果为金融错配与企业非效率投资关系的研究提供重要的理论基础和参考价值，但其中存在的一些不足，仍值得我们继续探索。企业投资效率低下和金融资源配置不合理现象已成为严重的经济问题，目前国内外学者主要从宏观层面研究金融错配对国家或行业全要素生产率以及经济增长的影响，较少从微观层面探讨金融错配对企业非效率投资产生的直接影响，同时，关于金融错配对企业非效率投资的作用机制和传导机制分析则更为少见。因此，本章在以往学者研究的基础上进一步分析金融错配对企业非效率投资的传导机制。

2.3　金融错配对企业非效率投资的影响机理分析

本节基于资源配置理论、信息不对称理论、代理成本理论、行为金融理论和交易费用经济学分立的治理结构选择理论，分析金融错配对企业非效率投资的影响机制和中介传导作用。

2.3.1　金融错配对企业非效率投资的影响机制

根据资源配置效率理论，金融资源应按效益原则流向产出效率较高的部门和企业，而我国金融资源配置过程却表现出低效率、非均衡的特征，一些生产效率低甚至无效的生产部门反而获得优质的金融资源，而生产效率较高的企业却无法通过市场配置获得足够的资金实现发展。在不完全资本市场下，由于信息不对称，我国信贷市场长期存在的所有制歧视和规模歧视导致资源配置发生扭曲，严重影响了企业投资效率。对于产出效率较高却难以获得充足资本的企业，金融错配使得企业资金可获性降低、融资成本升高，严重的融资约束限制了企业投资活动的开展，使得企业高收益投资项目因资金不足被搁置，投资不足加剧。而对于产出效率较低且因政府照顾或者自身规模优势易获得大量且廉价资金的企业，金融资源配置的非市场化模糊了债务融资的市场治理属性，降低了企业对管理层投资项目决策的监督，导致项目决策偏离价值最大化，出现非效率投资，同时金融资源占有量与其产出效率的偏离，更容易导致企业出现过度投资。此外，金融错配往往滋生金融腐败和信贷寻租现象（周武，2013）。自身资质较差的企业寄希望于政治关联、贿赂等手段获得银行和政府的信贷资源以支持自身的发展（谢家智等，2014）。虽然信贷寻租为企业获得超额信贷资源，但将过多资源运用到非生产性领域，对企业的生产活动具有强烈的挤出效应，同时考虑寻租成本后，企业实际融资成本远超名义贷款利率（谢平和陆磊，2003）。因此，资源配置非市场化行为引起资金分配与企业产出效率相脱离，不仅降低了资源配置效率，还造成企业非效率投资。基于以上分析，提出如下假设。

假设 2－1：金融错配可能加剧了企业非效率投资，造成企业过度投资和投资不足程度加重。

2.3.2 金融错配对企业非效率投资的中介渠道分析

根据交易费用经济学分立的治理结构选择理论，债务融资是按市场交易规则达成的契约，被赋予了市场治理结构属性，即获得债务融资的企业能够通过债权人提供的监督和治理提高企业投资下限，拓宽企业投资平台，抑制企业非效率投资行为（威廉森，1988）。债务融资主要通过两个机制发挥市场治理属性而影响企业经理人的投资行为。一是约束和激励机制。委托代理关系使得股东与经营者利益冲突普遍存在，经理人员为满足自身利益最大化，可能肆意挥霍公司资源和侵占公司资产，产生过度投资和投资不足行为，从而降低企业的投资效益。而债务融资按期还本付息的压力，一方面，可以加强债权人对企业的监督和治理，约束经理人寻租行为，抑制企业的非效率投资；另一方面，当公司规模不变时，股权比例随着债务融资比例的增加而减少，经理人员在投资总额不变的情况下，其持有公司的股权比例将增加，挥霍成本的提高将抑制其道德风险和逆向选择，从而激励经理作出更有利企业的经营决策。同时，随着银企关系的深入，银行除了为企业提供资金，还具有财务咨询、资金托管等多重经济关系，银行有动机采取激励方式支持企业的成长（温军等，2011；王旭，2017）。二是信号传递机制。在信息不对称环境下，资本结构具有向市场传递企业内部信息的作用，投资者会把高债务融资比率作为企业高绩效质量的信号，企业负债高，表明企业具有较好的发展前景或者投资项目，这与汪辉（2003）的结论一致，即债务融资可以缓解上市公司与投资者之间信息不对称，发挥传递企业绩效的作用，帮助企业顺利融资。故债务融资在一定程度上能够改善公司治理，缓解信息不对称，提高企业运作效率。

可现实情况下，基于制度偏好和规模歧视的金融错配违背了市场规律，未按照经济效益原则进行资源配置，将金融资源配置到产出效率低甚至无效的部门和企业中，从源头上放弃了债务融资市场治理属性，削弱了债权人的市场控制和监督，从"硬约束"变成"软约束"。因此，金融错配不仅放大融资约束对企业投资效率的影响，而且使得债务融资的市场治理属性难以发挥作用。基于以上分析，提出如下假设。

假设 2 - 2：金融错配可能通过扭曲债务融资市场治理属性影响企业非效率投资。

2.4　本章小结

本章基于金融资源配置扭曲、所有制和规模歧视普遍存在的背景，提出了本章的研究方向和研究问题。通过现有文献梳理了我国目前金融错配的表现形式和形成原因，以及宏观层面上金融资源错配对实体经济和全要素生产率的负面影响，在现有研究成果的基础上，进一步探索金融错配对企业非效率投资的直接影响和传导机制。最后，基于资源配置理论、信息不对称理论、代理成本理论、行为金融理论和交易费用经济学分立的治理结构选择理论等理论基础，分析金融错配对企业非效率投资的影响机理和中介传导机制，并提出研究设想。（1）影响机制分析。信贷市场长期存在的所有制歧视和规模歧视，造成金融资源配置与企业产出效率相背离，同时，资源扭曲滋生的信贷寻租，进一步挤占企业的产出效率，故提出假设2-1：金融错配可能加剧企业非效率投资，造成过度投资和投资不足加重。（2）中介渠道分析。债务融资主要通过约束和激励机制及信号传递机制影响企业的投资决策，而金融错配实际违背了市场规律，使债务融资丧失市场治理属性，故提出假设2-2：金融错配可能通过债务融资影响企业的投资效率。

第 3 章

金融错配影响企业非效率投资的实证检验

为了验证假设 2-1 和假设 2-2，本章以 2008～2019 年沪深 A 股上市公司为研究对象。第一，构建面板数据模型从整体上检验金融错配对企业非效率投资、过度投资和投资不足的直接影响。第二，考虑到国有企业和非国有企业融资处境的不同，检验金融错配在不同所有权性质中的异质性影响。第三，结合信息不对称对大规模企业和小规模企业融资产生的影响，检验金融错配在不同企业规模中的异质性影响。第四，利用中介效应模型的逐步法和 Bootstrap 法，对整体企业、不同所有权性质企业、不同规模企业进行中介效应检验。第五，进行稳健性检验。

3.1　变量选取及预处理

3.1.1　样本选择和数据来源

本章试图探索 2008 年金融危机以后金融资源错配对企业非效率投资影响，通过 RESSET、Wind 数据库选取了 2008～2019 年中国沪深 A 股上市公司为研究样本，并剔除以下公司：（1）金融类上市公司。（2）ST 类上市公司。（3）最近四年上市的公司。（4）数据缺失和异常的上市公司。为了减少极端异常值对估计结果的影响，对连续变量进行 1% 分位数的 Winsorise 处理。经过以上筛选，最终获得 2 489 家企业的 21 166 个观测值。

3.1.2 金融错配的界定和测度

金融错配是相对资源有效配置而言，当市场中的资源按照效率原则进行分配，并实现帕累托最优时，则为资源有效配置，即有限资源获得最大产出效率，而金融错配则是对资源有效配置的偏离。由于我国金融体系不完善加上经济转轨的特殊时期，金融错配是指金融资源配置未能按照效率原则在部门和企业流动，造成资源配置与企业生产能力背离的一种现象（梁媛和杨朝舜，2019），表现为低效率或者产能过剩的生产部门反而能够得到优质的金融资源，而产出效率较高的部门无法通过市场配置获得足够的资金实现发展，当前我国金融错配主要体现在国有企业和非国有企业的金融资源获取方面。

关于金融错配的测定，现有研究从不同维度衡量国家、地区、行业及企业间金融资源错配程度。沃格勒（2000）从产业和地区角度定义资源配置效率，构建估算资本配置效率的模型，即行业投资反应系数，广泛运用于相关研究。方军雄（2006）在研究我国市场化进程对资本配置效率的影响时，借鉴了沃格勒（2000）资本配置效率估算模型。鲁晓东（2008）则关注商业银行系统和中央银行对金融资源配置造成的扭曲，选择四大国有商业银行占银行总信贷的比重和国有商业银行的存贷款比作为金融资源错配效应和扭曲效应的代理变量。而邵挺（2010）、周煜皓和张胜勇（2014）等通过定义要素价格相对扭曲系数度量资源错配程度。本书参考邵挺（2010）、周煜皓和张盛勇（2014）、张庆君和李萌（2018）等研究，运用资本成本法衡量金融错配程度，即企业资金使用成本与所在行业的平均资金使用成本的偏离度，偏离度越大说明企业所承担的金融错配程度越大。

3.1.3 企业非效率投资的界定和测度

投资作为影响经济社会发展、企业未来发展前景和企业价值的重要因素，一直是企业财务管理和学术界关注的重点。关于投资效率的研究可以分宏观和微观两个维度，宏观投资效率是以国家或者地区为研究对象，研究一个区域整体的资本配置情况（文雪婷和汪德华，2017），而本书研究的是微观投资效率，以企业作为研究对象。

　　企业非效率投资是指企业将资金投入未来现金流无法弥补当前支出的项目，或者放弃净现值为正的投资项目，从而使企业实际投资量偏离最佳投资水平，造成企业无法实现投资产出效益最大化。根据投资效率程度和方向的不同，可将非效率投资分为过度投资和投资不足两种情形。过度投资是指企业实际投资规模大于最优投资规模，管理层出于利己行为将资金投入 NPV < 0 的项目；投资不足是指企业实际投资规模小于最优投资规模，由于企业资金不足或者管理层规避风险等因素而放弃一些 NPV > 0 的项目。

　　本章利用理查森（2006）的投资模型，测算企业的投资效率。首先估算企业合理的资本投资水平，然后将企业正常投资水平与合理资本投资水平的残差作为企业非效率投资代理变量。考虑我国仍处于新兴资本市场，借鉴庄圳生（2013）的做法对模型进行适当的修正，改进后的模型如式（3 - 1）：

$$I_{i,t-1} = \theta_0 + \theta_1 Growth_{i,t-1} + \theta_2 CF_{i,t-1} + \theta_3 LEV_{i,t-1} + \theta_4 Size_{i,t-1} + \theta_5 I_{i,t-1}$$
$$+ \theta_6 Age_{i,t-1} + \theta_7 ROA_{i,t-1} + Year + Industry + \varepsilon_{i,t} \qquad (3-1)$$

其中，$I_{i,t}$ 表示 i 企业 t 年实际新增投资支出，用企业现金流量表中的"构建固定资产、无形资产和其他长期资产所支付的现金"除以公司总资产衡量；$Growth_{i,t-1}$ 表示 i 企业 t - 1 年成长机会，用营业收入增长率表示；$CF_{i,t-1}$ 表示 i 企业 t - 1 年经营活动现金流；$LEV_{i,t-1}$ 表示 i 企业 t - 1 年资产负债率；$Size_{i,t-1}$ 表示 i 企业 t - 1 年资产规模；$I_{i,t-1}$ 表示 i 企业 t - 1 年的实际新增投资水平；$Age_{i,t-1}$ 表示 i 企业 t - 1 年的上市年限；$ROA_{i,t-1}$ 表示 i 企业 t - 1 年总资产收益率；Year 和 Industry 分别表示年度和行业虚拟变量。

　　通过对上述模型进行回归得出残差 ε，即为企业非效率投资。若回归残差 ε 大于 0，表明企业实际投资规模大于合理投资规模，存在过度投资，用 Over 表示；若回归残差 ε 小于 0，表明企业实际投资规模小于合理投资规模，存在投资不足，用 Under 表示。用回归残差 ε 的绝对值表示企业非效率投资总额，该指标为反向指标，绝对值越大，表明企业投资效率越低。

3.1.4　控制变量选取

　　为了得到可靠的估计结果，我们借鉴已有学者的研究成果，对可能影响企业非效率投资的其他变量进行控制。最终选择了经营活动现金流（CF）、企业成长性（Growth）、托宾 Q（Tuobinq）、总资产收益率（ROA）、股票收益率（RET）股权集中度（Ihold）、金融资产的配置（FAA）、企业规模（Size）、员工总数（Staff）、年度虚拟变量（Year）和行业虚拟变量（Industry）作为研究的控制变量，具体变量说明见表 3 - 1。

表 3 - 1   变量定义与计算

项目	变量名称	变量符号	变量定义与计算
被解释变量	企业非效率投资	Invest	根据理查德森（Richardson，2006）模型测算，残差的绝对值
	企业过度投资	Over	投资过度，Richardson 模型中的正残差
	企业投资不足	Under	投资不足，Richardson 模型中的负残差
中介变量	债务融资	Debt	有息债务/总资产
解释变量	金融错配	FM	[利息支出/（总负债 - 应付账款）- 行业平均利率]/行业平均利率
调节变量	政府治理水平	GG	政府对企业的干预（GG1）、金融市场化（GG2）、法治水平（GG3）
控制变量	总资产收益率	ROA	息税前利润/总资产
	股票收益率	RET	企业股票的年收益率
	托宾 Q	Tobinq	市场价值与重置资本之比
	企业成长性	Growth	企业营业收入增长率
	员工总数	Staff	企业员工总数对数
	股权集中度	Ihold	前十大股东持股比例
	金融资产配置	FAA	（货币资金 + 持有至到期投资 + 交易性金融资产 + 投资性房地产 + 可供出售金融资产 + 应收股利 + 应收利息）/当期经营规模
	企业规模	Size	总资产自然对数
	经营活动现金流	CF	经营活动产生的现金流量净额/营业收入
	年度虚拟变量	Year	
	行业虚拟变量	Industry	

3.1.5 描述性统计分析

表 3 - 2 为主要变量的描述性统计结果。由表 3 - 2 可知，在 22 033 个非效

率投资样本中，过度投资约占样本总数38%，投资不足约占62%，说明投资不足是上市公司非效率投资的主要问题，但过度投资的均值、中值和最大值都大于投资不足的对应值，表明企业过度投资程度高于企业投资不足。金融错配的均值为0.6922，标准差为0.634，最小值和最大值分别为0.0092、4.2133，说明我国金融错配问题较为严重且不同上市公司面临金融错配的程度存在较大差异。托宾Q的平均值和中位数分别为2.0665和1.6293，说明企业总资产的市场价值显著高于账面价值，企业有较好的投资机会。经营活动现金流的平均值和中位数分别为0.0463和0.0446，说明企业内部现金流较少，企业投资很大程度上需要依靠外部融资。金融资产配置的平均数和中位数分别为0.2588和0.2164，表明企业具有较好的资金储备功能以缓解企业面临的融资约束。股权集中度和企业员工总数的均值和中位数较为相近，说明分布较为均匀。企业规模均值0.1583，而中位数仅0.0349，说明大部分企业规模位于均值以下。

表3-2 主要变量的描述性统计

变量	样本量	均值	标准差	最小值	中位数	最大值
Invest	22 033	0.0221	0.025	0.0000	0.0147	0.2257
Over	8 430	0.0289	0.033	0.0000	0.0170	0.2257
Under	13 603	0.0179	0.016	0.0000	0.0138	0.1616
FM	23 269	0.6922	0.634	0.0092	0.5918	4.2133
CF	24 801	0.0463	0.076	-0.1982	0.0446	0.2698
Growth	23 562	0.2003	0.522	-0.5936	0.1102	3.7410
Tuobinq	23 863	2.0665	1.329	0.8783	1.6293	8.6270
ROA	23 605	0.0405	0.062	-0.2352	0.0374	0.2293
RET	23 305	0.1829	0.602	-0.7185	0.0241	2.5577
Ihold	24 799	0.5827	0.156	0.2262	0.5895	0.9295
FAA	24 799	0.2588	0.167	0.0296	0.2164	0.7953
Size	24 801	0.1583	0.785	0.0000	0.0349	27.3319
Staff	24 777	7.6470	1.315	4.0073	7.5969	11.1739

3.1.6 相关性分析

本章分别使用皮尔森（Pearson）和斯皮尔曼（Spearman）对主要变量进行相关性分析，以检验模型是否存在多重共线性，如表3-3所示，模型中解

表3-3

相关性分析结果

变量	Invest	FM_1	GG	CF	Growth	Tuobinq	ROA	RET	Ihold	FAA	Size	Staff
Invest	1	0.0109	-0.0163*	0.0440*	0.0863*	0.0715*	0.0130	0.0289*	0.0946*	-0.0653*	-0.1310*	-0.0513*
FM_1	0.0233*	1	0.9424*	0.0140*	0.2165*	0.0809*	0.0662*	-0.0299*	0.0196*	0.1682*	-0.2596*	-0.2098*
GG	0.0040	0.9477*	1	0.0139*	0.1993*	0.0996*	0.0436*	-0.0067	0.0218*	0.1849*	-0.2257*	-0.2052*
CF	0.0594*	0.0156	0.0079	1	0.0448*	0.3291*	0.0165*	0.1059*	0.0067	-0.0189*	0.0577*	0.0422*
Growth	0.0491*	0.1569*	0.1440*	0.0076	1	0.2468*	0.3220*	-0.1289*	0.0542*	0.1710*	-0.6071*	-0.3536*
Tuobinq	0.0584*	0.0109	0.0210	0.2144*	0.1560*	1	0.1320*	0.2174*	0.2789*	0.2238*	-0.0011	0.0657*
ROA	0.0356*	0.0648*	0.0452*	0.0536*	0.3345*	0.1110*	1	0.0175*	0.0846*	0.0346*	-0.0858*	-0.0128*
RET	0.0282	-0.0428*	-0.0225*	0.1047*	-0.1115*	0.1964*	0.0089	1	0.1085*	-0.0170*	0.2022*	0.1649*
Ihold	0.0781*	-0.0146	-0.0055	-0.0073	0.0140	0.2135*	0.0455*	0.0926*	1	0.0800*	0.0581*	0.0321*
FAA	-0.0647*	0.1305*	0.1427*	-0.0301*	0.1751*	0.1934*	0.0364*	-0.0250*	0.0683*	1	-0.1226*	-0.1516*
Size	-0.0457*	-0.0730*	-0.0617*	-0.0044	-0.1241*	-0.0034	-0.0248*	0.1811*	0.0255*	-0.0593*	1	0.6689*
Staff	-0.0616*	-0.1788*	-0.1756*	-0.0152*	-0.3224*	0.0827*	-0.0461*	0.2021*	0.0593*	-0.1963*	0.3116*	1

注：***、**、* 分别表示在1%、5%、10%的水平上显著。

释变量之间不存在严重的多重共线性问题。金融错配与企业非效率投资正相关，说明企业面临金融错配程度越高，企业投资效率越低，初步验证了假设2-1。从控制变量来看，经营活动现金流、总资产收益率、股票收益率、托宾Q、企业成长性、股权集中度均与企业非效率投资正相关，而金融资产配置、企业规模、企业员工人数与企业非效率投资负相关。

3.2　基准回归分析

为了检验金融错配与企业非效率投资、过度投资和投资不足的关系，本章构建了如式（3-2）、式（3-3）和式（3-4）所示的面板数据模型。考虑到企业投资活动受金融错配的影响具有一定的滞后性，同时在一定程度上控制内生性问题，我们采用金融错配滞后一期分析金融错配对企业非效率投资的影响。

$$\text{Invest}_{i,t} = \alpha_0 + \alpha_1 \text{FM}_{i,t-1} + \alpha_k \text{Control}_{i,t} + \delta_i + \varepsilon_{i,t} \qquad (3-2)$$

$$\text{Over}_{i,t} = \beta_0 + \beta_1 \text{FM}_{i,t-1} + \beta_k \text{Control}_{i,t} + \delta_i + \varepsilon_{i,t} \qquad (3-3)$$

$$\text{Under}_{i,t} = \gamma_0 + \gamma_1 \text{FM}_{i,t-1} + \gamma_k \text{Control}_{i,t} + \delta_i + \varepsilon_{i,t} \qquad (3-4)$$

其中，Invest、Over、Under 分别表示企业非效率投资、过度投资和投资不足；FM 表示金融错配；Control 表示控制变量，具体包括经营活动现金流、企业成长性、托宾Q、总资产收益率、股票收益率、股权集中度、金融资产的配置、企业规模和员工总数；δ_i 表示个体效应；α_1、β_1 和 γ_1 分别表示金融错配对企业非效率投资、过度投资和投资不足的影响程度，若 α_1、β_1 和 γ_1 显著为正，则表明金融错配对企业投资效率具有抑制作用，导致企业过度投资、投资不足加重，假设2-1成立。

在对假设2-1进行验证时，我们对模型（3-2）、模型（3-3）和模型（3-4）先后进行了固定效应模型和随机效应模型回归，经豪斯曼（Hausman）检验，$p = 0.000 < 0.05$，拒绝原假设，表明固定效应模型优于随机效应模型，最终选择固定效应模型进行回归分析，估计结果见表3-4。

表 3 - 4　　　　　　　　　　金融错配对企业非效率投资的影响

变量	(1) Invest	(2) Over	(3) Under
FM_1	0.0012 *** (3.73)	0.0015 ** (1.99)	0.0009 *** (3.27)
CF	0.0079 *** (2.88)	0.0254 *** (3.69)	- 0.0067 *** (- 2.87)
Growth	0.0015 *** (4.32)	0.0023 *** (2.87)	0.0011 *** (3.62)
Tuobinq	- 0.0003 (- 1.53)	0.0001 (0.25)	- 0.0004 ** (- 2.45)
ROA	0.0271 *** (7.33)	0.0478 *** (5.07)	0.0098 *** (3.08)
RET	0.0005 (1.61)	0.0002 (0.28)	0.0003 (1.14)
Ihold	0.0209 *** (9.27)	0.0238 *** (4.42)	0.0167 *** (8.27)
FAA	- 0.0139 *** (- 7.57)	- 0.0279 *** (- 5.91)	- 0.0057 *** (- 3.62)
Size	- 0.0019 *** (- 3.36)	- 0.0029 * (- 1.76)	- 0.0014 *** (- 3.07)
Staff	- 0.0037 *** (- 11.01)	- 0.0047 *** (- 5.76)	- 0.0033 *** (- 10.86)
_cons	0.0408 *** (13.46)	0.0541 *** (7.20)	0.0352 *** (13.17)
N	21 166	8 139	13 027
R^2	0.023	0.029	0.025

注: ***、**、*分别表示在1%、5%和10%的水平上显著;括号内为t值。

列（1）为金融错配对全样本企业非效率投资影响的回归结果，估计结果显示，金融错配对企业非效率投资总额的影响在1%水平上显著为正，说明金融错配程度越大，企业非效率投资程度越深。当前金融资源配置过程中的所有制歧视和规模歧视，造成了企业资本与投资机会相背离，大量资金在低效率的特权环节流转，而急需发展资金且具有较好发展前景的私人企业却难以得到银行的贷款支持，从而导致金融错配对企业投资效率产生抑制性。列（2）为金融错配对企业过度投资影响的回归结果，估计结果显示，金融错配对企业过度投资的影响系数在5%的水平上显著为正，说明金融错配加剧了企业过度投资程度。列（3）为金融错配对企业投资不足影响的回归结果，估计结果显示，金融错配对企业投资不足的影响系数在1%水平上显著为正，说明金融错配会引起企业投资不足进一步加剧。通过比较列（2）和列（3）的金融错配系数可知，金融错配对企业过度投资影响的系数（0.0015）大于投资不足的影响系数（0.0009），说明金融资源配置扭曲对企业过度投资的影响程度更大。综上分析可知，金融错配加剧了企业非效率投资，造成企业过度投资和投资不足显著提高，证实了假设2-1。

3.3　所有权性质的异质性影响

进一步从所有权性质角度检验金融错配对企业非效率投资的异质性影响，按照实际控制人将总样本分为国有企业样本和民营企业样本，回归结果见表3-5。

表3-5　　　　　金融错配对不同所有权企业非效率投资的影响

变量	国有企业			民营企业		
	(1)	(2)	(3)	(4)	(5)	(6)
	Invest	Over	Under	Invest	Over	Under
FM_1	0.0015 ***	0.0034 ***	0.0008 *	0.0007	-0.0007	0.0007 *
	(3.07)	(2.86)	(1.90)	(1.49)	(-0.66)	(1.66)
CF	0.0010	0.0087	-0.0088 ***	0.0128 ***	0.0458 ***	-0.0046
	(0.27)	(0.91)	(-2.76)	(3.08)	(4.37)	(-1.29)
Growth	0.0020 ***	0.0029 **	0.0019 ***	0.0011 **	0.0015	0.0007
	(4.09)	(2.57)	(4.54)	(2.17)	(1.26)	(1.39)
Tuobinq	-0.0000	0.0004	-0.0003	-0.0001	0.0004	-0.0002
	(-0.09)	(0.58)	(-1.34)	(-0.33)	(0.55)	(-0.89)

变量	国有企业			民营企业		
	(1)	(2)	(3)	(4)	(5)	(6)
	Invest	Over	Under	Invest	Over	Under
ROA	0.0232 ***	0.0421 ***	0.0047	0.0285 ***	0.0464 ***	0.0102 **
	(4.01)	(2.95)	(0.95)	(5.47)	(3.37)	(2.28)
RET	0.0008 *	0.0007	0.0006 *	−0.0001	0.0005	−0.0002
	(1.92)	(0.69)	(1.66)	(−0.17)	(0.30)	(−0.58)
Ihold	0.0070 **	0.0045	0.0061 **	0.0315 ***	0.0206 **	0.0243 ***
	(2.10)	(0.58)	(2.07)	(9.61)	(2.44)	(8.27)
FAA	−0.0148 ***	−0.0275 ***	−0.0085 ***	−0.0111 ***	−0.0311 ***	−0.0015
	(−5.27)	(−3.78)	(−3.56)	(−4.33)	(−4.65)	(−0.68)
Size	−0.0013 **	−0.0020	−0.0009 **	−0.0041 *	0.0039	−0.0052 **
	(−2.27)	(−1.25)	(−1.98)	(−1.78)	(0.66)	(−2.56)
Staff	−0.0035 ***	−0.0040 ***	−0.0033 ***	−0.0035 ***	−0.0035 **	−0.0027 ***
	(−7.66)	(−3.59)	(−7.89)	(−6.35)	(−2.45)	(−5.47)
_cons	0.0467 ***	0.0584 ***	0.0417 ***	0.0329 ***	0.0295	0.0259 ***
	(11.07)	(5.52)	(11.18)	(6.84)	(0.74)	(6.12)
N	9 684	3 671	6 013	10 121	3 913	6 208
R²	0.019	0.024	0.024	0.029	0.069	0.031

注：*** 、 ** 、 * 分别表示在1%、5%和10%的水平上显著；括号内为 t 值。

由表3-5可知，在国有企业样本中，金融错配对企业非效率投资总额、过度投资和投资不足的影响系数显著为正，说明金融错配降低了企业投资效率，导致企业过度投资和投资不足加剧。同时，比较列（2）和列（3）金融错配的回归系数可知，金融错配对国有企业过度投资的影响程度（0.0034）远远大于国有企业投资不足（0.0008）。对于民营企业而言，金融错配对民营企业投资不足的影响系数为0.007，在10%水平上显著为正，但在企业非效率投资总额和过度投资方面并不显著，说明金融错配更容易导致民营企业投资不足。因此金融资源的稀缺性和融资的高成本使得民营企业投资不足现象更加普遍。

综上分析可知，相比民营企业，金融错配对国有企业投资效率的抑制效应更强。预算软约束降低了债权人的监管以及对管理层投资行为的约束，而业务单一、抗风险能力弱、抵押品不足等特征使民营企业面临更多债务契约的限制性条款，严格的债务监管对管理者的投资行为有更强的约束力（陈良华等，2019），使得金融错配在民营企业中扭曲债务融资的市场治理属性程度下降，表现为金融错配对民营企业非效率投资的影响程度更小。

3.4　企业规模的异质性影响

由于信息不对称，大规模企业因其资产规模优势通常具有较强的融资能力，而小规模企业与大型银行在信息获取层面的不匹配，使其难以获得银行贷款。基于企业规模性质，我们进一步研究金融错配对不同规模企业非效率投资的异质性影响。根据企业资产规模分位数，将前 25% 分位数样本划分为小规模企业，后 25% 分位数样本划分为大规模企业，回归结果见表 3 - 6。

表 3 - 6　　　　　金融错配对不同规模企业非效率投资的影响

变量	大规模企业			小规模企业		
	(1)	(2)	(3)	(4)	(5)	(6)
	Invest	Over	Under	Invest	Over	Under
FM_1	0.0018 ** (2.47)	0.0044 ** (2.49)	0.0005 (0.86)	0.0007 (0.86)	- 0.0005 (- 0.21)	0.0012 * (1.82)
CF	0.0011 (0.23)	0.0112 (0.90)	- 0.0055 (- 1.40)	0.0025 (0.34)	0.0268 (1.25)	- 0.0120 ** (- 2.01)
Growth	0.0032 *** (5.86)	0.0043 *** (3.15)	0.0038 *** (7.72)	- 0.0022 ** (- 2.18)	- 0.0022 (- 0.78)	- 0.0024 *** (- 2.75)
Tuobinq	0.0028 *** (3.70)	0.0055 *** (2.79)	0.0020 *** (3.15)	- 0.0007 * (- 1.88)	0.0010 (0.92)	- 0.0012 *** (- 4.15)
ROA	0.0236 *** (2.77)	0.0350 * (1.70)	- 0.0006 (- 0.08)	0.0369 *** (3.98)	0.0707 ** (2.42)	0.0177 ** (2.45)

续表

变量	大规模企业			小规模企业		
	(1)	(2)	(3)	(4)	(5)	(6)
	Invest	Over	Under	Invest	Over	Under
RET	0.0007 (1.29)	0.0008 (0.58)	0.0001 (0.15)	-0.0011 (-1.47)	-0.0050 ** (-2.09)	-0.0009 (-1.46)
Ihold	0.0069 (1.51)	-0.0020 (-0.19)	0.0049 (1.24)	0.0407 *** (5.05)	0.0476 * (1.95)	0.0307 *** (4.65)
FAA	-0.0123 *** (-2.94)	-0.0377 *** (-3.42)	-0.0049 (-1.42)	-0.0267 *** (-5.69)	-0.0368 *** (-2.71)	-0.0161 *** (-4.18)
Size	-0.0014 *** (-2.67)	-0.0017 (-1.20)	-0.0011 *** (-2.73)	-0.3950 (-1.52)	-0.7161 (-0.99)	-0.7362 *** (-3.27)
Staff	-0.0018 *** (-2.72)	-0.0032 ** (-1.99)	-0.0017 *** (-2.92)	-0.0012 (-0.84)	0.0007 (0.16)	-0.0006 (-0.49)
_cons	0.0274 *** (4.11)	0.0506 *** (3.07)	0.0249 *** (4.28)	0.0250 ** (2.45)	0.0177 (0.58)	0.0241 *** (2.93)
N	6 007	2 390	3 617	4 037	1 446	2 591
R²	0.028	0.041	0.041	0.026	0.030	0.052

注: *** 、 ** 、 * 分别表示在 1% 、 5% 和 10% 的水平上显著;括号内为 t 值。

由表 3 - 6 可知,在大规模企业样本中,金融错配对企业非效率投资、过度投资的影响均在 5% 水平上显著为正,对投资不足具有正向影响,但不显著,说明金融错配对大规模企业非效率投资的影响主要表现在过度投资方面。大规模企业因其抵押品价值优势,即使在产出效率不高时,也能从银行获得信贷支持,预算软约束和资源的可获得性增加了企业内部代理成本,造成企业经理人倾向于过度投资。在小规模企业样本中,金融错配对企业非效率投资和过度投资的影响均不显著,仅对投资不足具有显著正向影响,说明金融错配对小规模企业非效率投资的影响主要表现在投资不足方面。中小企业因内部制度不完善、业务单一、可抵押资产少及抗风险能力弱等问题,难以满足大型商业银行的信贷要求,因此金融资源配置扭曲下资金不足使其难以发挥投资机会优势,易造成投资不足。

综上分析可知,相比小规模企业,金融错配对大规模企业非效率投资影响程度更大。大规模企业因承担许多大型基础设施建设以及推动当地经济发展的使命，能够获得更多政府补贴、信贷优惠和支持，资金的可获得性和弱企业监管反而使其管理层缺乏追求效益的动力，造成资源的浪费和投资效率的降低。而中小型企业若要在严峻的融资困境和高昂的融资成本下成长立足，则需要创造更高的资本回报率以弥补成本增加的压力，这也迫使经理人进行更加合理、高效的项目决策，以缓解金融错配带来的负面冲击。

3.5 中介效应检验

为了验证假设 2 - 2，探究债务融资在金融错配与企业非效率投资的中介作用，本节采用中介效应模型的逐步检验法和 Bootstrap 法进行研究，构建了回归模型（3 - 5）、模型（3 - 6）和模型（3 - 7）。

$$\text{Invest}_{i,t} = \alpha_0 + \alpha_1 \text{FM}_{i,t-1} + \alpha_k \text{Control}_{i,t} + \delta_i + \varepsilon_{i,t} \tag{3-5}$$

$$\text{Debt}_{i,t} = \beta_0 + \beta_1 \text{FM}_{i,t-1} + \beta_k \text{Control}_{i,t} + \delta_i + \varepsilon_{i,t} \tag{3-6}$$

$$\text{Invest}_{i,t} = \gamma_0 + \gamma_1 \text{FM}_{i,t-1} + \gamma_2 \text{Debt}_{i,t} + \alpha_k \text{Control}_{i,t} + \delta_i + \varepsilon_{i,t} \tag{3-7}$$

其中，α_1 表示金融错配对企业非效率投资影响的总效应；β_1 表示金融错配对中介变量债务融资的影响；γ_1 表示控制了中介变量后，金融错配对企业非效率投资的直接影响效应。

关于中介效应检验程序，我们借鉴温忠麟和叶宝娟（2014）做法，具体实施步骤如下或见图 3 - 1。

第一步，检验模型（3 - 5）的系数。如果系数显著，按中介效应理论，进行后续检验，否则金融错配对企业非效率投资的影响不显著，中止检验。

第二步，依次检验模型（3 - 6）的系数和模型（3 - 7）的系数。如果两个都显著，则间接效应显著，转到第四步。如果至少一个不显著，进行第三步。

第三步，用 Bootstrap 法直接检验。如果显著，间接效应显著，进行第四步，否则间接效应不显著，停止检验。

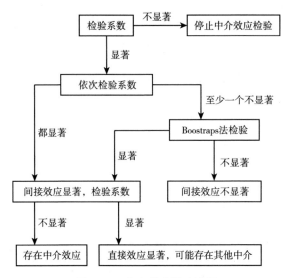

图 3 - 1   中介效应检验流程

第四步，检验模型（3-7）的系数。如果不显著，中介效应存在。如果显著，即直接效应显著，可能存在其他中介机制。

3.5.1   全样本的中介效应检验

模型（3-5）关于金融错配对企业非效率投资的影响，已在第二节的模型（3-2）进行了验证，见表3-4，此处不再重复检验。由表3-4可知，金融错配对企业非效率投资、过度投资和投资不足都具有显著正影响，即系数显著，故对模型（3-6）和模型（3-7）依次进行回归检验，估计结果见表3-7。

表3-7的列（1）、列（3）、列（5）为模型（3-6）金融错配对中介变量债务融资的回归结果，结果显示金融错配与债务融资显著负相关，说明企业面临金融错配程度越大，债务融资的市场治理效应越弱，这与之前的判断一致。表3-7中列（2）、列（4）和列（6）为模型（3-7）金融错配对企业非效率投资的中介效应检验结果。由表3-7的列（2）和列（4）可知，在非效率投资和过度投资样本中，中介变量债务融资对被解释变量在1%水平上具

有显著影响，而金融错配对被解释变量的影响变成不显著了，相比未加入中介变量，加入中介变量后的金融错配回归系数变小了。在非效率投资总额中，金融错配的回归系数由 0.0012 下降至 0.0004；在过度投资中，金融错配回归系数由 0.0015 下降至 0.0010，这表明债务融资这一中介效应在过度投资组显著存在。在投资不足样本中，金融错配对企业投资不足仍具有显著正向影响，只是回归系数由原来的 0.0009 下降至 0.0008，表明金融错配通过扭曲债务融资市场治理属性进而影响企业非投资效率的间接机制较弱，主要还是通过直接作用影响企业的非投资效率。综上分析可知，债务融资在金融错配与企业非效率投资间起到中介作用，在过度投资中起到完全中介作用，在投资不足中起到部分中介作用，验证了假设 2 - 2。

表 3 - 7　　　　　　　金融错配影响企业非效率投资的中介效应检验

变量	非效率投资		过度投资		投资不足	
	(1)	(2)	(3)	(4)	(5)	(6)
	Debt	Invest	Debt	Over	Debt	Under
Debt		-0.0132*** (-6.38)		-0.0258*** (-5.13)		0.0034* (1.84)
FM_1	-0.0064*** (-6.16)	0.0004 (1.29)	-0.0080*** (-4.89)	0.0010 (1.30)	-0.0035** (-2.34)	0.0008*** (2.83)
CF	0.0420*** (4.56)	0.0107*** (3.91)	0.0411** (2.57)	0.0277*** (4.01)	0.0479*** (3.87)	-0.0077*** (-3.28)
Growth	-0.0075*** (-6.38)	0.0013*** (3.62)	-0.0095*** (-5.00)	0.0017** (2.09)	-0.0066*** (-4.00)	0.0013*** (4.01)
Tuobinq	-0.0038*** (-5.82)	0.0000 (0.01)	-0.0030*** (-2.61)	0.0004 (0.70)	-0.0041*** (-4.63)	-0.0004** (-2.38)
ROA	-0.4954*** (-39.16)	0.0142*** (3.70)	-0.5135*** (-22.96)	0.0242** (2.46)	-0.4593*** (-27.43)	0.0107*** (3.25)
RET	0.0077*** (7.55)	-0.0007 (-1.54)	0.0078*** (4.55)	0.0005 (0.50)	0.0069*** (4.91)	0.0002 (0.76)
Ihold	-0.1351*** (-18.09)	0.0148*** (6.48)	-0.1351*** (-10.98)	0.0146*** (2.67)	-0.1224*** (-11.51)	0.0176*** (8.58)

续表

变量	非效率投资		过度投资		投资不足	
	(1)	(2)	(3)	(4)	(5)	(6)
	Debt	Invest	Debt	Over	Debt	Under
FAA	-0.1117***	-0.0140***	-0.1084***	-0.0303***	-0.1085***	-0.0054***
	(-18.56)	(-7.55)	(-10.72)	(-6.37)	(-12.84)	(-3.35)
Size	0.0069***	0.0006	0.0190***	0.0006	0.0024	-0.0014***
	(3.54)	(0.99)	(4.87)	(0.39)	(0.99)	(-2.94)
Staff	0.0095***	-0.0011***	0.0126***	-0.0016*	0.0071***	-0.0031***
	(8.28)	(-3.19)	(6.49)	(-1.80)	(4.39)	(-10.12)
_cons	0.2616***	0.0387***	0.2361***	0.0481***	0.2701***	0.0403***
	(25.11)	(5.81)	(13.07)	(2.61)	(18.99)	(7.20)
N	22 107	20 937	9 251	8 081	12 856	12 856
R^2	0.161	0.055	0.185	0.056	0.134	0.033

注：***、**、*分别表示在1%、5%和10%的水平上显著；括号内为 t 值。

3.5.2 不同所有权性质企业的中介效应检验

不同所有权性质企业面临的资源配置扭曲存在很大差异，故进一步从所有权性质分析金融错配在国有企业和民营企业非效率投资的中介传导机制。由表3-8可知，在国有企业样本中，金融错配与债务融资仍显著负相关，即金融错配的非市场化行为显著抑制了债务融资的市场治理属性，在控制中介变量后，无论是非效率投资总额，还是过度投资和投资不足，金融错配的显著性和回归系数都降低了，说明金融错配通过债务融资影响企业非效率投资的中介效应在国有企业中存在。由表3-5可知，金融错配仅对民营企业投资不足有显著影响，因此只需要对民营企业投资不足进行中介效应检验。由列（7）可知，金融错配对民营企业债务融资的影响不显著，且由列（8）可知，债务融资对民营企业投资不足的影响也不显著，逐步检验法无法得出中介效应是否存在，故进一步通过 Bootstrap 检验法进行检验，发现95%的置信区间包含0，表明金融错配通过影响债务融资市场治理属性进而影响投资效率这一路径在民营企业投资不足中不存在。

表3-8　所有权性质下金融错配影响企业非效率投资的中介效应检验

变量	非效率投资（国企）		过度投资（国企）		投资不足（国企）		投资不足（民营）	
	(1)	(2)	(3)	(4)	(5)	(6)	(7)	(8)
	Debt	Invest	Debt	Over	Debt	Under	Debt	Under
Debt		-0.0075*** (-2.67)		-0.0285*** (-4.19)		0.0099*** (3.97)		-0.0020 (-0.65)
FM_1	-0.0060*** (-3.79)	0.0006 (1.29)	-0.0064** (-2.04)	0.0018* (1.76)	-0.0054*** (-2.59)	0.0004 (1.21)	-0.0021 (-1.03)	0.0007 (1.62)
CF	0.0676*** (4.78)	0.0021 (0.55)	0.0952*** (3.71)	0.0133 (1.38)	0.0585*** (3.19)	-0.0092*** (-2.86)	0.0331* (1.90)	-0.0052 (-1.43)
Growth	-0.0090*** (-5.00)	0.0018*** (3.84)	-0.0123*** (-4.11)	0.0023** (2.01)	-0.0078*** (-3.17)	0.0021*** (4.88)	-0.0005 (-0.20)	0.0008 (1.59)
Tuobinq	-0.0037*** (-3.29)	-0.0001 (-0.37)	-0.0035* (-1.73)	0.0001 (0.14)	-0.0036** (-2.40)	-0.0003 (-1.21)	-0.0037*** (-3.14)	-0.0003 (-1.17)
ROA	-0.5874*** (-26.84)	0.0183*** (3.04)	-0.6197*** (-16.14)	0.0209 (1.42)	-0.5579*** (-19.59)	0.0096* (1.85)	-0.4045*** (-18.64)	0.0088* (1.89)
RET	0.0069*** (4.38)	0.0010** (2.33)	0.0030 (1.13)	0.0011 (1.10)	0.0091*** (4.37)	0.0006 (1.56)	0.0047** (2.38)	-0.0001 (-0.27)
Ihold	-0.1411*** (-11.40)	0.0064* (1.91)	-0.1480*** (-7.17)	0.0018 (0.23)	-0.1174*** (-6.90)	0.0077** (2.57)	-0.1162*** (-8.17)	0.0231*** (7.79)

续表

变量	非效率投资（国企）		过度投资（国企）		投资不足（国企）		投资不足（民营）	
	(1)	(2)	(3)	(4)	(5)	(6)	(7)	(8)
	Debt	Invest	Debt	Over	Debt	Under	Debt	Under
FAA	-0.1411*** (-13.47)	-0.0155*** (-5.38)	-0.1206*** (-6.44)	-0.0293*** (-4.01)	-0.1460*** (-10.47)	-0.0072*** (-2.93)	-0.0904*** (-8.17)	-0.0019 (-0.83)
Size	0.0024 (1.17)	-0.0013** (-2.38)	0.0111*** (2.61)	-0.0019 (-1.18)	-0.0014 (-0.57)	-0.0009** (-2.05)	0.0542*** (5.52)	-0.0054*** (-2.64)
Staff	0.0027 (1.55)	-0.0034*** (-7.33)	0.0048 (1.59)	-0.0037*** (-3.31)	0.0005 (0.22)	-0.0032*** (-7.54)	0.0094*** (3.84)	-0.0025*** (-4.96)
_cons	0.3618*** (22.67)	0.0488*** (11.20)	0.3463*** (12.09)	0.0669*** (6.19)	0.3633*** (16.89)	0.0374*** (9.65)	0.2084*** (10.05)	0.0256*** (5.90)
N	9 816	9 607	3 863	3 655	5 952	5 952	6 115	6 115
R^2	0.152	0.018	0.169	0.026	0.139	0.026	0.141	0.029

注：***、**、*分别表示在1%、5%和10%的水平上显著；括号内为 t 值。

3.5.3 不同规模企业的中介效应检验

基于企业规模性质分析金融错配对不同规模企业非效率投资的中介效应。由表3-6可知，金融错配对大规模企业投资不足、小规模企业非效率投资和过度投资的影响均不显著，因此本节仅需要对大规模企业非效率投资总额和过度投资以及小规模企业投资不足进行中介效应检验，检验结果见表3-9。在大规模企业中，无论是非效率投资总额组，还是过度投资组，金融错配与债务融资都显著正相关，且模型在加入中介变量后，金融错配对企业非效率投资总额、过度投资都不显著了，说明债务融资在大规模企业非效率投资和过度投资中起到完全中介作用。在小规模企业中，金融错配与债务融资显著相关，且控制中介变量后，金融错配对小规模企业投资不足的影响变成不显著了，说明债务融资在小规模企业投资不足中起到完全中介作用。综上可知，金融错配对企业非效率投资的间接传导效应在不同企业规模中存在差异，债务融资的中介作用主要体现在大规模企业的过度投资和小规模企业的投资不足。

表3-9 企业规模下金融错配影响企业非效率投资的中介效应检验

变量	非效率投资（大企业）		过度投资（大企业）		投资不足（小企业）	
	(1)	(2)	(3)	(4)	(5)	(6)
	Debt	Invest	Debt	Over	Debt	Under
Debt		-0.0278*** (-6.60)		-0.0500*** (-5.12)		0.0116** (1.99)
FM_1	-0.0089*** (-3.81)	-0.0004 (-0.74)	-0.0057 (-1.32)	0.0009 (0.59)	-0.0077*** (-2.66)	0.0011 (1.62)
CF	0.0559*** (3.57)	0.0028 (0.60)	0.0658** (2.13)	0.0142 (1.15)	0.1050*** (3.87)	-0.0160** (-2.55)
Growth	-0.0131*** (-7.22)	0.0029*** (5.29)	-0.0194*** (-5.70)	0.0034** (2.48)	-0.0076* (-1.80)	-0.0022** (-2.22)
Tuobinq	-0.0035 (-1.40)	0.0028*** (3.59)	-0.0136*** (-2.75)	0.0050** (2.52)	-0.0042*** (-3.10)	-0.0011*** (-3.63)

变量	非效率投资（大企业）		过度投资（大企业）		投资不足（小企业）	
	（1）	（2）	（3）	（4）	（5）	（6）
	Debt	Invest	Debt	Over	Debt	Under
ROA	− 0. 7424 ***	0. 0037	− 0. 7902 ***	− 0. 0038	− 0. 2318 ***	0. 0186 **
	（ − 26. 33）	（0. 41）	（ − 15. 44）	（ − 0. 17）	（ − 7. 17）	（2. 48）
RET	− 0. 0012	0. 0007	0. 0006	0. 0008	0. 0081 ***	− 0. 0009
	（ − 0. 62）	（1. 30）	（0. 18）	（0. 62）	（2. 91）	（ − 1. 45）
Ihold	− 0. 0743 ***	0. 0045	− 0. 0810 ***	− 0. 0039	− 0. 0920 ***	0. 0329 ***
	（ − 4. 93）	（1. 00）	（ − 3. 04）	（ − 0. 37）	（ − 3. 04）	（4. 74）
FAA	− 0. 1093 ***	− 0. 0154 ***	− 0. 1020 ***	− 0. 0429 ***	− 0. 1177 ***	− 0. 0138 ***
	（ − 7. 93）	（ − 3. 67）	（ − 3. 72）	（ − 3. 90）	（ − 6. 64）	（ − 3. 34）
Size	0. 0047 ***	− 0. 0013 **	0. 0100 ***	− 0. 0013	− 0. 3348	− 0. 6871 ***
	（2. 83）	（ − 2. 53）	（2. 94）	（ − 0. 95）	（ − 0. 33）	（ − 2. 91）
Staff	0. 0013	− 0. 0019 ***	0. 0040	− 0. 0032 **	0. 0177 ***	0. 0007
	（0. 59）	（ − 2. 84）	（0. 99）	（ − 1. 98）	（3. 28）	（0. 56）
_cons	0. 3821 ***	0. 0402 ***	0. 3802 ***	0. 0712 ***	0. 1316 ***	− 0. 0011
	（17. 24）	（5. 89）	（9. 18）	（4. 24）	（3. 39）	（ − 0. 04）
N	6 074	6 003	2 460	2 389	2 473	2 473
R^2	0. 201	0. 035	0. 233	0. 053	0. 113	0. 072

注：***、**、*分别表示在1%、5%和10%的水平上显著；括号内为 t 值。

3.6 稳健性检验

我们利用理查森（2006）模型估计企业非效率投资程度时，直接按残差的正负划分企业的过度投资和投资不足。由于该模型隐含的前提假设是上市公司不存在系统性非效率投资，否则容易产生偏差，为了克服这个问题，本章在进行稳健性检验时，参照李佳霖等（2019）的研究方法，进一步验证上述结论的可靠性。具体做法：按企业新增投资水平的均值和中位数为分界划分三组，即新增投资水平同时大于样本均值和中位数的企业、新增投资水平介于样本均值和中位数之间的企业、新增投资水平均小于样本均值和中位数的企业。在此基础上，将非效率投资大于0且新增投资位于第一组中的企业定义为过度投资企业，将非效率投资小于0且新增投资位于第三组中的企业定义为投资不足企业。

通过对被解释变量的重新划分，本节对模型（3-2）、模型（3-3）和模型（3-4）再次进行回归检验，结果见表3-10。由表3-10可知，金融错配与企业非效率投资、过度投资及投资不足仍显著正相关，表明金融错配加剧了企业非效率投资，导致企业过度投资和投资不足程度加重，这与前面的检验结果一致，说明本章研究结论可靠。

表 3 - 10　　　　金融错配对企业非效率投资影响的稳健性检验

变量	Invest	Over	Under
FM_1	0.0013 *** (3.30)	0.0015 * (1.82)	0.0013 *** (4.26)
CF	0.0120 *** (3.58)	0.0303 *** (3.41)	− 0.0043 * (− 1.78)
Growth	0.0020 *** (4.83)	0.0049 *** (4.62)	0.0008 ** (2.45)
Tuobinq	− 0.0004 (− 1.59)	0.0002 (0.36)	− 0.0003 * (− 1.87)
ROA	0.0287 *** (6.49)	0.0413 *** (3.54)	0.0121 *** (3.66)
RET	0.0005 (1.42)	0.0003 (0.36)	− 0.0001 (− 0.44)
Ihold	0.0242 *** (8.63)	0.0199 *** (3.01)	0.0148 *** (6.34)
FAA	− 0.0151 *** (− 6.78)	− 0.0241 *** (− 4.10)	− 0.0034 ** (− 2.01)
Size	− 0.0021 *** (− 3.04)	− 0.0017 (− 0.92)	− 0.0017 *** (− 3.61)

变量	Invest	Over	Under
Staff	-0.0038 *** (-9.20)	-0.0059 *** (-5.82)	-0.0032 *** (-9.31)
_cons	0.0421 *** (11.28)	0.0691 *** (7.21)	0.0336 *** (11.43)
N	16 031	6 545	9 486
R^2	0.026	0.033	0.027

注：*** 、** 、* 分别表示在 1% 、5% 和 10% 的水平上显著；括号内为 t 值。

3.7　本章小结

本章以 2008~2019 年沪深 A 股上市公司为研究对象，利用面板数据模型检验金融错配对企业非效率投资的直接影响效应，以及在不同所有权性质和不同规模企业中是否存在异质性；利用中介效应模型的逐步法和 Bootstrap 法进行中介效应检验；通过重新划分被解释变量进行稳健性检验。

回归结果显示：（1）直接影响效应。金融错配对企业非效率投资具有显著正向影响，金融错配程度越大，企业过度投资和投资不足程度越深，相比投资不足，金融错配对企业过度投资的影响程度更大。（2）存在所有权性质异质性。对于国有企业而言，金融错配降低了企业投资效率，导致企业过度投资和投资不足加剧，相比投资不足，金融错配对国有企业过度投资的影响程度更大；对于民营企业而言，金融错配同样会降低企业投资效率，但主要体现在投资不足方面。整体而言，相比民营企业，金融错配对国有企业投资效率的抑制作用更强。（3）存在企业规模异质性。对于大规模企业而言，金融错配对企业非效率投资的影响主要体现在过度投资方面；对于小规模企业而言，金融错配对企业非效率投资的影响主要体现在投资不足方面。整体上，相比小规模企业，金融错配对大规模企业非效率投资的抑制效应更强。（4）存在中介效应。债务融资在金融错配与企业非效率投资中起着中介作用，在过度投资中起着完全中介作用，在投资不足中起着部分中介作用。同时，中介效应在不同特征企业中存在差异，在不同所有权性质企业中，中介效应在国有企业中存在，在民营企业中不存在；而不同规模企业中的债务融资中介作用主要体现在大规模企业的过度投资和小规模企业的投资不足。（5）稳健性检验支持了前面的回归结果。

第4章

企业非效率投资的治理：
政府治理的视角

4.1 引　　言

公司投资行为是国家代理和公司内部代理风险共同作用的产物，政府作为经济、政治、文化、社会管理体制的提出者，提供了企业经营生存的外部治理环境。政府通过征税、监管或许可审批等方式干预企业经营决策，特别在新兴市场中，政府通过对自然资源、金融资本和人力资本的控制显著影响企业资源配置（方军等，2010），从而使企业行为内生于政府治理质量。政府治理水平不仅影响地方经济的发展，还通过提供公共治理机制影响企业投资活动。

关于金融错配与企业非效率投资的关系，在第3章已经得到论证，但对两者的研究，不能忽略企业投资行为背后更为基础、更为重要的影响因素，即外部治理环境。政府治理质量作为企业各项经营活动赖以生存的外部环境，政府治理水平的高低会影响资源配置效率和企业长期发展。因此，本章在第3章的基础上，将政府治理作为调节变量，从政府干预度、金融业市场化和法治水平三个维度研究我国各个地区政府治理对金融错配与企业非效率投资关系的调节效应，以及政府治理在不同所有权性质企业、不同规模企业中的异质性。

4.2　相关文献回顾

4.2.1　政府治理的界定

善治政府对欧洲国家的经济发展以及从计划经济向市场经济转型国家的经济增长都发挥着重要的作用（威廉，1997）。陈德球和陈运森（2013）从地方政府提供的产权保护指数特别是履行执法水平，研究政府治理对企业投资同步性的影响。方军雄（2006）认为市场化程度是政府治理在经济领域"民主、法治"的体现，是政府提供的能够影响经济增长重要的制度保障，故将市场化程度衡量政府在经济方面的治理水平。王少飞等（2011）基于地方政府财政透明度，研究政府公共治理对企业投资效率的影响。

结合现有文献关于政府治理对企业投资行为的影响，我们将政府治理定义为企业生产经营活动和投资活动所依赖的外部治理环境，包括政府对政治环境、经济环境和法治环境的治理能力，选取了王小鲁、樊纲和胡李鹏（2018）编著的《中国分省份市场化指数报告》中的"各省份市场化总指数"衡量地区政府治理能力，同时将市场化总指数的一些基础指标"减少政府对企业的干预、金融业的市场化、法治环境"作为地方政府在政治、经济和法律治理能力表现。

4.2.2　政府治理与企业投资效率的关系研究

地方政府作为企业外部治理环境的引导者，对企业投资行为具有重要的影响。一部分学者主要从政府对市场的干预程度体现政府的经济治理能力，当政府减少资源干预时，市场能够在资源配置中更好地发挥决定性作用，而促进金融市场化。金荣庚和莱文（1993）与莱文（1997）指出，完善的金融体系能够通过缓解信息不对称和降低交易成本等方式提高企业投资效率，从而促进经济增长。沃格勒（2001）运用（股票市值 + 银行信贷）/GDP 衡量金融发展水平，发现金融发展对企业投资效率具有显著正向影响，资本市场发达的国家在成长性产业增加投资，在衰退产业减少投资，金融发展能够帮助国家充分利用投资机会的优势。方军雄（2006）采用投资反应系数衡量企业资本配置效率，研究市场化程度对资本配置效率的影响，发现市场化程度水平的提高的有利于改善资本配置效率，促使企业对效益处于"上升"项目追加投资，对效益处于"下降"的项目减少投资，实现投资效率最大化。考虑到我国各个地区经济发展的不平衡，李青原（2013）和刘放（2019）研究地区金融发展水平对实体企业资本配置效率的影响，发现金融发展水平的提高能有效缓解企业非效率投资，即在金融发展水平高的地区，企业有更好的新增投资预期和投资效率。陈国进等（2019）从金融机构规模水平和市场化指数两个维度衡量金融发展水平，采用双向固定效应模型从省级层面和行业层面分析金融发展对企业资本错配效率的影响，发现两个金融发展指标与资本配置效率均存在倒"U"型关系。当前中国金融机构发展规模均值位于拐点的左侧，即信贷占 GDP 比重的提高会在短期内加剧企业非效率投资，市场化指数均值位于拐点右侧，即金融市场化进程的加快有助于降低企业非效率投资，单纯依靠增设金融机构增加市场信贷供给量，非但不能解决企业融资困境，反而加剧了金融错配的程度。

随着学者对政府治理界定的延伸，一部分学者则从政府提供的法治环境、政治环境、经济环境等多个维度考虑政府治理能力对企业非效率投资的影响。陈德球和陈运森（2013）认为，良好的所有权保护体现了地方政府公共治理能力，较低的财产和合同权力保护，增加了企业投资同步性，造成企业投资行为的"羊群效应"。王少飞等（2011）发现，基于地方财政透明度的政府公共治理效率的提升对地方国有企业非效率投资具有显著抑制作用，即财政透明度增加了政府干预企业经营行为的成本，加强了政府的自我约束，保证了政府预算"硬约束"机制的有效发挥，减少受政府干预企业投资的偏差。拉斐尔（2000）的研究表明政府质量水平的提高能够降低经济主体间信息不对称和交易成本，缓解企业融资约束，帮助企业获取更多外部资本。陈德球等（2012）以 2005~2007 年中国上市公司为研究对象，从所有权保护水平、腐败指数、对法院的信任和政府效率四个维度衡量政府质量，发现政府质量与投资对现金流的敏感度、第一类和第二类代理成本显著负相关，验证了政府质量通过缓解外部融资约束和降低内部代理成本两条途径提高企业投资效率。祁怀锦等（2019）选取 2008～2017 年国有上市公司为研究对象，检验政府治理与企业资本配置效率的关系，发现政府政治对企业资本配置效率存在显著正向影响，政府治理水平的提高，特别是政府效率的提升和市场化进程的加快显著提高了企业资本配置效率。

关于政府质量对企业非效率投资影响的研究，根据现有文献可知，政府治理水平的提高能通过缓解融资约束、降低信息不对称和改善企业内部治理等机制提高企业投资决策，降低企业的非效率投资。但大部分学者在研究政府治理对企业非效率投资的影响时，主要从单一维度衡量政府治理能力，同时忽略了外部治理环境与企业内部治理机制对企业投资行为的共同作用。因此，本章在已往学者研究的基础上，将政府治理、金融错配和企业非效率投资纳入同一分析框架，从政府对企业干预度、金融业市场化和法治水平三个维度研究政府治理对金融错配与企业非效率投资关系的调节作用。

4.3　政府治理的调节机制分析

金融错配对企业投资效率作用机制的发挥在一定程度上受到政府治理的影响。政府通过企业干预度、金融业市场化和法治水平三个方面对企业经济活动产生直接和间接影响。从政府干预程度角度考虑，首先，在经济转轨时期，政府仍具有资源配置的自主权，其对自然资源、金融资本和人力资本的控制显著影响企业投资效率（乔瑟普等，2011）。如果政府减少对大型或国有企业的财政补贴和税收优惠等特殊照顾，可在一定程度上能够减少对金融资源的干预，提高金融资源配置效率，降低金融错配产生的负面影响，同时强化政府预算"硬约束"，能提高债务融资的市场治理属性。其次，政府在制定与企业相关政策时，如果不能秉着公平公正的原则，真正做到从效率原则和适用原则出发，行政干预将造成企业需要投入更多时间和资金处理与政府的关系，减少了企业投资项目资金，易造成投资不足。最后，在财政分权背景下，地方政府有强烈的动机干预企业各项投资活动，鼓励其扩大投资以实现促经济、稳就业、增税收等绩效考核，当政府减少对企业经营活动干预时，会使企业投资行为遵行市场导向，将资本投入收益更好的项目，避免将金融资源投入到效益低的政府主导性项目或重复投资的项目中，造成非效率投资。

从金融市场化角度考虑，较高的地区政府治理水平有利于金融行业的市场竞争和信贷资源分配的市场化。目前金融业市场竞争程度较弱，非国有金融机构数量较少。金融业市场竞争程度的提高，意味着非国有金融机构的增加，企业拥有更多融资渠道和融资成本的选择，从而缓解融资约束造成的投资不足。同时，政府减少对银行信贷决策的干预，使其信贷决策原则从服务政策性目标回归盈利性，提高了银行信贷风险管理以及对贷款公司的监管，从而使得信贷融资的硬约束缓解了金融错配下债务融资市场治理属性的扭曲。

从法律制度环境角度考虑，地区良好的所有权保护、投资者保护力度和高效的法律执行力是地方政府治理能力好的体现。在法治水平较高的地区，一方面可以规范企业的信息披露，降低资本市场信息不对称，提高企业与资金供给者、企业与企业之间的信任感，缓解信息不对称带来融资成本的上升，同时也可以缓解外部投资的逆向选择和内部管理人员的道德风险。另一方面良好的所有权保护可以激励企业进行技术研发和创新，减少因拥有大量自由现金流产生的过度投资（陈德球和陈运森，2011）。

综上所述，政府治理对金融错配与企业非效率投资关系的影响机制主要表现为：一是强化了政府和银行预算硬约束，缓解当前债务融资市场治理属性的扭曲；二是节约了经济主体之间的交易成本，降低企业的外部融资约束；三是产生管理层激励，降低内部代理问题，帮助企业识别好的投资机会，保证企业将有限的资金投入好的投资项目。基于以上分析，提出研究假设4－1。

假设4－1：政府治理能够调节金融错配对企业投资效率的负面影响，在政府治理能力较高的地区，金融错配导致企业过度投资和投资不足程度更弱。

4.4 本章小结

外部治理环境和内部治理体系共同影响企业投资行为，政府治理水平高低反映了外部治理环境质量，并影响着企业资源配置效率和企业发展。基于此，首先，本章提出疑问，即政府治理是否可以缓解金融错配对企业投资效率的抑制性影响。其次，根据相关文献梳理了国内外学者对政府治理的界定和测度，以及政府治理的经济影响，发现政府治理能力主要通过缓解融资约束、降低信息不对称和改善企业内部治理机制提高企业投资决策，但现有成果主要从单一维度研究政府治理对企业非效率投资的影响，忽略了内外部因素对企业投资行为的共同作用，故进一步探索政府治理的调节效应。最后，从政府干预度、金融市场化和法治水平三个维度，对政府治理的调节效应进行理论分析，并提出假设4-1：政府治理能够调节金融错配对企业投资效率的负面影响，在政府治理能力较高的地区，金融错配导致企业过度投资和投资不足程度更弱。

第5章

政府治理的调节效应实证检验

为了验证假设4-1,即政府治理能够调节金融错配对企业非效率投资的影响,本章将政府治理作为调节变量,在基础模型(3-2)、模型(3-3)和模型(3-4)中,加入变量政府治理、政府治理与金融错配的交互项,构建如式(5-1)、式(5-2)和式(5-3)的面板数据模型:

$$\text{Invest}_{i,t} = \alpha_0 + \alpha_1 \text{FM}_{i,t-1} + \alpha_2 \text{FM}_{i,t-1} \times \text{GG}_{i,t} + \alpha_3 \text{GG}_{i,t} + \alpha_k \text{Control}_{i,t} \\ + \delta_i + \varepsilon_{i,t} \tag{5-1}$$

$$\text{Over}_{i,t} = \beta_0 + \beta_1 \text{FM}_{i,t-1} + \beta_2 \text{FM}_{i,t-1} \times \text{GG}_{i,t} + \beta_3 \text{GG}_{i,t} + \beta_k \text{Control}_{i,t} \\ + \delta_i + \varepsilon_{i,t} \tag{5-2}$$

$$\text{Under}_{i,t} = \gamma_0 + \gamma_1 \text{FM}_{i,t-1} + \gamma_2 \text{FM}_{i,t-1} \times \text{GG}_{i,t} + \gamma_3 \text{GG}_{i,t} + \gamma_k \text{Control}_{i,t} \\ + \delta_i + \varepsilon_{i,t} \tag{5-3}$$

其中,GG表示地区政府治理水平,具体可细分为政府对企业的干预(GG1)、金融市场化(GG2)和法治水平(GG3)。若交互项系数α_1、β_1和γ_1显著为负,说明政府治理对金融错配与企业非效率投资的关系具有积极的调节效应,能在一定程度上缓解金融错配对企业投资效率的负面影响,则假设4-1成立。

5.1 基准回归分析

本节对面板数据模型(5-1)、模型(5-2)和模型(5-3)进行回归分析，检验政府治理对企业非效率投资总额、过度投资和投资不足的调节方向，估计结果见表5-1、表5-2和表5-3。

5.1.1 政府治理对企业非效率投资总额的调节效应

表5-1的列（1）~列（4）分别表示政府治理综合指标、政府干预程度、金融市场化、法治水平对金融错配与企业非效率投资关系影响的回归结果。

从政府治理的综合指标来看，列（1）的回归结果显示，政府治理与金融错配交互项的回归系数为 -0.0005，在1%水平上显著，说明地区政府治理水平的提高能够有效缓解金融错配对企业投资效率的减损。具体分析各项指标的调节效应，由列（2）可知，政府干预程度与金融错配交互项的回归系数为 -0.0003，在1%水平上显著，表明减少政府干预能够有效缓解金融错配对企业效率投资的抑制影响。当政府减少对资源配置或重大投资项目审批权的干预，可以降低企业寻租动机，使企业有更多资金和时间精力投入到企业的生产中，从而提高企业经营效率。由列（3）可知，金融市场化水平与金融错配交互项回归系数为 -0.0004，在5%水平上显著，说明金融市场化通过加强预算约束和缓解融资约束能有效调节金融错配对企业非效率投资的影响。由列（4）可知，法治水平与金融错配交互项的回归系数为 -0.0002，在1%水平上显著，表明健全的法律环境能够有效调节金融错配对企业效率投资的负面影响。在法治水平较高的地区，地方政府所提供的良好产权保护能够监督和激励管理层做出基于公司专有信息的投资决策，减少盲目跟风的投资行为，降低行业和企业层面的投资同步性，同时也能降低外部投资者因担心企业逆向选择和道德风险而提高风险溢价，缓解企业外部融资成本。

综上分析可知，政府通过减少企业干预、加快金融市场化和完善法治环境等治理手段能够有效缓解金融错配对企业非效率投资的影响。在政府治理水平较高的地区，地方政府会更关注经济长期发展目标，较少干预企业的投资活动和金融资源的配置，通过强化政府预算硬约束缓解金融错配对债务融资市场治理属性的扭曲，从而提高企业投资效率。

表 5 - 1　　　　　政府治理对金融错配与企业非效率投资关系的影响

变量	（1） 政府治理	（2） 政府干预度	（3） 金融市场化	（4） 法治水平
FM_1	0.0044 *** (3.12)	0.0029 *** (4.39)	0.0035 *** (2.99)	0.0025 *** (3.79)
FM × GG_1	− 0.0005 *** (− 2.64)			
GG − 1	− 0.0037 *** (− 15.02)			
FM_1 × GG1_1		− 0.0003 *** (− 2.96)		
GG1_1		0.0001 (0.17)		
FM_1 × GG2_1			− 0.0004 ** (− 2.52)	
GG2_1			− 0.0054 *** (− 17.99)	
FM_1 × GG3_1				− 0.0002 *** (− 2.97)
GG3_1				− 0.0012 *** (− 13.40)
Cf	0.0100 *** (3.70)	0.0081 *** (2.95)	0.0103 *** (3.81)	0.0099 *** (3.64)
Growth	0.0013 *** (3.75)	0.0015 *** (4.28)	0.0012 *** (3.42)	0.0013 *** (3.77)
Tuobinq	− 0.0002 (− 0.85)	− 0.0003 (− 1.60)	− 0.0003 (− 1.56)	− 0.0003 (− 1.46)
ROA	0.0234 *** (6.36)	0.0270 *** (7.29)	0.0224 *** (6.10)	0.0230 *** (6.25)

续表

变量	(1)	(2)	(3)	(4)
	政府治理	政府干预度	金融市场化	法治水平
RET	−0.0002 (−0.77)	0.0005 (1.61)	−0.0005* (−1.72)	−0.0001 (−0.37)
Ihold	0.0172*** (7.66)	0.0208*** (9.21)	0.0176*** (7.88)	0.0163*** (7.24)
FAA	−0.0135*** (−7.46)	−0.0139*** (−7.58)	−0.0129*** (−7.11)	−0.0137*** (−7.53)
Size	−0.0000 (−0.46)	−0.0000*** (−3.32)	−0.0000 (−0.28)	−0.0000 (−0.43)
Instaff	−0.0021*** (−6.03)	−0.0037*** (−11.01)	−0.0021*** (−6.04)	−0.0023*** (−6.64)
_cons	0.0595*** (17.82)	0.0409*** (13.21)	0.0708*** (20.33)	0.0438*** (14.36)
N	21 166	21 166	21 166	21 166
R^2	0.040	0.024	0.044	0.038

注：***、**、*分别表示在1%、5%和10%的水平上显著；括号内为t值。

5.1.2　政府治理对企业过度投资的调节效应

表5−2的列（1）~列（4）分别表示政府治理综合指标、政府干预度、金融市场化、法治水平对金融错配与企业过度投资关系影响的回归结果。由列（1）可知，从政府治理综合指标来看，政府治理与金融错配交互项回归系数为−0.0016，在1%的水平上显著，说明政府治理对金融错配与企业过度投资的关系能起到正向调节作用。由列（2）可知，政府干预度与金融错配交互项回归系数为−0.0007，在5%水平上显著，说明政府对企业干预程度的减弱能够使企业项目投资决策从"政府主导型"向企业效益最大化转变，避免因负担地区经济增长责任而进行不必要的投资。由列（3）可知，金融市

场化程度与金融错配的回归系数为 -0.0010，在5%水平上显著，说明在政府治理能力较高的地区，政府会减少金融资源配置的干预，发挥市场在资源配置过程中的决定性作用，实现政府和银行预算"软约束"向"硬约束"的转变，缓解金融错配下债务融资市场治理属性扭曲造成的过度投资。由列（4）可知，法治水平与金融错配交互项的回归系数为 -0.0005，在1%水平上显著，说明良好的知识产权保护可以激发企业进行技术研发和创新，抑制因现金流过量造成的过度投资。因此，地方政府通过减少企业投资干预、促进银行信贷决策市场化和提高法治水平等方式能够有效缓解金融错配对企业过度投资的影响。

5.1.3　政府治理对企业投资不足的调节效应

表5-2的列（5）～列（8）分别表示政府治理综合指标、政府干预度、金融市场化、法治水平对金融错配与企业投资不足关系影响的回归结果。由列（5）可知，从政府治理综合指标来看，政府治理与金融错配交互项的回归系数为 -0.0009，在1%水平上显著，说明地区政府治理水平的提高能够有效调节金融错配对企业投资不足的影响。由列（6）可知，政府干预度与金融错配交互项回归系数为 -0.0002，在5%水平上显著，表明减少政府干预度能够缓解金融错配对企业投资不足的影响。政府行政干预程度的弱化，能够降低那些为获取政府资金扶持和照顾的企业经理人产生贿赂官员的动机，减少非生产性支出，从而节约内部资源进行更多项目投资。由列（7）可知，金融市场化程度与金融错配的回归系数为 -0.0007，在5%水平上显著，表明金融市场化水平的提高能够有效调节金融错配对企业投资不足的影响。金融市场化使非国有金融机构得到迅速发展，多元化的银行体系为中小企业融资渠道提供更多选择，从而缓解金融错配对企业造成的融资困境。由列（8）可知，法治水平与金融错配交互项的回归系数为0.0001，不显著，说明对于投资不足企业来说，法治水平的提高并不能有效调节金融错配对企业投资不足的影响。综上分析可得，政府治理对企业投资不足的调节效应主要通过减少政府干预和提高金融市场化发挥作用。

表 5 - 2　政府治理对金融错配与企业过度投资和投资不足关系的影响

变量	过度投资				投资不足			
	(1) 政府治理	(2) 政府干预度	(3) 金融市场化	(4) 法治水平	(5) 政府治理	(6) 政府干预度	(7) 金融市场化	(8) 法治水平
FM_1	0.0133*** (3.98)	0.0051*** (3.09)	0.0080*** (2.80)	0.0057*** (3.58)	0.0074*** (6.63)	0.0020*** (3.41)	0.0057*** (5.80)	0.0004 (0.62)
FM_1×GG_1	-0.0016*** (-3.76)				-0.0009*** (-6.11)			
GG_1	-0.0031*** (-5.31)				0.0036*** (12.59)			
FM_1×GG1_1		-0.0007** (-2.45)				-0.0002** (-2.07)		
GG1_1		0.0002 (0.63)				-0.0001 (-0.84)		
FM_1×GG2_1			-0.0010** (-2.55)				-0.0007*** (-5.45)	
GG2_1			-0.0049*** (-6.76)				-0.0020*** (-19.05)	
FM_1×GG3_1				-0.0005*** (-3.26)				0.0001 (0.57)
GG3_1				-0.0010*** (-4.36)				-0.0015*** (-18.98)
CF	0.0269*** (3.93)	0.0255*** (3.69)	0.0270*** (3.94)	0.0273*** (3.97)	-0.0051** (-2.19)	-0.0065*** (-2.79)	-0.0039* (-1.71)	-0.0044* (-1.91)

续表

变量	过度投资				投资不足			
	(1) 政府治理	(2) 政府干预度	(3) 金融市场化	(4) 法治水平	(5) 政府治理	(6) 政府干预度	(7) 金融市场化	(8) 法治水平
Growth	0.0020*** (2.59)	0.0022*** (2.82)	0.0019** (2.43)	0.0020*** (2.60)	0.0009*** (2.79)	0.0011*** (3.59)	0.0008*** (2.75)	0.0009*** (2.87)
Tuobinq	0.0002 (0.48)	0.0001 (0.22)	0.0001 (0.30)	0.0001 (0.26)	−0.0004*** (−2.66)	−0.0004** (−2.57)	−0.0003* (−1.78)	−0.0004** (−2.22)
ROA	0.0443*** (4.71)	0.0478*** (5.07)	0.0432*** (4.59)	0.0441*** (4.68)	0.0079** (2.52)	0.0096*** (3.03)	0.0061* (1.96)	0.0052* (1.68)
RET	−0.0003 (−0.47)	0.0002 (0.29)	−0.0006 (−0.87)	−0.0002 (−0.27)	−0.0004 (−1.47)	0.0003 (1.15)	−0.0003 (−1.19)	−0.0005* (−1.83)
Ihold	0.0188*** (3.49)	0.0238*** (4.42)	0.0199*** (3.69)	0.0186*** (3.43)	0.0158*** (7.90)	0.0165*** (8.19)	0.0141*** (7.10)	0.0120*** (6.01)
FAA	−0.0288*** (−6.12)	−0.0281*** (−5.93)	−0.0285*** (−6.06)	−0.0289*** (−6.13)	−0.0050*** (−3.18)	−0.0057*** (−3.60)	−0.0050*** (−3.22)	−0.0050*** (−3.26)
Size	−0.0008 (−0.47)	−0.0029* (−1.78)	−0.0004 (−0.26)	−0.0008 (−0.48)	−0.0008* (−1.69)	−0.0014*** (−2.98)	−0.0001 (−0.15)	0.0003 (0.61)
Instaff	−0.0029*** (−3.39)	−0.0047*** (−5.79)	−0.0030*** (−3.50)	−0.0032*** (−3.81)	−0.0025*** (−8.16)	−0.0033*** (−10.86)	−0.0019*** (−6.13)	−0.0018*** (−5.76)
_cons	0.0671*** (8.24)	0.0536*** (6.99)	0.0800*** (9.39)	0.0546*** (7.24)	0.0046 (1.33)	0.0358*** (13.12)	0.0394*** (14.93)	0.0402*** (15.15)
N	8 139	8 139	8 139	8 139	13 027	13 027	13 027	13 027
R^2	0.041	0.031	0.041	0.038	0.046	0.027	0.065	0.066

注：***、**、* 分别表示在 1%、5% 和 10% 的水平上显著；括号内为 t 值。

5.2 所有权性质的治理异质性

为了验证政府治理对金融错配与企业非效率投资关系的调节作用是否受所有权性质影响，本节按照实际控制人性质将全样本分为国有企业和民营企业进行回归分析，估计结果见表 5 - 3、表 5 - 4 和表 5 - 5。

5.2.1 基于不同所有权性质企业非效率投资总额的治理差异

表 5 - 3 为所有权性质下政府治理对金融错配与企业非效率投资关系的异质性影响。列 (1) ~ 列 (5) 的回归结果表明，在国有企业样本中，政府干预度、金融市场化、法治水平与金融错配的交互项系数均显著为负，说明政府治理能够缓解金融错配对国有企业投资效率的抑制性。同样，在民营企业样本中，列 (5) ~ 列 (8) 的交互项系数也显著为负，说明政府通过减少企业干预度、促进金融市场化和完善法治环境等治理手段能有效缓解金融错配对民营企业投资效率的减损效应。

比较表 5 - 3 交互项的回归系数可知，政府治理对金融错配与企业非效率投资总额关系的调节作用在不同所有权企业中存在差异。由列 (2) 和列 (6) 可知，从政府干预指标来看，国有企业交互项系数 (- 0.0006) 小于民营企业交互项系数 (- 0.0004)，表明政府干预对金融错配与企业非效率投资总额关系的调节效应在国有企业中更强。相比民营企业，国有企业在资金获取上面临较小的预算约束，一旦政府减少对企业经营活动和资源配置的干预，将更好发挥对国有企业内部监督，同时使得国有企业投资决策遵行市场导向，缓解资源配置预算软约束造成的非效率投资；由列 (3) 和列 (7) 可知，从金融业市场化指标来看，国有企业交互项系数 (- 0.0004) 大于民营企业交互项系数 (- 0.0005)，表明金融市场化的调节效应在民营企业中更强。在金融市场化水平较高的地区，金融资源配置效率的提高

表5-3　　　所有权性质下政府治理对金融错配与企业非效率投资关系的影响

变量	国有企业				民营企业			
	(1)	(2)	(3)	(4)	(5)	(6)	(7)	(8)
	政府治理	政府干预度	金融市场化	法治水平	政府治理	政府干预度	金融市场化	法治水平
FM_1	0.0042** (2.13)	0.0046** (2.05)	0.0031*** (3.05)	0.0026*** (2.71)	0.0052** (2.45)	0.0028*** (2.66)	0.0043** (2.47)	0.0025** (2.48)
FM_1×GG_1	-0.0005* (-1.74)				-0.0006** (-2.35)			
GG_1	-0.0040*** (-12.29)				-0.0035*** (-8.63)			
FM_1×GG1_1		-0.0006* (-1.80)				-0.0004** (-2.26)		
GG1_1		0.0007 (1.40)				0.00001 (0.45)		
FM_1×GG2_1			-0.0004** (-2.57)				-0.0005** (-2.42)	
GG2_1			-0.0047*** (-13.08)				-0.0063*** (-11.72)	
FM_1×GG3_1				-0.0002* (-1.96)				-0.0002** (-2.41)
GG3_1				-0.0014*** (-10.83)				-0.0011*** (-7.58)
CF	0.0018 (0.48)	0.0022 (0.61)	0.0020 (0.55)	0.0018 (0.49)	0.0155*** (3.74)	0.0130*** (3.13)	0.0167*** (4.04)	0.0153*** (3.68)

续表

变量	国有企业				民营企业			
	(1)	(2)	(3)	(4)	(5)	(6)	(7)	(8)
	政府治理	政府干预度	金融市场化	法治水平	政府治理	政府干预度	金融市场化	法治水平
Growth	0.0015*** (3.26)	0.0013*** (2.83)	0.0015*** (3.10)	0.0016*** (3.29)	0.0011** (2.08)	0.0011** (2.12)	0.0009* (1.82)	0.0011** (2.09)
Tuobinq	-0.0000 (-0.06)	0.0002 (0.59)	-0.0002 (-0.67)	-0.0001 (-0.29)	0.0001 (0.31)	-0.0001 (-0.37)	-0.0000 (-0.02)	-0.0001 (-0.25)
ROA	0.0206*** (3.60)	0.0165*** (2.87)	0.0190*** (3.31)	0.0204*** (3.55)	0.0245*** (4.73)	0.0280*** (5.38)	0.0237*** (4.59)	0.0243*** (4.67)
RET	-0.0001 (-0.33)	-0.0011* (-1.78)	-0.0004 (-0.87)	-0.0000 (-0.00)	-0.0006 (-1.26)	-0.0001 (-0.17)	-0.0009** (-2.00)	-0.0005 (-1.00)
Ihold	0.0074** (2.25)	0.0085*** (2.60)	0.0076** (2.33)	0.0068** (2.07)	0.0250*** (7.52)	0.0314*** (9.54)	0.0236*** (7.14)	0.0245*** (7.32)
FAA	-0.0137*** (-4.94)	-0.0126*** (-4.56)	-0.0127*** (-4.59)	-0.0142*** (-5.12)	-0.0116*** (-4.55)	-0.0112*** (-4.37)	-0.0112*** (-4.40)	-0.0115*** (-4.48)
Size	0.0002 (0.31)	0.0005 (0.90)	0.0000 (0.01)	0.0003 (0.50)	-0.0001 (-0.05)	-0.0041* (-1.79)	0.0010 (0.43)	-0.0005 (-0.21)
Instaff	-0.0020*** (-4.28)	-0.0013*** (-2.83)	-0.0022*** (-4.78)	-0.0021*** (-4.58)	-0.0021*** (-3.65)	-0.0035*** (-6.34)	-0.0017*** (-2.93)	-0.0023*** (-4.13)
_cons	0.0640*** (14.24)	0.0302*** (5.15)	0.0692*** (14.98)	0.0468*** (11.14)	0.0542*** (9.87)	0.0329*** (6.66)	0.0730*** (12.33)	0.0391*** (7.98)
N	9 684	9 684	9 684	9 684	10 121	10 121	10 121	10 121
R^2	0.043	0.054	0.044	0.039	0.042	0.030	0.049	0.040

注：***、**、*分别表示在 1%、5% 和 10% 的水平上显著；括号内为 t 值。

有利于债务融资市场治理属性的有效发挥，从而加强外部监督和企业内部治理，提高企业投资效率。此外，非国有金融机构的迅速发展，为民营企业提供更多融资渠道，有效缓解融资约束造成的企业投资效率的损失；由列（4）和列（8）可知，从法治水平指标来看，国有企业和民营企业的交互项系数均为 - 0.0002，说明法治水平的调节效应在国有企业和民营企业中无差异。

从政府治理的综合指标来看，列（1）和列（5）的回归结果表明国有企业交互项系数（-0.0005）大于民营企业交互项系数（-0.0006）。总体而言，政府治理对金融错配与企业非效率投资总额的关系的调节效应在民营企业中更强烈。在当前经济市场中，民营企业在融资机会和投资方面都存在先天劣势和诸多障碍，一旦政府改善治理水平，减少对市场的干预程度，民营企业的融资约束将得到很大程度的缓解，并在公平的市场环境中获得更大投资收益。

5.2.2 基于不同所有权性质企业过度投资的治理差异

根据企业投资状态的不同，进一步分析政府治理对企业过度投资和投资不足行为的影响。表 5 - 4 为所有权性质下政府治理对金融错配与企业过度投资关系的异质性影响。实证结果显示，无论是国有企业还是民营企业，政府治理综合指标与金融错配交互项、政府干预度与金融错配交互项、金融市场化与金融错配交互项、法治水平与金融错配交互项对企业过度投资的影响在 10% 水平内均显著为负，说明政府通过减少企业干预度、加快金融市场化和完善法治环境等治理方式能够有效缓解金融错配对国有企业和民营企业过度投资的负面影响。但对国有企业和民营企业交互项系数进行比较可知，政府治理对金融错配与企业过度投资关系的调节作用在不同所有权性质中存在差异。从政府治理的各项指标来看，国有企业交互项系数均大于民营企业交互项系数，表明政府治理对金融错配与企业过度投资关系的调节作用在民营企业中更明显。

表5-4　所有权性质下政府治理对金融错配与企业过度投资关系的影响

变量	国有企业				民营企业			
	(1)	(2)	(3)	(4)	(5)	(6)	(7)	(8)
	政府治理	政府干预度	金融市场化	法治水平	政府治理	政府干预度	金融市场化	法治水平
FM_1	0.0115** (2.35)	0.0076*** (3.87)	0.0074*** (2.65)	0.0065*** (2.82)	0.0174*** (3.42)	0.0062** (2.48)	0.0113*** (2.72)	0.0069*** (2.84)
FM_1×GG_1	-0.0012* (-1.87)				-0.0022*** (-3.58)			
GG_1	-0.0036*** (-4.57)				-0.0027*** (-2.94)			
FM_1×GG1_1		-0.0009*** (-2.69)				-0.0012*** (-2.76)		
GG1_1		0.0048*** (4.80)				0.0008* (1.71)		
FM_1×GG2_1			-0.0007* (-1.77)				-0.0015*** (-2.92)	
GG2_1			-0.0017*** (-4.00)				-0.0060*** (-4.46)	
FM_1×GG3_1				-0.0005* (-1.90)				-0.0007*** (-3.31)
GG3_1				-0.0013*** (-3.97)				-0.0007** (-1.96)
CF	0.0086 (0.91)	0.0076 (0.79)	0.0089 (0.94)	0.0096 (1.01)	0.0468*** (4.53)	0.0432*** (4.17)	0.0491*** (4.74)	0.0465*** (4.49)

续表

变量	国有企业				民营企业			
	(1) 政府治理	(2) 政府干预度	(3) 金融市场化	(4) 法治水平	(5) 政府治理	(6) 政府干预度	(7) 金融市场化	(8) 法治水平
Growth	0.0004 (0.47)	0.0001 (0.08)	0.0003 (0.44)	0.0003 (0.44)	0.0007 (1.04)	0.0006 (0.88)	0.0007 (1.02)	0.0006 (0.81)
Tuobinq	0.0383*** (2.70)	0.0417*** (2.94)	0.0399*** (2.81)	0.0376*** (2.65)	0.0465*** (3.44)	0.0499*** (3.68)	0.0454*** (3.36)	0.0467*** (3.45)
ROA	0.0001 (0.07)	0.0000 (0.03)	0.0003 (0.27)	0.0002 (0.15)	-0.0010 (-0.93)	-0.0007 (-0.66)	-0.0015 (-1.29)	-0.0009 (-0.77)
RET	0.0036 (0.46)	0.0035 (0.45)	0.0038 (0.49)	0.0038 (0.49)	0.0291*** (3.55)	0.0389*** (4.85)	0.0284*** (3.47)	0.0296*** (3.56)
Ihold	-0.0279*** (-3.85)	-0.0273*** (-3.77)	-0.0276*** (-3.81)	-0.0286*** (-3.95)	-0.0287*** (-4.34)	-0.0273*** (-4.11)	-0.0297*** (-4.48)	-0.0284*** (-4.27)
FAA	-0.0000 (-0.11)	-0.0000 (-0.39)	-0.0000 (-0.17)	0.0000 (0.08)	0.0000 (0.06)	-0.0000 (-0.83)	0.0000 (0.26)	-0.0000 (-0.10)
Size	-0.0022* (-1.96)	-0.0031*** (-2.75)	-0.0025** (-2.15)	-0.0025** (-2.16)	-0.0040*** (-2.91)	-0.0058*** (-4.29)	-0.0036*** (-2.61)	-0.0044*** (-3.19)
_cons	0.0716*** (6.37)	0.0197 (1.48)	0.0574*** (5.40)	0.0565*** (5.34)	0.0680*** (5.12)	0.0486*** (3.97)	0.0908*** (6.19)	0.0554*** (4.59)
N	3 671	3 671	3 671	3 671	3 913	3 913	3 913	3 913
R^2	0.038	0.033	0.036	0.036	0.055	0.045	0.055	0.051

注：***、**、*分别表示在1%、5%和10%的水平上显著；括号内为t值。

5.2.3　基于不同所有权性质企业投资不足的治理差异

表 5-5 为所有权性质下政府治理对金融错配与企业投资不足关系的异质性影响。由列（1）~（4）的回归结果可知，在国有企业样本中，政府治理综合指标、政府干预度、金融市场化、法治水平与金融错配的交互项对国有企业投资不足都具有显著负影响，说明政府治理能够有效调节金融错配对国有企业投资不足的影响。由列（5）~（8）的回归结果可知，在民营企业样本中，政府干预度、金融市场化与金融错配交互项对民营企业投资不足的影响在 1% 水平上显著为负，法治水平与金融错配的交互项系数为负，但不显著，说明政府主要通过减少企业干预度和促进金融市场化等治理手段缓解金融错配对民营企业投资不足的影响。对比表 5-5 的交互项系数可知，政府治理对金融错配与企业投资不足关系的调节效应在不同所有权企业中存在差异。由列（2）和列（6）可知，从政府干预度来看，国有企业交互项系数（-0.0002）大于民营企业交互项系数（-0.0006），说明政府干预度对金融错配与企业投资不足关系的调节作用在民营企业中更强。当政府减少资源的过度干预，促进金融资源流向产出效率较高的民营企业，在一定程度上能够降低国有企业对民营企业的金融"挤出效应"，从而缓解融资约束造成民营企业的投资不足；由列（3）和列（7）可知，从金融市场化程度来看，国有企业交互项系数（-0.0007）小于民营企业交互项系数（-0.0006），说明金融市场化对金融错配与企业投资不足关系的调节效应在国有企业中更强；由列（4）和列（8）可知，从法治水平来看，国有企业交互项系数（-0.0003）小于民营企业交互项系数（-0.0001），说明完善的法治环境更能有效缓解金融错配对国有企业投资不足的影响。由列（1）~（4）可知，从政府的综合治理能力来看，国有企业交互项系数（-0.0013）小于民营企业交互项系数（-0.0006），说明整体而言，相比民营企业，政府治理对金融错配与企业投资不足关系的调节作用在国有企业中更明显。尽管多数国有企业实行了公司化的治理结构，但"弱所有者，强管理人"和"内部控制人"的局面仍普遍存在，这种缺乏制衡机制的治理结构，大大增加了管理

表5-5 所有权性质下政府治理对金融错配与企业投资不足关系的影响

变量	国有企业				民营企业			
	(1) 政府治理	(2) 政府干预度	(3) 金融市场化	(4) 法治水平	(5) 政府治理	(6) 政府干预度	(7) 金融市场化	(8) 法治水平
FM_1	0.0098*** (6.38)	0.0018*** (2.73)	0.0049*** (3.47)	0.0027*** (3.40)	0.0056*** (3.22)	0.0035*** (4.53)	0.0051*** (3.45)	0.0005 (0.55)
FM_1×GG_1	-0.0013*** (-6.25)				-0.0006*** (-2.94)			
GG_1	0.0035*** (9.67)				0.0036*** (7.52)			
FM_1×GG1_1		-0.0002** (-2.39)				-0.0006*** (-4.39)		
GG1_1		0.0041*** (11.15)				0.0044*** (9.02)		
FM_1×GG2_1			-0.0007*** (-3.38)				-0.0006*** (-3.33)	
GG2_1			-0.0020*** (-14.46)				-0.0021*** (-11.51)	
FM_1×GG3_1				-0.0003*** (-3.20)				-0.0001 (-0.33)
GG3_1				-0.0004*** (-9.96)				-0.0005*** (-10.03)
CF	-0.0079** (-2.51)	-0.0078** (-2.49)	-0.0077** (-2.46)	-0.0082*** (-2.63)	-0.0027 (-0.75)	-0.0023 (-0.64)	-0.0012 (-0.32)	-0.0024 (-0.66)

续表

变量	国有企业				民营企业			
	(1)	(2)	(3)	(4)	(5)	(6)	(7)	(8)
	政府治理	政府干预度	金融市场化	法治水平	政府治理	政府干预度	金融市场化	法治水平
Growth	0.0015*** (3.62)	0.0016*** (3.69)	0.0014*** (3.47)	0.0016*** (3.91)	0.0005 (1.11)	0.0005 (1.04)	0.0006 (1.23)	0.0005 (1.06)
Tuobinq	-0.0004* (-1.78)	-0.0005* (-1.90)	-0.0003 (-1.22)	-0.0004* (-1.74)	-0.0002 (-0.95)	-0.0003 (-1.26)	-0.0001 (-0.24)	-0.0004* (-1.73)
ROA	0.0028 (0.57)	0.0033 (0.67)	0.0025 (0.52)	0.0037 (0.75)	0.0086* (1.93)	0.0079* (1.78)	0.0062 (1.39)	0.0066 (1.50)
RET	-0.0002 (-0.67)	-0.0002 (-0.52)	-0.0002 (-0.46)	-0.0002 (-0.57)	-0.0008* (-1.93)	-0.0008** (-2.02)	-0.0006 (-1.62)	-0.0006 (-1.51)
Ihold	0.0068** (2.31)	0.0063** (2.16)	0.0075*** (2.58)	0.0058** (1.98)	0.0221*** (7.54)	0.0215*** (7.34)	0.0187*** (6.37)	0.0176*** (5.95)
FAA	-0.0075*** (-3.17)	-0.0076*** (-3.23)	-0.0071*** (-3.02)	-0.0075*** (-3.19)	-0.0012 (-0.52)	-0.0011 (-0.48)	-0.0019 (-0.89)	-0.0014 (-0.62)
Size	-0.0004 (-0.85)	-0.0004 (-0.96)	0.0001 (0.24)	0.0000 (0.09)	-0.0032 (-1.57)	-0.0032 (-1.57)	-0.0007 (-0.34)	-0.0023 (-1.14)
Instaff	-0.0025*** (-5.94)	-0.0026*** (-6.24)	-0.0020*** (-4.99)	-0.0023*** (-5.45)	-0.0021*** (-4.13)	-0.0021*** (-4.11)	-0.0015*** (-3.01)	-0.0018*** (-3.61)
_cons	0.0110** (2.35)	0.0082* (1.73)	0.0443*** (12.14)	0.0389*** (10.56)	-0.0029 (-0.51)	-0.0081 (-1.44)	0.0339*** (7.99)	0.0312*** (7.37)
N	6 013	6 013	6 013	6 013	6 208	6 208	6 208	6 208
R^2	0.054	0.048	0.071	0.056	0.045	0.047	0.061	0.054

注：***、**、*分别表示在1%、5%和10%的水平上显著；括号内为 t 值。

层自利行为，相比民营企业，国有企业代理冲突更加严重。因此，政府治理水平的提高更能缓解国有企业非效率投资。

5.3 企业规模的治理异质性

为了探讨政府治理对金融错配与企业非效率投资关系的调节效应是否受企业规模大小的影响，本节按照企业资产规模分位数将总样本分为大规模企业和小规模企业，将前25%分位数的企业划分为小规模企业，后25%分位数企业划分为大规模企业，回归结果见表5－6、表5－7和表5－8。

5.3.1 基于不同规模企业非效率投资总额的治理差异

表5－6为企业规模下政府治理对金融错配与企业非效率投资关系的异质性影响。由列（1）~列（4）可知，在大规模企业中，政府治理的各项指标与金融错配交互项的回归系数在10%水平内均显著为负，说明政府通过减少企业干预度、加快金融市场化改革和完善法治环境等治理手段能够有效缓解金融错配对大规模企业效率投资的抑制效应。由列（5）~列（8）可知，在小规模企业中，政府治理综合指标、政府干预度与金融错配的交互项对企业非效率投资具有显著负影响，法制水平的交互项不显著，值得注意的是金融市场化交互项的回归系数显著为正，意味着金融市场化水平的提高非但没有缓解金融错配对企业投资效率的抑制性，反而进一步加剧企业非效率投资。这与陈国进等（2019）的研究结论一致，即在信贷配置市场化机制尚未形成之前，单纯依靠金融机构扩大信贷规模促进金融发展，可能会造成金融错配程度加重，从而对企业投资效率产生进一步的负面影响。

比较表5－6的交互项回归系数可知，政府治理对金融错配与企业非效率投资关系的调节效应在不同规模企业中存在差异。由列（2）和列（6）可知，从政府干预度来看，大规模企业的交互项系数（－0.0004）小于小规模企业交互项系数（－0.0002），说明政府干预度对金融错配与企业非效

表5-6 企业规模下政府治理对金融错配与企业非效率投资关系的影响

变量	大规模企业				小规模企业			
	(1)	(2)	(3)	(4)	(5)	(6)	(7)	(8)
	政府治理	政府干预度	金融市场化	法治水平	政府治理	政府干预度	金融市场化	法治水平
FM_1	0.0064**	0.0037***	0.0057**	0.0033***	0.0070**	0.0017	0.0002	0.0014
	(2.05)	(3.12)	(2.09)	(3.08)	(2.39)	(1.06)	(0.08)	(0.86)
FM_1×GG_1	-0.0007*				-0.0009**			
	(-1.65)				(-2.26)			
GG_1	-0.0034***				0.0005			
	(-7.60)				(0.49)			
FM_1×GG1_1		-0.0004**				-0.0002*		
		(-2.38)				(-1.6)		
GG1_1		0.0050***				0.0002		
		(8.66)				(0.46)		
FM_1×GG2_1			-0.0007*				0.0013***	
			(-1.80)				(2.78)	
GG2_1			-0.0057***				-0.0044***	
			(-10.61)				(-3.60)	
FM_1×GG3_1				-0.0001**				-0.0001
				(-2.11)				(-0.59)
GG3_1				-0.0003***				-0.0012***
				(-4.61)				(-3.40)
CF	0.0046	0.0038	0.0067	0.0035	0.0025	0.0024	0.0021	0.0024
	(0.97)	(0.80)	(1.43)	(0.75)	(0.34)	(0.32)	(0.28)	(0.33)

续表

变量	大规模企业				小规模企业			
	(1)	(2)	(3)	(4)	(5)	(6)	(7)	(8)
	政府治理	政府干预度	金融市场化	法治水平	政府治理	政府干预度	金融市场化	法治水平
Growth	0.0027*** (4.93)	0.0027*** (5.01)	0.0025*** (4.58)	0.0028*** (5.10)	-0.0023** (-2.24)	-0.0022** (-2.18)	-0.0023** (-2.30)	-0.0024** (-2.36)
Tuobinq	0.0020*** (2.64)	0.0019** (2.44)	0.0012 (1.54)	0.0021*** (2.70)	-0.0006 (-1.55)	-0.0007* (-1.89)	-0.0003 (-0.66)	-0.0003 (-0.78)
ROA	0.0189** (2.23)	0.0194** (2.29)	0.0150* (1.77)	0.0207** (2.44)	0.0368*** (3.96)	0.0370*** (3.98)	0.0355*** (3.84)	0.0350*** (3.78)
RET	0.0007 (1.29)	0.0005 (0.86)	0.0007 (1.17)	0.0008 (1.43)	-0.0013* (-1.67)	-0.0011 (-1.48)	-0.0017** (-2.18)	-0.0016** (-2.07)
Ihold	0.0056 (1.23)	0.0044 (0.97)	0.0037 (0.83)	0.0057 (1.27)	0.0399*** (4.95)	0.0408*** (5.05)	0.0391*** (4.85)	0.0346*** (4.22)
FAA	-0.0098** (-2.35)	-0.0103** (-2.47)	-0.0079* (-1.91)	-0.0115*** (-2.76)	-0.0269*** (-5.73)	-0.0268*** (-5.70)	-0.0258*** (-5.50)	-0.0263*** (-5.61)
Size	-0.0014*** (-2.64)	-0.0005 (-0.89)	0.0003 (0.56)	0.0002 (0.33)	-0.2823 (-1.04)	-0.3997 (-1.54)	0.0062 (0.02)	0.0513 (0.18)
Instaff	-0.0005 (-0.76)	-0.0009 (-1.38)	-0.0006 (-0.85)	-0.0012* (-1.81)	-0.0014 (-1.02)	-0.0012 (-0.84)	-0.0020 (-1.45)	-0.0018 (-1.32)
_cons	0.0439*** (6.21)	-0.0118 (-1.47)	0.0615*** (8.40)	0.0277*** (4.17)	0.0222* (1.79)	0.0240** (2.28)	0.0581*** (4.24)	0.0371*** (3.47)
N	6 007	6 007	6 007	6 007	4 037	4 037	4 037	4 037
R^2	0.045	0.043	0.056	0.037	0.027	0.026	0.030	0.031

注：***、**、*分别表示在1%、5%和10%的水平上显著；括号内为t值。

率投资关系的调节效应在大规模企业中更明显；由列（3）和列（7）可知，从金融市场化来看，大规模企业交互项系数（-0.0007）小于小规模企业交互项系数（0.0013），说明金融市场化对金融错配与企业非效率投资关系的调节效应在大规模企业中更明显；由列（4）和列（8）可知，从法治水平来看，大规模企业和小规模企业交互项系数一样，都为-0.0001，说明法治水平的调节效应在大规模企业和小规模企业中无差异。从政府治理综合指标来看，列（1）和列（5）的回归结果显示，大规模企业交互项系数（-0.0007）大于小规模企业交互项系数（-0.0009），说明整体而言，政府治理对金融错配与企业非效率投资关系的调节效应在小规模企业中更强。当前信贷市场的信息不对称，使得企业自有财富的信贷优势凸显，而地区政府治理水平的提高，有利于企业加强信息披露，降低资本市场的信息不对称，提高小规模企业融资能力。

5.3.2　基于不同规模企业过度投资的治理差异

表 5-7 为企业规模下政府治理对金融错配与企业过度投资关系的异质性影响。列（1）~ 列（4）的回归结果显示，在大规模企业中，政府治理综合指数、政府干预度、金融市场化、法治水平与金融错配的交互项回归系数显著为负，说明政府通过减少企业干预度、加快金融市场化和提高法治水平能缓解金融错配对大规模企业造成的过度投资。列（5）~ 列（8）的回归结果显示，在小规模企业中，政府干预度、金融市场化与金融错配的交互项系数显著为负，但法治水平与金融错配交互项不显著，说明减少政府干预度、加快金融市场市场化有利缓解金融错配对小规模企业造成的过度投资，而法治水平的提高并不能缓解金融错配造成的过度投资。

比较表 5-7 的交互项回归系数可知，政府治理对金融错配与企业过度投资关系的调节效应在不同规模企业中存在差异。由列（2）和列（6）可知，从政府干预度来看，大规模企业交互项系数（-0.0013）大于小规模企业交互项系数（-0.0027），表明政府干预度对金融错配与企业过度投资关系的调节效应在小规模企业中更强烈。由列（3）和列（7）可知，从金融市场化

表 5-7 企业规模下政府治理对金融错配与企业过度投资的关系的影响

变量	大规模企业				小规模企业			
	(1)	(2)	(3)	(4)	(5)	(6)	(7)	(8)
	政府治理	政府干预度	金融市场化	法治水平	政府治理	政府干预度	金融市场化	法治水平
FM_1	0.0257*** (3.25)	0.0102*** (3.49)	0.0202*** (2.97)	0.0107*** (3.01)	0.0146* (1.69)	0.0176* (1.83)	0.0128 (1.63)	0.0048 (1.12)
$FM\_1 \times GG\_1$	-0.0029*** (-2.83)				-0.0019* (-1.71)			
GG_1	-0.0022** (-2.04)				-0.0045* (-1.88)			
$FM\_1 \times GG1\_1$		-0.0013*** (-2.63)				-0.0027** (-1.99)		
$GG1\_1$		0.0069*** (4.89)				-0.0015 (-0.39)		
$FM\_1 \times GG2\_1$			-0.0024*** (-2.58)				-0.0017* (-1.67)	
$GG2\_1$			-0.0062*** (-4.68)				-0.0036 (-0.98)	
$FM\_1 \times GG3\_1$				-0.0008** (-2.24)				-0.0006 (-1.41)
$GG3\_1$				-0.0008** (-1.99)				-0.0012 (-1.21)
CF	0.0147 (1.20)	0.0138 (1.12)	0.0177 (1.44)	0.0156 (1.26)	0.0196 (0.91)	0.0251 (1.15)	0.0201 (0.92)	0.0246 (1.15)

续表

变量	大规模企业				小规模企业			
	(1)	(2)	(3)	(4)	(5)	(6)	(7)	(8)
	政府治理	政府干预度	金融市场化	法治水平	政府治理	政府干预度	金融市场化	法治水平
Growth	0.0038*** (2.79)	0.0034** (2.51)	0.0035** (2.57)	0.0039*** (2.87)	-0.0012 (-0.41)	-0.0029 (-1.04)	-0.0013 (-0.47)	-0.0023 (-0.85)
Tuobinq	0.0048** (2.45)	0.0039** (1.98)	0.0035* (1.78)	0.0048** (2.41)	0.0018 (1.50)	0.0023 (1.47)	0.0014 (1.16)	0.0016 (1.34)
ROA	0.0302 (1.47)	0.0293 (1.43)	0.0222 (1.09)	0.0299 (1.45)	0.0687** (2.32)	0.0663** (2.25)	0.0734** (2.47)	0.0681** (2.34)
RET	0.0007 (0.50)	0.0006 (0.48)	0.0006 (0.45)	0.0008 (0.61)	-0.0056** (-2.34)	-0.0028 (-0.74)	-0.0057** (-2.36)	-0.0055** (-2.29)
Ihold	-0.0060 (-0.57)	-0.0056 (-0.53)	-0.0070 (-0.67)	-0.0035 (-0.33)	0.0444* (1.82)	0.0346 (1.39)	0.0494** (2.02)	0.0369 (1.48)
FAA	-0.0356*** (-3.25)	-0.0351*** (-3.20)	-0.0347*** (-3.19)	-0.0366*** (-3.33)	-0.0389*** (-2.83)	-0.0359*** (-2.61)	-0.0405*** (-2.93)	-0.0371*** (-2.73)
Size	-0.0003 (-0.18)	0.0002 (0.12)	0.0008 (0.54)	-0.0006 (-0.32)	0.1744 (0.21)	0.2828 (0.31)	-0.3368 (-0.40)	-0.0762 (-0.09)
Instaff	-0.0018 (-1.11)	-0.0021 (-1.26)	-0.0016 (-1.00)	-0.0023 (-1.41)	-0.0003 (-0.07)	-0.0016 (-0.39)	0.0012 (0.27)	-0.0005 (-0.12)
_cons	0.0583*** (3.34)	-0.0028 (-0.14)	0.0875*** (4.80)	0.0515*** (3.12)	0.0664 (1.60)	0.0382 (0.85)	0.0530 (1.17)	0.0335 (1.03)
N	2 390	2 390	2 390	2 390	1 446	1 446	1 446	1 446
R^2	0.053	0.057	0.067	0.050	0.061	0.054	0.054	0.038

注: ***、 **、 * 分别表示在 1%、 5% 和 10% 的水平上显著; 括号内为 t 值。

来看，大规模企业交互项系数（-0.0024）小于小规模企业交互项系数（-0.0017），表明金融市场化对金融错配与企业过度投资关系的调节效应在大规模企业中更强烈。由列（4）和列（7）可知，从法治水平来看，法治水平对金融错配与企业过度投资关系的调节效应主要体现在大规模企业过度投资方面，小规模企业过度投资的调节效应不显著。从政府治理综合指数来看，列（1）和列（5）的结果表明大规模企业的交互项系数（-0.0029）小于小规模企业的交互项系数（-0.0019），说明整体而言，政府治理对金融错配与企业过度投资关系的调节效应在大规模企业中更强烈。

5.3.3 基于不同规模企业投资不足的治理差异

表5-8为企业规模下政府治理对金融错配与企业投资不足关系的异质性影响。列（1）~列（4）的回归结果显示，在大规模企业中，除了政府干预度，政府治理综合指数、金融市场化、法治水平与金融错配交互项的系数均显著为负，说明仅政府干预度在金融错配与大规模企业投资不足关系的调节作用不显著，其他指标都有显著的调节作用。列（5）~列（8）的回归结果显示，在小规模企业中，从综合指数来看，政府治理水平的提高有利于缓解金融错配对小规模企业投资不足的影响，但政府干预度和金融市场化的交互项系数却显著为正，表明对于投资不足的小规模企业来说，政府干预程度的提高，可能进一步推动企业产生寻租的动机，同时基于我国金融市场化发展的不完全，投资不足的小规模企业因自身规模劣势，反而不利于从金融市场化中获益。

比较表5-8的交互项回归系数可知，政府治理对金融错配与企业投资不足关系的调节作用在不同企业规模中存在差异。由列（2）和列（6）可知，从政府干预度来看，政府干预度对金融错配与企业投资不足的正向调节效应不存在，反而加剧企业投资不足；由列（3）和列（7）可知，对于大规模企业投资不足而言，金融市场化能够缓解金融错配对企业投资不足的影响，而对小规模企业投资不足来说，金融市场化反而加剧了金融错配对企业投资不足的影响；由列（4）和列（8）可知，从法治水平来看，法治水平的调节效应对大

表 5－8　企业规模下政府治理对金融错配与企业投资不足关系的影响

变量	大规模企业				小规模企业			
	(1) 政府治理	(2) 政府干预度	(3) 金融市场化	(4) 法治水平	(5) 政府治理	(6) 政府干预度	(7) 金融市场化	(8) 法治水平
FM_1	0.0077*** (3.19)	-0.0005 (-0.41)	0.0055** (2.47)	0.0025** (2.10)	-0.0042 (-1.54)	-0.0004 (-0.29)	-0.0035 (-1.50)	-0.0009 (-0.65)
FM_1×GG_1	-0.0010*** (-3.17)				-0.00015* (1.94)			
GG_1	0.0028*** (5.54)				-0.0009 (-0.71)			
FM_1×GG1_1		0.0002 (1.03)				0.0003* (1.73)		
GG1_1		-0.0001 (-0.94)				0.0006 (1.44)		
FM_1×GG2_1			-0.0007** (-2.45)				0.0006** (1.98)	
GG2_1			-0.0016*** (-8.90)				-0.0008 (-0.44)	
FM_1×GG3_1				-0.0002** (-1.97)				0.0002 (1.51)
GG3_1				-0.0003*** (-6.03)				-0.0003 (-0.64)
Growth	0.0035*** (7.16)	0.0037*** (7.65)	0.0032*** (6.56)	0.0033*** (6.86)	-0.0026*** (-2.99)	-0.0027*** (-3.01)	-0.0026*** (-2.97)	-0.0026*** (-2.99)

续表

变量	大规模企业				小规模企业			
	(1) 政府治理	(2) 政府干预度	(3) 金融市场化	(4) 法治水平	(5) 政府治理	(6) 政府干预度	(7) 金融市场化	(8) 法治水平
Tuobinq	0.0014** (2.21)	0.0020*** (3.12)	0.0013** (2.06)	0.0014** (2.13)	-0.0002 (-0.43)	-0.0002 (-0.44)	-0.0002 (-0.40)	-0.0002 (-0.40)
ROA	-0.0051 (-0.67)	-0.0004 (-0.05)	-0.0055 (-0.73)	-0.0045 (-0.59)	0.0130* (1.81)	0.0128* (1.78)	0.0132* (1.83)	0.0129* (1.80)
RET	-0.0000 (-0.08)	0.0001 (0.17)	0.0001 (0.27)	0.0001 (0.21)	-0.0022** (-2.16)	-0.0022** (-2.11)	-0.0022** (-2.19)	-0.0022** (-2.16)
Ihold	0.0042 (1.06)	0.0051 (1.27)	0.0042 (1.06)	0.0041 (1.04)	0.0239*** (3.56)	0.0238*** (3.57)	0.0242*** (3.61)	0.0241*** (3.58)
FAA	-0.0032 (-0.95)	-0.0048 (-1.40)	-0.0020 (-0.59)	-0.0037 (-1.09)	-0.0147*** (-3.85)	-0.0154*** (-4.03)	-0.0148*** (-3.90)	-0.0147*** (-3.86)
Size	-0.0006 (-1.44)	-0.0011*** (-2.69)	-0.0001 (-0.34)	-0.0002 (-0.36)	0.0803 (0.31)	0.0799 (0.31)	0.0876 (0.34)	0.0786 (0.30)
Instaff	-0.0011* (-1.93)	-0.0016*** (-2.89)	-0.0006 (-1.00)	-0.0011* (-1.86)	-0.0023* (-1.93)	-0.0025** (-2.11)	-0.0023** (-1.98)	-0.0023* (-1.94)
_cons	0.0022 (0.32)	0.0254*** (4.33)	0.0274*** (4.78)	0.0250*** (4.34)	0.0395*** (3.23)	0.0305*** (3.53)	0.0385*** (2.66)	0.0348*** (3.93)
N	3 617	3 617	3 617	3 617	2 591	2 591	2 591	2 591
R^2	0.058	0.042	0.074	0.062	0.086	0.088	0.086	0.085

注：***、**、*分别表示在 1%、5% 和 10% 的水平上显著；括号内为 t 值。

规模企业投资不足显著存在，对小规模企业投资不足不显著；从政府治理综合指数来看，列（1）和列（5）回归结果表明，大规模企业交互项系数（-0.0010）大于小规模企业交互项系数（-0.0015），说明整体而言，政府治理对金融错配与企业投资不足关系的调节效应在小规模企业中更强烈。

5.4　稳健性检验

为了确保政府治理调节效应结果的可靠性，本节通过重新界定被解释变量，对模型（5-1）进行稳健性检验，回归结果见表5-9。

由表5-9可知，政府干预度与金融错配交互项、金融市场化与金融错配交互项、法治水平与金融错配交互项对企业非效率投资的影响都显著为负，说明政府通过减少企业干预度、加快金融市场化和完善法治环境等治理手段能够有效缓解金融错配对企业投资效率的抑制作用。这一研究结论与前面检验结果一致，说明了政府治理能够有效调节金融错配对企业非效率投资的影响。

表5-9　政府治理对金融错配与企业非效率投资关系影响的稳健性检验

变量	政府治理	政府干预度	金融市场化	法治水平
$FM\_1 \times GG\_1$	-0.0005 ** (-2.21)			
GG_1	-0.0040 *** (-12.95)			
$FM\_1 \times GG1\_1$		-0.0004 *** (-2.82)		
$GG1\_1$		0.0001 (0.36)		
$FM\_1 \times GG2\_1$			-0.0004 * (-1.92)	
$GG2\_1$			-0.0059 *** (-15.80)	

续表

变量	政府治理	政府干预度	金融市场化	法治水平
FM_1 × GG3_1				− 0.0002 ** (− 2.43)
GG3_1				− 0.0013 *** (− 11.25)
FM_1	0.0045 *** (2.60)	0.0033 *** (4.03)	0.0033 ** (2.28)	0.0026 *** (3.13)
Cf	0.0145 *** (4.35)	0.0122 *** (3.63)	0.0145 *** (4.38)	0.0141 *** (4.23)
Growth	0.0018 *** (4.41)	0.0020 *** (4.79)	0.0017 *** (4.14)	0.0018 *** (4.39)
Tuobinq	− 0.0003 (− 1.08)	− 0.0004 (− 1.64)	− 0.0004 (− 1.61)	− 0.0004 (− 1.56)
ROA	0.0246 *** (5.61)	0.0285 *** (6.43)	0.0237 *** (5.40)	0.0245 *** (5.57)
RET	− 0.0003 (− 0.70)	0.0005 (1.40)	− 0.0006 (− 1.61)	− 0.0001 (− 0.32)
Ihold	0.0208 *** (7.45)	0.0241 *** (8.59)	0.0213 *** (7.66)	0.0199 *** (7.10)
FAA	− 0.0149 *** (− 6.72)	− 0.0152 *** (− 6.79)	− 0.0140 *** (− 6.33)	− 0.0152 *** (− 6.84)
Size	− 0.0004 (− 0.64)	− 0.0020 *** (− 3.02)	− 0.0003 (− 0.48)	− 0.0005 (− 0.68)
Staff	− 0.0022 *** (− 5.10)	− 0.0038 *** (− 9.20)	− 0.0021 *** (− 5.01)	− 0.0024 *** (− 5.64)
_cons	0.0629 *** (15.18)	0.0420 *** (11.03)	0.0748 *** (17.43)	0.0456 *** (12.13)
N	16 031	16 031	16 031	16 031
R^2	0.044	0.027	0.048	0.040

注：***、**、*分别表示在1%、5%和10%的水平上显著；括号内为t值。

5.5 本章小结

企业的发展总处于特定的外部治理环境中，其投资行为和投资决策除了受信息不对称、委托代理成本和管理层行为等特征因素的影响，在一定程度上也与政府治理能力密切相关。因此，本章在第3章的基础上进一步检验政府治理对金融错配与企业非效率投资关系的影响，以验证假设4-1。首先，从整体上检验政府干预度、金融业市场化、法治水平对金融错配与企业非效率投资关系的调节作用；其次，区分国有企业和民营企业样本，检验政府治理在不同所有权性质企业中的治理差异；再次，区分大规模企业和小规模企业样本，检验政府治理在不同规模企业中的治理差异；最后，对被解释变量重新界定，进行稳健性检验。

实证研究结果显示：（1）政府通过减少企业干预度、加快金融市场化和完善法治环境等公共治理机制能够有效缓解金融错配对企业非效率投资、过度投资和投资不足的负面影响。（2）政府治理的调节效应在不同所有权性质企业中存在差异。从企业非效率投资总额来看，政府治理对金融错配与企业非效率投资关系的调节作用在民营企业中更强烈；从企业过度投资角度来看，政府治理对金融错配与企业过度投资关系的调节作用在民营企业中更强烈；从企业投资不足的角度来看，政府治理对金融错配与企业投资不足关系的调节作用在国有企业中更强烈。（3）政府治理的调节效应在不同规模企业中存在差异。从企业非效率投资总额来看，政府治理对金融错配与企业非效率投资关系的调节作用在小规模企业中更强烈；从企业过度投资角度来看，政府治理对金融错配与企业过度投资关系的调节作用在大规模企业中更强烈；从企业投资不足的角度来看，政府治理对金融错配与企业投资不足关系的调节作用在小规模中更强烈。

第Ⅱ部分

企业财务风险

当前中国正处于新发展阶段，推动经济高质量发展为该阶段的发展主题。在此过程中，妥善防范和化解系统性金融风险至关重要。对于暴露出的金融风险，需要对其进行有效化解和精准处置，否则一旦演化为系统性金融风险，将单个部门受到的冲击传染至整个金融系统，恐将导致严重的经济后果，甚至引发金融危机（杨子晖等，2022）。

中国非金融企业部门的债务问题是潜在金融风险的来源之一。全球金融危机后，企业盈利能力的普遍下降导致其内部资金来源受限，不得不转投以债务为主的外源融资（谭小芬和李源，2018）。与此同时，得益于国外发达经济体量化宽松政策的实施，部分企业开始将融资渠道拓展到国际市场，借入外币计价债务以获取更低的溢价成本。外债的激增也引发了一定的担忧，因为其一般只在企业财务报表的附注列报，无法体现于资产负债表内（博里奥等，2017；郭飞等，2018）。国际清算银行（BIS）的报告显示，2004~2019年，新兴市场经济体非金融企业部门债务增加超过了25万亿美元。[①]根据中国国家外汇管理局的披露数据来看，截至2020年末，中国全口径外债余额约为15.7亿元，自调整统计口径以来约增长了6万亿元。[②]以上数据皆表明了全球宽松货币政策背景下，中国非金融企业债务迅速增长。当流动性压力转变为偿还问题时，杠杆率的高企很可能导致整个部门的风险积聚（巴拉哈斯等，2021）。因此，债务风险引发的企业脆弱性成为本章重点关注的问题。

从政府对相关政策的制定与更新来看，中国的杠杆率攀升现象已经受到国家层面的高度重视。2015年，中央经济工作会议将供给侧结构性改革作为一项经济工作部署，并将"去杠杆"定为改革的五大任务之一；次年，又进一步明确降低企业杠杆率的重要性；党的十九大将防范化解重大风险列为了三大攻坚战之首。政策实施以来，民营企业的去杠杆效果显著，但国有企业的杠杆率仍在攀升。因此，2018年的中央财经委员会第一次会议针对国企债务积压问题，提出了"结构性去杠杆"的解决思路，为防范化解金融风险划定基本方法。以上"组合拳"政策在一定程度上稳定了企业债务水平的增长态势。

但2020开始，受经济增速放缓等的影响和冲击，我国系统性金融风险有重新抬头迹象，特别是突如其来的新冠疫情，严重影响实体经济体的正常经营。对于流动性和偿付能力较弱的企业，资金流的回收困境很可能加剧企业财务脆弱性。2020年度的《宏观杠杆率》报告也表示，虽然大量非金融企业的表外融资回归于表内增强了金融体系的韧性[③]，但公司信用债违约事件却更为频发（张晓晶和刘磊，2021）。

---

① 国际清算银行.2020年经济报告［EB/OL］. https：//www. bis. org/annualeconomicreports/index. htm？m=157.

② 国家外汇管理局.中国全口径外债［EB/OL］. https：//www. safe. gov. cn/safe/tjsj1/index. html.

③ 国家金融与发展实验室.2022年度宏观杠杆率［EB/OL］. http：//www. nifd. cn/SeriesReport/Details/2540.

第 6 章

企业财务脆弱性的形成机制：
经济政策不确定性的视角

6.1 引　　言

企业财务脆弱性累积的动因来自自身的经营决策。企业管理者在制定各项战略决定时会受到各种因素的影响，而企业作为市场经济的重要组成部分，宏观经济环境对其决策行为存在的影响是毋庸置疑的。经典的战略分析理论的确考虑到了政治环境的影响，但大多数基于静态的视角，即当期经济运行环境与新出台政策对企业决策的影响。当政府制定和调整政策来干预经济时，宏观环境的不确定将增加政府对政策的调整，而政策波动造成的不确定性往往容易被人们忽略。比如，企业难以准确地在一项政策出台前预测其内容，同时政策出台也不意味着一切尘埃落定，由于存在时滞性，其执行强度和效果也存在着多重可能，甚至频繁变更。

金融危机爆发之后，当时主流宏观经济学的理论模型没能预测到危机的发生，因此受到多方面质疑。既然经济不可预测，不确定经济环境之下施行的政策也应该充满着不确定，该不确定性不仅包括是否采取行为、何时采取政策与采取何种类型的政策，还包括政策行为产生的不可预见的后果（古兰和爱恩，2016）。金融危机持续期间，许多国家都采取了非常规的货币政策与监管政策，出台了"一揽子"财政支出计划用以应对经济衰退，用充足的流动性来激发市场活力，抑制通缩的可能出现。例如，美联储在五年内先后出台了三轮量化宽松政策；日本在短时间内花费巨额财政支出以支持经济刺激方案；欧元区为了维持经济稳定与促进经济复苏也采取了诸多政策。这些政策在危机后的几年内一定程度上达到了刺激经济的目的，但当时复杂的宏观环境与政策的频繁变动使得不确定性空前高涨。

近年来，经济复苏速度再次放缓，逆全球化现象有所抬头，中美贸易摩擦加剧，不确定性卷土重来。当前过剩流动性带来了新一轮的杠杆周期，在前所未有的高度政策不确定下，企业的脆弱性很可能因其对决策的不同选择而产生变化。

基于上述背景，本章提出以下疑问：第一，经济政策不确定性是否对企业财务脆弱性产生影响；第二，该影响的具体方向；第三，该影响在不同时期、对于不同特征的企业是否存在差异；第四，经济政策不确定性与财务脆弱性之间是否存在着基于企业融资相关决策的传导机制。

6.2　相关文献回顾

6.2.1　财务脆弱性的影响因素

自明斯基提出金融不稳定假说开始，"金融脆弱性"一词一直沿用，不仅可以用于描述和分析宏观经济部门，也有诸多学者研究了银行等金融机构部门、家庭部门和非金融类企业部门的脆弱性。全球金融危机后，IMF 开始着重关注新兴市场国家债务堆积的问题，并对该现象增加了企业遭遇冲击的脆弱性提出一定的担忧（琼斯等，2015）。向古月等（2020）指出，企业财务脆弱性是指企业在经营过程中因投资项目失败、收益不及预期或受到宏观经济冲击而引起的经营恶化，甚至破产的现象。据此，我们认为财务脆弱性是基于非金融类企业部门资产负债表视角下的一种相应描述，且更关注于在不确定条件下遭遇宏观经济冲击的后果。

（1）经济周期波动视角。明斯基（2008，2016）在金融不稳定假说中提到了"金融脆弱性"一词，描述了一种随周期变化，经济主体逐渐向金融不稳定过渡的过程，该过程一般开始于经济周期的低迷期，在周期扩张中，脆弱性逐渐累积。经济主体是一种概括性的描述，可以根据不同的债务收入关系将其划分为套利、投机和庞氏三种融资结构。其中，债务的比重越大，经济主体就越容易转变为投机融资和庞氏融资，而庞氏融资结构的主体显然具有最不平衡的债务收入关系，因此需要对债务展期或出售资产才能偿还本息。一个以投机与庞氏融资结构为主体的经济暗含着向危机转变的金融风险，就如同费希尔（1933）所描述的债务通缩逻辑一般，带来了整体的脆弱性。这种由经济单位内生脆弱性逐渐暴露的过程，为金融危机的发生提供了一种合理的机制运作解释。

金融不稳定理论是一种既具有宏观框架，也具有微观视角的范式。一些学者以国家为经济主体单位进行了研究（德保拉和亚尔维斯，2000；施罗德，2009），但如同蒂莫尼格（2010）所认为的一样，对金融脆弱性的分析不应该仅限于宏观数据。近几年，部分学者也将经济主体的划分应用于巴西、日本及美国等国的非金融企业部门（托雷斯等，2019；尼斯，2019；佩德罗萨，2019）。如果企业倾向于短债长投，则极为依赖外部资金，对外部融资约束及金融市场的波动非常敏感。根据明斯基的划分，该类企业即为庞氏融资类企业，其财务脆弱性尤其高（汪金祥等，2021；吴世农等，2021）。

由于金融机构的经营特点容易导致风险积聚，许多学者的微观视角研究从金融中介机构开始，其中银行脆弱性的形成机制和影响因素得到了关注。在明斯基（1986）的阐述中，他认为经济周期的波动是内生的。经济繁荣时期，由于银行信用扩张，个人和企业客户也更容易过度负债，这在一定程度上反而加剧了经济过热，使银行等金融机构也向庞氏类型的经济主体转变，其脆弱性显现和增加。克雷格尔（1997）延续了这一说法，认为过度负债的产生原因是银行在经营管理中对负债"安全边界"的关注缺失，而且银行的日常经营行为就会使安全边界不断降低，逐渐变得脆弱。从宏观视角来看，银行自身的信贷行为就具有周期性，导致其对监管也产生了周期性的应对，在周期性不断演进中，脆弱性也在不断积累（伯杰和乌代尔，2004）。戴蒙德和戴比维格（1983）认为银行的风险来自非流动资产及不确定存款者流动性要求，这也是银行容易受到挤兑的脆弱性产生原因。艾伦和盖尔（1998，2002）对 D－D 模型进行了修正，将银行挤兑与经济周期联系在一起，当存款者发现宏观经济发展向萧条阶段转变时，就会从银行中提取存款，进而规避损失。

（2）信息不对称视角。随着博弈论和信息经济学的发展，信息不对称问题被引入到分析框架中。信息不对称造成了事前的逆向选择与事后的道德风险，是影响金融系统功能发挥的最主要障碍（密斯金，1998）。许多学者讨论了信息不对称与金融脆弱性形成之间的关系。考虑到信息不对称造成的金融市场不完美问题（格特勒和伯南克，1987），这也使得一些新兴市场国家的脆弱性得到重视。艾伦格林和豪斯曼（1999）在研究汇率与金融脆弱性关系时，提出了道德风险渠道，他们认为制度中担保机制的存在，反而激发人们承担过度风险的动机，这是导致金融脆弱的根源。实行钉住汇率制度就像一种隐形担保，增加了未对冲的外币借款和短期资本。

（3）金融自由化视角。罗纳德·麦金农（1973）和爱德华·肖（1973）的金融深化理论引发了一系列谈论金融自由化通过促进金融发展而提高经济长期增长的研究。但德米尔古·坤特和德特拉吉奥斯（1998）发现，存在金融抑制的国家，增长效应在一开始比较明显，随着银行特许经营权受到侵蚀，金融自由化反而增加了银行部门的脆弱性，带来银行危机发生的可能。国内学者张荔（2001）认为过度的金融自由化加强了金融脆弱性：一是大量不良金融资产的形成为金融危机的爆发埋下了隐患；二是金融自由化的推行成本增加了金融体系内固有的脆弱性；三是破坏了一国金融资源，反而阻碍了金融发展和真实经济的增长。

（4）资产负债表视角。伯南克和格特勒（1990）以企业为视角分析了脆弱性与经济中投资和收入之间的关系，他们认为企业的脆弱性在于其资产负债表的脆弱性，以至于经济中表现出投资不足、资源错配和投资崩溃的情况。考虑信息不对称及经济周期的影响，格特勒等（1999）的金融加速器理论阐述了信贷市场的金融摩擦加剧了对经济不利冲击的效应。赵振全等（2007）发现中国同样也可以观察到金融加速器效应，而且信贷市场在收紧状态下对外生冲击的反应要显著大于宽松状态下的市场。

有一种资产负债表视角的研究是原罪假说。"原罪"是指一国无法用本国货币在国际市场借贷，甚至在本国市场也不能进行长期借贷的情况。由于金融市场不完全，国内投资出现货币或期限的错配（艾伦格林和豪斯曼，

1999），博尔多和梅斯纳（2006）认为这扩大了金融危机发生的可能性，就如同卡尔沃和门多萨（2000）指出的，新兴市场经济体与发达经济体之间的显著区别在于负债结构的重要性以及汇率制度与金融脆弱性之间的关系。因此，原罪假说指出了汇率变动的资产负债表效应，而且提出了负债美元化作为解决方案。

IMF 的一系列分析报告指出，资产负债表分析法非常适用于新兴市场国家。阿夫季耶夫等（2014）认为这是由于金融危机后，发达国家的低利率吸引了大量新兴市场国家资本流入。跨境资本带来了经济利益流入，但信贷与资产价格如果无节制攀升，在经济周期进入又一个繁荣至萧条的循环时，新兴市场经济体将更容易遭遇外部冲击（阿夫季耶夫和塔卡茨，2014）。在这种情况下，企业的资产负债表压力容易通过债务融资成本和外债币种将风险转移到金融体系中。同时，汇率冲击通过杠杆传导增加了许多新兴市场国家企业部门的脆弱性，并通过债务堆积加剧（阿尔法罗等，2019）。因此，需要对利率或汇率的冲击进行特别的关注。如果新兴市场国家发行美元债券的动机是进行套利交易，在美元走强且本币贬值的背景之下，这些企业尤为脆弱（布鲁诺和辛华深，2020）。

6.2.2 经济政策不确定性的经济后果

风险源于不确定性。作为一种经济风险，经济政策不确定性是政策制定过程中难以避免的副产品，与尚未明确的政府未来政策与监管框架有关。因此，也可以将经济政策不确定性定义为政府政策的不确定性（阿勒·塔贝克和阿尔加拉巴利，2019；奥兹利，2021）。具体而言，经济政策不确定可以细分为货币政策、财政政策、贸易政策、税收政策等的不确定。这种不确定性不仅包括对执行结果的预期，还包括执行层面的不确定，如政府是否决策、何时决策或由谁决策，以及政府改变现行政策的可能（古兰和爱恩，2016）。自全球金融危机和欧元危机等一系列事件发生以来，各界开始对经济政策的不确定产生担忧（贝克等，2016），同时也试图为其寻找一个合适的代理指标，让使用者不再局限于监测的不确定性，从而掌握政策的波动趋势，还能在学术上探究不确定性可能造成的经济后果。

（1）不确定性的衡量。芝加哥期权交易所推出的隐含波动率（VIX）又称恐慌指数，是一个创建久远且公认的不确定性衡量指标。它作为一个市场波动率指标，仅能反映市场不确定性，而且有效性受制于成熟市场，无法在很多国家推行。例如，中国在 2015 年才推出类似的中国波指（iVIX）。曼纳拉和莫雷拉（2017）基于《华尔街日报》的头版头条与 VIX 指数之间的联动性构建了一种新闻隐含波动率（NVIX），衡量了新闻所造成的不确定性。他们根据新闻报道中可能造成巨大关注的问题，将其分为了战争、金融中介、政府、股市和自然灾害五个类别，且风险溢价的很大部分变化与战争和政府相关。朱里奥和尤克（2012）关注全国选举年间存在的政治不确定性，因领导者任期有限，可能会被具有不同政策偏好的领导者取代。

上述不确定性指标都仅从某一方面反映不确定性，而且方法较难推行。受到诸多使用文本搜索方法的研究影响，贝克等（2016）利用报纸报道的频率构建了一个能够衡量经济政策不确定性的指标，他们用相同的方法能够衡量包括中国在内的 12 个主要经济体的经济政策不确定性，研究发现美国的 BBD 指数与 VIX 指数的相关系数是 0.58，这表明 BBD 指数不仅能反映重要事件造成的股市波动，同时还能反映政策层面上的不确定性。这为经济政策不确定性提供了一种合理的衡量指标及可推行的方法论。

（2）经济政策不确定性的经济后果。现有文献研究表明，经济政策不确定性不仅对宏观经济运行产生影响，还会影响微观主体行为。从宏观层面的影响来看，经济政策不确定性会引起投资延缓，对产出与生产率增长具有负面影响（伯南克，1983；布鲁姆，1999）。政策不确定性的冲击近似于一个负面的需求冲击，会造成经济中产出、价格、消费以及投资的显著下降（许志伟和王文甫，2019）。从微观角度来看，经济政策不确定性的上升会影响企业的经营决策，包括企业投资决策、融资决策与企业进行的风险管理行为等。

①对投资支出的影响。近年来，国内外学者在研究中基本产生了一致观点，即政策不确定性提高将对企业的投资行为产生抑制作用（古兰和爱恩，2016；饶品贵等，2017），而且该负效应在经济衰退周期表现得更为显著，尤

其在金融危机前后表现出了巨大的差距（李凤羽和杨墨竹，2015）。古兰和爱恩（2016）发现政策不确定性水平增加1倍，季度投资率平均下降约8.7%，近似证明了金融危机期间不确定性增大是资本投资大幅下降的一部分原因。贝克等（2016）构建的BBD指数引起关注后，学者们开始倾向于使用该指数，探索和验证对投资负面影响效应的传导机制。陈国进和王少谦（2016）对作用机制进行理论建模，提出资金成本和资本边际收益率对企业投资率的传导效应在政策不确定环境下成立。饶品贵等（2017）则总结出企业与其融资来源主体在经济政策不确定性增加情况下的行为模式。鉴于对未来判断难度的增加，各个主体趋于谨慎，具体表现为企业管理层投资意愿的减弱，股权投资者降低直接投资，以银行为主的债权人则会减少贷款额度与提高贷款利率，最终增加企业的贷款总成本。政策不确定性以增加风险溢价的方式增加了资产价格（帕斯特尔和韦罗内西，2013），这意味着金融市场摩擦的增大，以企业为借方主体的借贷双方之间信息不对称程度加深，要求更多的风险补偿。这与谭小芬和张文婧（2017）总结的金融摩擦机制十分类似，其一为考虑实物资本的实物期权渠道，其二为考虑资金成本的金融摩擦渠道。整体而言，实物期权机制在抑制效应中占据主导，若从企业个体的角度来看，占主导是何种机制又取决于企业自身的财务状况。

从投资质量的层面来看，经济政策不确定性不仅影响企业整体投资水平，同时也影响企业的投资效率。政策不确定性反映为对政策预期的不确定，导致企业层面等微观主体进行投资时更加倚重于对市场中各种经济因素的判断，最终表现为投资效率的提高（饶品贵等，2017）。

从投资的资产类型来看，经济政策不确定性的提高对固定资产投资与对金融资产投资产生同样的抑制作用。频繁出台的经济政策并非导致经济"脱实向虚"的原因，反而显著抑制了企业金融化水平，特别是那些发展战略相对保守的企业，在经济政策不确定的环境下更倾向于减持金融资产（楚有为，2019）。而且出于金融市场风险和经营风险的考虑，企业在对金融资产的配置结构上将青睐于保值性金融资产（彭俞超等，2018）。此外，企业的创新活动可以看作企业投资于无形资产（巴塔查亚等，2017）。因此，企业研发（R&D）投入不仅是企业投资的重要组成部分，其投入的专用性表现出的资金不可逆性，使得实物期权机制同样在经济政策不确定性下对企业创新活动的影响发挥作用，抑制企业的创新（郝威亚等，2016；许宁等，2020）。然而，顾夏铭等（2018）发现由于经济政策不确定性上升，企业可能为了获取长期收入而将部分实物投资转移为创新投资，即增加了企业的 R&D 投入。最后，企业的并购（M&A）行为会涉及较大额的资本重新分配，在政策不确定的背景下，通过实物期权渠道的传导，企业层面的并购活动受到了巨大的抑制（博纳伊等，2018）。

②对融资决策的影响。经济政策波动干预了企业两个视角的选择，企业内部管理人员难以判断未来经济形势，将作出更保守的决策，减少融资需求。同时，企业外部的金融市场摩擦加剧，经济中的资金供给减少（阿勒·塔贝克和阿尔加拉巴利，2019）。因此，内部经营不确定加之外部环境恶化，导致企业的商业信用供给也将显著减少（陈胜蓝和刘晓玲，2018）。帕斯特尔和韦罗内西（2012）认为政治不确定性会抑制资产价格，增加股权风险溢价，而资本成本的增加将抑制企业的 IPO 活动（考拉克等，2017）。

银行作为企业债务融资渠道中最重要的来源，其信贷发放也成为政策不确定性作用于企业的机制之一。国外已有学者探讨了经济政策波动对融资成本的作用（弗朗西斯等，2014；韦斯曼等，2015）。宋全云等（2019）研究发现，经济政策不确定性的增加使得企业的银行贷款成本显著上升，且因规模较小的银行具有强烈的保险动机，该影响对于小型银行而言更为显著。同时，经济政策不确定性会进一步对企业的资本结构产生影响，这直接表现为企业整体层面杠杆率的下降（张刚等，2015）。从期限结构视角来看，政策不确定性对企业的短期负债率具有更显著的影响（张成思和刘贯春，2018；宫汝凯等，2019）。而从资本结构的动态视角来看，由于企业和金融中介机构对不确定性的规避，经济政策不确定性还会减缓企业资本结构向目标资本结构调整的速度（王朝阳等，2018）。

③对风险管理的影响。根据凯恩斯的预防性动机论，当对未来形势的判断较为困难时，公司未来盈利水平和现金流的不确定性提升，管理层出于谨慎动机，会选择持有更多现金资产（布鲁姆等，2007）。因此，企业的现金持有水平可以看作进行流动性风险管理（王红建等，2014）。换言之，如果一个企业

持有非流动资产的成本增加，出于风险管理的谨慎动机，企业将倾向于减少持有的存货。例如，綦建红等（2020）基于拓展的随机存货模型发现，目的国的经济政策不确定性提高了出口企业的存货仓储成本，使企业最终减少了出口频率。白俊等（2020）研究发现，经济政策不确定性的增加导致企业委托贷款供给的显著降低，是以"明哲保身"为目的，对风险的主动规避。对于银行而言，多计提贷款损失准备也能够在经济政策不确定下预防风险（申宇等，2020）。

6.2.3　文献述评

通过文献梳理可知，国内外学者对政府不确定性指标的衡量、经济政策不确定性产生的经济后果以及财务脆弱性的形成机制等方面内容进行了系统、全面的研究和验证。（1）贝克等（2016）基于文本研究法构建了EPU指数后，大多数学者开始倾向于使用BBD指数进行相关领域的研究，因为该指数可得性高且能更为全面地反映经济政策环境产生的不确定性。（2）经济政策不确定性的增加将对宏观和微观主体造成一定的影响。各学者基于微观主体的经济后果进行了较多的研究，主要集中在对企业决策行为的分析，如风险管理意识下的相应行为以及投融资行为决策，而经营计划的变更将进一步影响到企业的财务状况，这一点以往文献较少进一步探究。基于不确定视角下企业决策行为的相关研究，主要以企业投资行为研究为主，对于企业融资决策，特别是债务融资视角的相关研究较为缺乏。（3）从脆弱性的形成机制来看，现有文献主要以宏观研究为主，重点关注宏观经济、整体金融系统和银行体系脆弱性指标的构建、计算与分析，较少涉及非金融企业部门的研究。同时，基于企业可能持有外债的融资视角下，对其脆弱性形成的相关研究也有待进一步延伸与检验。

当前中国非金融企业部门的财务风险很可能由于经济政策不确定性高涨而更加凸显，这一问题尤为值得深入思考和研究。因此，本章基于经济政策不确定性下的企业财务状况视角，尝试从企业取得债务的价格、期限以及币种结构进行全面的研究和分析，以期丰富相关领域的研究。

6.3 财务脆弱性的理论基础

6.3.1 实物期权理论

金融期权合约的持有者拥有在特定时间内按执行价格买入或卖出标的资产的权利，如果持有者能够决定是否支付执行价格，则暗含了对标的资产价格上涨的预期，这样的期权合约即为看涨期权。看涨期权的持有者实际上拥有行权或放弃行权两种选择，如果持有者选择执行并支付执行价，将获得具有一定价值的标的资产作为回报。虽然持有者在行权之前拥有较大的权利，但行权一旦执行，决定就无法撤回。实物期权遵循着与金融看涨期权相似的逻辑，可以看作一种实物资产的看涨期权。

迈尔斯（1977）讨论了公司价值中现有资产价值与增长机会两部分之间的区别。现有资产为公司已经投资并拥有的财产，其最终价值已经确定，不取决于未来投资；增长机会能够被视作看涨期权的资产，即至少有部分的价值取决于公司未来可自由支配的投资，获得资产所需的未来投资支出就是实物期权的执行价格。因此，实物期权到期时的价值也就取决于资产的未来价值，也取决于公司是否选择投资。投资行为带来的增长机会被迈尔斯称为实物期权。伯南克（1983）与平迪克（1991）都进一步强调了公司投资机会的不可逆性，投资只能推迟决定，资金一旦投出则不可逆转。在此基础上，实物期权理论能够作为净现值（NPV）法则的一个补充，公司因投资放弃的实物期权价值应当作为资本成本的一部分。根据实物期权理论，企业的投资行为实际上放弃了对未来可能影响资产价值的不确定信息的等待。因此，当外界信息中的不确定性加剧时，企业很有可能将其决策行为推迟进行而减少风险。

6.3.2 信息不对称理论

信息不对称指市场的交易双方不能达成信息均衡，且一般卖家享有更多的内幕信息，这造成交易过程中的不平等，可能导致逆向选择和道德风险。

阿克洛夫（1970）以汽车市场模型为例，发现二手车交易市场中的卖家一定比买家掌握更多的信息，买家无法在交易过程中判断汽车质量的好坏。买卖双方之间的信息不对称将导致卖方以次充好，交易结果出现类似于格雷欣法则的"劣币驱逐良币"现象，即能够交易出去的大多数是坏车，而好车却难以卖出，这是信息不对称导致的非效率行为，即逆向选择。基于信息优势方角度，斯彭思（1973）进一步研究了信号传递理论，并指出信号传递能够成为一种解决信息不对称的方法。他从就业市场出发，发现企业与求职者双方的信息不对称容易导致求职者遭受不公平待遇，教育作为一种有效信号能够传递给企业，并缓解信息不对称。罗斯柴尔德和施蒂格利茨（1976）则基于信息劣势方的角度提出了筛选理论，他们以保险市场为例，通过保险合同的设计对不同风险类型的投保人进行信息甄别。

金融市场上产生的信息不对称将导致金融摩擦。金融摩擦在信贷市场上常表现为企业所受到的外部融资溢价，在金融加速器机制下将放大经济中的外部冲击影响。因此，信贷市场上信息不对称程度的加剧很可能提高金融机构放贷的风险溢价。

6.3.3　原罪假说理论

"原罪"一词以及原罪假说理论的分析机制来源于格特勒和伯南克（1999）在国际金融领域的论文《汇率和金融脆弱性》，它的描述主体是大部分发展中经济体。

由于经济实力较差等原因，发展中国家在全球金融体系中较弱的话语权仿佛是天生存在的问题，这即为发展中经济体的"原罪"。具体而言，原罪可以分为国外和国内两种视角，国外部分指的是一国在国际市场上无法以本国货币借款的情况；国内部分则指的是一国在国内市场也无法长期借款，这将导致经济实力较差的国家被迫借入外币计价的货币资金。一旦借款国的本国货币贬值，外币借款的本币价值则相对增值，导致外币借款将更加难以偿还。发展中经济体存在的"原罪"很可能导致一国资产负债表出现货币错配，实际汇率的波动性增加，进而影响到总财富，增加该国的债务风险，最终可能影响该国货币政策的独立性。

原罪假说关注了发展中国家主体的货币错配风险。非金融企业部门外币债务在全球金融危机后的激增不仅与其"原罪"相关，也与部分企业主动借入外币债务以获取利差的投机行为相关。因此，持有外债企业部门的脆弱性可能将在本币汇率变动的不确定下产生变化。

6.4　经济政策不确定性对财务脆弱性的影响机理分析

6.4.1　影响机制分析

新兴市场经济体的债务很大程度上是企业脆弱性的根源且存在着跨国异质性。对于中国企业而言，其杠杆越高，财务脆弱性越大（阿尔法罗等，2019）。在经济政策不确定背景下，不确定性将通过更加谨慎与更受约束的企业融资行为引起杠杆水平的降低，从而对财务脆弱性起到一定缓解作用。

一方面，经济政策不确定性的增加使企业面临更为复杂的经营环境，政策的频繁变更及政策施行结果的不明朗，导致企业对宏观经济政策走向的判断更加困难，引致对未来发展趋势的巨大不确定，内在价值产生波动。根据实物期权理论，在考虑需要资金流出的投资项目或类投资项目时，由于未来与现金流入相关的前景更加不确定（伯南克，1983；平迪克，1991），企业出于谨慎动机将选择递延投资决策，等待更好投资机会，进而降低了资金需求（宫汝凯等，2019）。同时，经济政策的高度不确定也意味着企业很难获得明确的政策指引，在一定程度上提高了投资效率，减少了现有资金的浪费（饶品贵等，2017）。

另一方面，由于金融摩擦的存在，企业内部人员本身具备对企业内在价值、未来业绩及内幕消息的信息优势，经济政策变动的冲击使得该信息优势得到强化（张洪辉等，2020）。因此经济政策不确定上升将进一步提高信贷市场的信息不对称程度。目前中国存在着以银行为主导的金融结构特征，银行作为信贷市场中企业的主要债权人，也是信息的劣势方，政策的频繁变更将使其产生企业违约风险上升的预期（李佳等，2021）。银行出于谨慎考虑，进而采取紧缩信贷政策，从贷款额度、延长审批时间或提高贷款利率等方面提高贷款的风险溢价（帕斯特尔和韦罗内西，2013；弗朗西斯等，2014），从而导致企业的债务融资成本上升。

因此，主观谨慎动机导致融资意愿降低加之客观上受到的融资约束，使得企业杠杆率将向下调整，这将减轻债务风险，缓解财务脆弱性。综上所述，提出如下假设。

假设6-1：在其他条件不变的情况下，经济政策不确定性的增加将缓解企业的财务脆弱性。

6.4.2 异质性理论分析

企业的相关特征对其借款取得成本具有较大的关联性。我们将从企业规模、所有权性质和海外市场参与度分别探讨经济政策不确定对企业财务脆弱性影响的异质性。

（1）企业规模。在信贷市场中，银行会将企业规模大小作为其借贷信用的参考依据（王碧珺等，2015）。相对而言，较小规模的企业由于只能提供相对低价值的贷款抵押品，风险偏好程度与风险承受能力都较低，无法满足金融摩擦市场中银行的利率溢价。因此，小规模企业在信贷市场容易被较大规模企业挤出。此外，小规模企业更容易受到外部融资溢价的冲击，融资约束程度更高。这意味着其资金需求更难以满足，反而不容易在经济政策不确定的冲击下累积脆弱性。大规模企业可能因处于较高风险行业而具有系统重要性，政策波动对其财务脆弱性有着显著负向影响（阿尔法罗等，2019）。

据上述分析，我们认为经济政策不确定性对企业财务脆弱性的影响在不同规模的企业之间存在异质性，并提出如下假设。

假设6-2：相比规模较大企业，经济政策不确定性的增加将在更大程度上缓解规模较小企业的财务脆弱性。

（2）所有制类型。中国具有多元化的企业所有制结构，大部分市场机制都可以通过企业的所有制发生作用。相对于非国有制企业，国有企业更有可能从国有银行借入较低利率的贷款（吴官磊，2018），获得更多信贷资源配置。同时，国企与政府的联系也意味着其更容易受到政策倾斜和投资引导，相对具有更好的经营稳定性。此外，国有企业的市场规模相比非国有企业更具优势，国企更有可能受到政策性安排和经济政策变更的影响（饶品贵等，2017）。

据上述分析，我们认为经济政策不确定性对财务脆弱性的影响可能在不同所有制的企业之间存在异质性，并提出以下假设。

假设 6-3：相比非国有企业，经济政策不确定性的增加将在更大程度上缓解国有制企业的财务脆弱性。

（3）企业海外市场参与度。自 2005 年人民币汇率改革以来，中国企业的外币债务一直保持较大规模的存量。因此，从企业外债的视角出发分析企业的异质性。根据外币债务的使用动机来看，具有更高海外市场参与度的企业国际化水平较强，拥有出口收入与外国直接投资业务带来的外币计价资产。加之本身处于竞争更加激烈的海外市场，因此该类企业具有强烈的风险管理动机借入外币债务，对其外汇风险敞口进行对冲（郭飞等，2018）。而海外上市或跨国经营企业在经营过程中也会自然产生外币债务，并与外币计价收入产生对应关系，这实质上提供了一种自然对冲。与此相对，为了获取更低融资成本，利用较低汇差、利差进行套利等投机行为会导致本土企业也具备借入外币债务的动机（原盼盼和郭飞，2020），但由于本土企业出于投机动机借入外债，却没有相应的外币计价资产或出口收入对其进行币种匹配，反而将暴露外汇风险敞口，在经济政策波动导致的不确定汇率预期中更加脆弱。

此外，海外市场在一定程度上可以分散国内市场的政策风险及周期风险，并拓展企业的海外融资渠道。因此，经济政策不确定性增加时，海外市场参与度更高的企业面临的外部融资约束更小，相对更不容易借入风险债务。同时，企业在作出与海外项目相关的投资决策时，国内经济政策波动对外国业务的影响将受到更多因素影响，企业也会更为谨慎地进行投资决策。

根据上述分析，我们认为经济政策不确定性对企业财务脆弱性的影响可能在海外市场参与度不同的企业之间存在异质性，并提出以下假设。

假设 6-4：相比本土经营企业，经济政策不确定性的增加将在更大程度上缓解参与海外市场企业的财务脆弱性。

6.4.3　中介传导机制分析

进一步探讨经济政策不确定性对企业财务脆弱性的传导机制。根据相关理论的分析，我们认为经济政策不确定性对企业财务脆弱性影响的传导途径可能从以下三种渠道进行。

（1）债务融资成本渠道。经济政策频繁变更将导致金融市场摩擦加剧，增加了企业内部的信息优势，加剧了信贷市场上借贷双方之间的信息不对称程度。具体而言，信息不对称的存在意味着企业对其未来业绩与发展状况的信息优势在经济政策不确定性较高时被放大，这也使得企业也更容易掩盖不利消息，导致逆向选择。从债权人的视角来看，将导致其风险加剧。因此，债权人将要求更多的溢价进行风险补偿，以风险溢价的方式增加资产价格（蒋琰，2009；帕斯特尔和韦罗内西，2013）。企业的债权人主要为银行，这意味着银行将减少贷款额度，提高贷款利率，最终增加企业的贷款总成本。

综上所述，更高的政策不确定性导致了微观主体的谨慎决策。以银行为主的债权人因谨慎判断将提高企业债务融资成本，与企业主观上的风险规避一同减弱了其债务融资意愿，从而降低企业的财务脆弱性。根据上述的传导机制分析，提出如下假设。

假设6-5：在其他条件不变的情况下，经济政策不确定性通过提高企业债务的融资成本，进而缓解其财务脆弱性。

（2）债务期限结构渠道。经济政策不确定性上升时，企业更偏好长期贷款。因为短期贷款具有展期风险，当未来的经营环境充满不确定时，企业无法判断能否在下一期继续借入贷款（向古月等，2020），同时长期贷款的期限溢价能够在一定程度上制约企业的资金滥用。因此，具有较长还款期与较大融资额的长期贷款成为企业弥补资金缺口的优先选择。

由于其他融资市场处于发展初期，市场结构尚未完备等原因，中国企业的对外融资主要依赖于银行信贷市场（白云霞等，2016）。在信贷市场中，经济政策不确定提高会导致信息不对称程度进一步加剧，银行在贷款利率上提高溢价有可能会吸引急需资金的高风险偏好企业，该类企业在不确定环境中很可能由于冒进而造成决策上的失误，导致道德风险（李增福等，2022）。作为另一种应对风险的方法，银行将偏好于提供短期债务。因为短期合约到期后，债权人能通过对企业信贷资质的再次审核来减少道德风险（戴静等，2020），这种短期还款再续约的方法降低了银行管理的监督成本，提高了审查效率（迈尔斯，1977）。银行的信贷配给行为导致不确定条件下企业的融资诉求只能以妥协借入短期负债来解决（刘贯春和叶永卫，2022）。企业短期债务的增加容易放大其展期风险，一旦信贷可得性收缩，将导致市场流动性溢价上升，提高企业展期难度（贺政和熊伟，2012；向古月等，2020）。如果企业还进一步"短贷长投"，则加剧其偿债压力与经营风险（钟凯等，2016），提高脆弱性。

综上所述，从债务期限结构视角来看，企业与其债权人双方在应对经济政策波动所偏好的债务期限是对立的，企业希望借入长期债务，但银行却倾向于提供短期债务。债务的期限结构是影响企业脆弱程度的重要因素，债务期限越短，风险越大，企业财务状况越脆弱。现有研究普遍认为中国的金融体系以银行为主导，这意味着银行作为资金的供给方在信贷市场上实行信贷配给，向企业提供短期合约。根据上述的传导机制分析，提出如下假设。

假设6-6：其他条件不变的情况下，经济政策不确定性通过提高企业债务的短期化结构，进而加剧其财务脆弱性。

（3）债务币种渠道。经济政策不确定会影响宏观经济的波动（罗德里克，1991），而汇率波动也是宏观经济波动的一种反映。此外，汇率、资本账户与出口贸易等政策也属于经济政策，该类政策的变更与对施行结果预期的不确定也包含于经济政策整体的不确定之中。具有海外市场的企业与本土企业在持有外币债务可能性与动机上存在区别。海外市场参与度更高的企业因海外经营与投资所产生的外币计价资产，往往会主动或被动地出于风险管理目的而持有外币债务（郭飞等，2017；2018），当经济政策不确定性上升时，该类企业外币计价债务产生的冲击可通过主动的风险管理而得到缓冲。而本土企业在经济政策不确定增加时，一方面，出于投机目的而借入外债的融资行为将在实物期权机制的作用下被推迟；另一方面，更为谨慎的决策将使得本土企业推迟或减少包括海外项目在内的投资，从而减小外汇风险水平。

综上所述，经济政策不确定性的增加，一方面减少了本土企业的风险决策，另一方面参与海外市场的企业本身持有外债的动机和形成的自然对冲，在一定程度上降低了企业的外汇风险和货币错配，进而缓解企业的财务脆弱性。根据上述的传导机制分析，提出如下假设。

假设6-7：其他条件不变的情况下，经济政策不确定性通过减小企业的外汇风险水平，进而缓解其财务脆弱性。

在影响机制假设中，假设6-6与假设6-5、假设6-7的影响方向不同，与假设6-1中的经济政策不确定性对企业财务脆弱性影响的总效应方向也不一致。如果上述假设均成立，则意味着债务期限结构的机制效应被其他两种机制效应所吸收，为遮掩效应。

6.5 本章小结

企业管理者制定战略决策必然受到宏观环境的影响，本章对现有文献进行梳理总结发现，国内外学者对政府不确定指标的衡量、经济政策不确定性产生的经济后果和财务脆弱性形成机制的研究已取得较大成果，但关于不确定性对企业债务融资和财务状况的分析以及从外债融资视角下探讨脆弱性形成机制的相关研究尚且缺乏。

本章从实物期权理论、信息不对称理论和原罪假说理论等理论基础，分析经济政策不确定性对企业财务脆弱性的影响机理：（1）直接影响。在经济政策不确定性背景下，企业出于主观谨慎动机而减少融资需求和客观上的融资约束，将降低企业杠杆率，从而缓解企业财务脆弱性，即在其他条件不变的情况下，经济政策不确定性的增加将缓解企业的财务脆弱性（假设6-1）。（2）异质性影响。企业相关特征对于其融资成本和难易程度具有较大影响。①相比大规模企业，小规模企业因抵押品市值低和风险承受能力差等不利因素，将承担更高的风险溢价和严峻的融资约束，反而不易在经济不确定性下因过度举债而累积脆弱性。因此，在经济政策不确定性增加时，相比于规模较大的企业，规模较小企业的财务脆弱性受到的缓解程度更大（假设6-2）。②相比非国有企业，国有企业在经济和政策波动下更容易受到政策倾斜和照顾，从而具有更好的经营稳定性，基于此，我们认为经济政策不确定性增加时，相比于非国有制企业，国有制企业的财务脆弱性受到的缓解程度更大（假设 6 - 3）。③相比本土经营企业，参与海外市场的企业具有更强的外汇风险对冲能力，在一定程度上可以分散国内的政策风险和周期风险，且具有更多的融资渠道，因此我们认为经济政策不确定性增加时，相比于本土经营企业，参与海外市场企业的财务脆弱性受到的缓解程度更大（假设 6 - 4）。(3) 中介传导机制分析。经济政策的频繁变更加剧了信贷市场双方的信息不对称程度，处于信息劣势的债权人将通过提高风险溢价和缩短贷款期限的方式影响企业的财务状况，同时本土企业和具有海外市场的企业也将在波动的市场下，减少风险决策，降低外汇风险对企业财务脆弱性的冲击。因此，我们认为在其他条件不变的情况下，经济政策不确定性将通过增加债务融资成本、提高债务的短期化结构和降低外汇风水平缓解企业的财务脆弱性（假设 6 - 5、假设 6 - 6 和假设 6 - 7）。

第 7 章

经济政策不确定性影响企业财务
脆弱性的实证检验

7.1 基本经济事实

7.1.1 样本选择和数据来源

为研究经济政策不确定性对企业财务脆弱性的影响，本章选取了 2002 年至 2020 年沪深两市的 A 股上市公司的季度数据作为实证分析的样本，包括主板、创业板与科创板在内。

本章企业特征和宏观变量数据均来自国泰安（CSMAR）数据库，经济政策不确定性指数来自贝克、布卢姆和戴维斯研究团队的官方网站。① 为确保分析结果稳健可靠，我们对样本数据进行了筛选处理：（1）剔除 ST、*ST 及 PT 类企业样本，因为该类企业存在连续亏损，属于样本数据中的异常值。（2）剔除金融行业企业样本，即证监会 2012 年修订的《上市公司行业分类指引》中行业代码为 J 类的企业。这是因为金融行业具有特殊性，其财务报表的指标性质与其他行业不完全相同。（3）剔除存在关键数据缺失的企业样本。此外，为了避免离群值对分析结果产生较大影响，我们还对所有微观连续变量采用 Winsorize 方法进行了双侧 1% 的缩尾处理。

经过预处理后，最终保留了 1 272 家上市公司，共 68 024 个季度观测值的

---

① 经济政策不确定性. 经济政策不确定性指标 [DB/OL]. https：//www.policyuncertainty.com/.

非平衡面板数据集。后续章节的实证分析部分均使用 Stata MP 软件的 16.0
版本。

7.1.2　变量选取和测度

7.1.2.1　被解释变量

本章的被解释变量为企业的财务脆弱性，用 Z 表示。参考谭小芬和李源
（2018）和阿尔法罗等（2019）的研究，企业财务脆弱性采用爱德华·阿特曼
（2005）提出的适用于新兴市场经济体企业的修正 Z 值（Z-Score）模型，并代
入样本数据计算得出，具体计算公式如下：

$$Z = 6.56 \times X_1 + 3.26 \times X_2 + 6.72 \times X_3 + 1.05 \times X_4 + 3.25 \qquad (7-1)$$

其中，X_1、X_2 以及 X_3 分别表示以企业资产总额标准化后的营运资本、留存收
益以及息税前利润；X_4 表示所有者权益账面价值与企业负债总额的比值，每个
变量前的系数均通过系数判别法得出。整体 Z 值衡量了企业经营状况的安全程
度，Z 值越低表明脆弱性越高，破产的可能性增加。[①] 因此，在后面的实证分
析中需要注意解释变量的系数为正，表示企业财务脆弱性降低。

7.1.2.2　核心解释变量

本章的核心解释变量是经济政策不确定性，以表示 lnEPU 不确定性季度值
的自然对数。在对经济政策不确定性指标构建的相关研究中，既往研究团队普
遍遵循贝克等（2016）在《衡量经济政策不确定性》一文中所采用的基于新
闻的文本挖掘方法。为构建不同国家的经济政策不确定性指标，各研究团队分
别选取各国不同地区独有的报刊媒体作为信息来源。贝克等构建的经济政策不
确定性指标也成为相关研究的主流衡量方法。

根据不同的报刊媒体来源进行划分，现有三种研究团队所构建的衡量中
国经济政策不确定性的指数：一是贝克等（2016）基于中国香港地区发行

---

　　① 爱德华·阿特曼（2005）还提供了一个具体的评分区间：如果 Z 值高于 6.25，则企业处于
"安全区域"；Z 值在 3.75 和 5.85 之间时，企业处于"灰色区域"；若 Z 值低于 3.75，则处于"危机
区域"。

的《南华早报》所构建的不确定性指数；二是黄耀和卢克（2020）基于中国发行的数十份报纸所构建的不确定性指数[①]；三是戴维斯等（2019）基于《人民日报》与《光明日报》所构建的不确定性指数。考虑到报纸能更为精确地反映中国的政策变动，而且《人民日报》和《光明日报》在媒体行业具备领头地位及相应的影响力，能够证明其报道在中国的权威性。此外，相比于用计算机进行自然语言处理（NLP）对文本进行分类，人工审阅更有可能产生误差。出于上述原因，我们采用戴维斯等（2019）构建的中国经济政策不确定性指数作为核心解释变量的衡量指标，具体构建方法如下。

首先，构建出包括"经济""不确定""政策"含义关键词的专业术语集，在报刊新闻中挑选出同时包括这三类中至少一个关键词的文章。其次，应用NLP 算法进一步筛选能够与具体政策相对应的文章。最后，计算这些文章与全部报道的占比，并将每个时期的指数值标准化为 100 的平均值，最终得到 EPU 指标。由于指数的公布初期为 1949 年 10 月，是月频次数据，我们参考彭俞超等（2018）等的研究，将每个季度的三个月指数的算术平均值取作季度数据，并求其自然对数。

7.1.2.3　中介变量

中介变量有三个指标：（1）债务融资成本（Cost）。参考王珏等（2015）的衡量方法，采用企业的财务费用率即财务费用占营业收入的比重来衡量企业债务融资成本。财务费用表示企业与当期收入匹配的所有融资费用，从整体上反映企业的财务负担。该指标值越高，表明企业的债务资本成本越高。（2）债务期限结构（Term）。参考宫汝凯等（2019）以及向古月等（2020）做法，使用流动负债占总负债的比例来刻画企业总体负债的短期化程度。（3）外汇风险水平（Risk）。参考郭飞等（2017）以及原盼盼和郭飞（2020），采用企业利润表中财务费用项目下汇兑损益与营业收入之比作为外汇风险水平

---

① 黄耀和卢克（2020）所构建的 EPU 指数采用的文本信息来源为十家于中国发行的新闻报刊，具体为《北京青年报》《广州日报》《解放日报》《人民日报（海外版）》《上海早报》《南方都市报》《北京日报》《今晚报》《文汇报》《羊城晚报》。

的衡量变量。

表 7-1 对本章中介变量的含义及测度方法进行了总结。

表 7-1   中介变量的定义

变量名称	变量符号	变量含义
债务融资成本	Cost	以企业财务费用占营业收入的比重来衡量
债务期限结构	Term	以流动负债占总负债的比重来衡量短期化水平
外汇风险水平	Risk	以汇兑损益占营业收入的比重来衡量

7.1.2.4　控制变量

根据之前的理论分析与模型设定，我们不仅需要控制企业微观层面可能存在影响的特征变量，还需要控制可能产生混淆的宏观经济变量。因此，借鉴古兰和爱恩（2016）、饶品贵等（2017）及宫汝凯等（2019）的研究，在回归模型中加入如下控制变量：一是宏观变量，包括 GDP 同比增长率、企业家信心指数、消费者信心指数；二是企业特征变量，包括企业杠杆、规模、投资情况、盈利能力、流动性以及成长性。

（1）GDP 同比增长率（GDP）。国内生产总值是宏观经济监测、判断经济走势的基础指标，GDP 同比增长率消除了季度变动的影响，代表当前的需求状况。

（2）企业家信心指数（EC）。企业家信心指数反映了管理者对经济环境与宏观政策的感受与预期，一般而言，管理者对宏观经济越充满信心，符合预期时，其决策可能将更为激进。

（3）消费者信心指数（CC）。消费者信心指数反映了消费者对当前形势的评价和对经济前景、收入水平、收入预期以及消费心理状态的主观感受，是预测经济走势和消费趋向的一个先行指标。考虑到企业家信心指数和消费者信心指数在一定程度上反映了经济不确定性，我们将其一并控制，控制之后的结果将更能准确反映政策的不确定效应。

（4）杠杆率（Lev）。本章以企业的总负债与总资产的比值，即资产负债率来衡量企业杠杆率。企业的杠杆率反映了企业的资本结构，影响其投资战略与日常经营的决策，企业杠杆率偏高可能意味着企业的偿债能力欠佳。

（5）企业规模（Size）。本章以企业总资产的自然对数度量企业规模。监管当局在关注金融系统稳定性时，一般会更为关注具有系统重要性的企业。另外，大规模的企业具有更强的信用背书能力，其融资约束程度一般较低，因此更容易获得资金。

（6）盈利能力（ROA）。本章以总资产收益率度量企业的盈利能力。企业获取利润的能力将影响到诸多利益相关者的收益，盈利能力越高表示企业价值越大。此外，如果企业债务规模的增加伴随着企业盈利能力的下降，企业将会越来越难以偿还其债务（谭小芬和李源，2018）。

（7）成长性（Growth）。本章以销售收入的增长率衡量企业的成长性。企业销售收入的增长是衡量企业经营状况、市场占有能力的重要指标，同时也能够预测企业经营业务的拓展趋势。

（8）投资水平。本章用企业的托宾 Q 值（Tobin）与投资支出率（Invt）分别表示企业的投资机会和已经作出选择的投资支出。其中，托宾 Q 值以企业市值与总资产的比值度量，该值越高，表示企业发行股票的市值大于其资本的重置成本，则企业具有较强的意愿将资产变现套利；投资支出率为企业资本性支出与总资产的比值，企业对长期性资产的投资一定程度上意味着其产能的提升，为未来收入和利润规模的增长打下基础。

（9）流动性。本章用流动资产比率（Cr）与流动现金比率（Cflow）分别表示企业的流动性。其中，流动资产比率为企业的流动资产与流动负债的比率，该值越高，表示企业的资产变现能力越强；流动现金比率为企业经营活动产生的现金流净额与总资产的比值，该值代表了企业的日常现金流量，在一定程度上也能反映企业的流动性。

表 7-2 对本章主要研究变量的定义和测度方法进行了总结。

表 7-2　　　　　　　　　　　　主要研究变量的定义

变量名称	变量符号	变量含义
企业财务脆弱性	Z	采用阿特曼（Altman，2005）的新兴市场 Z 值模型计算得出
经济政策不确定性	lnEPU	采用戴维斯等（Davis et al.，2019）的中国 EPU 指数处理后取自然对数得出
企业杠杆	LEV	以企业的总负债与总资产之比衡量

变量名称	变量符号	变量含义
企业规模	Size	以企业总资产的自然对数衡量
盈利能力	ROA	以总资产收益率衡量
成长性	Growth	以企业销售收入季度增长率衡量
投资水平	Tobin	企业投资机会，以托宾 Q 值衡量
	Invt	企业投资支出，以企业资本性支出与总资产的比值衡量
流动性	CR	以企业的流动比率衡量
	Cflow	企业现金流动比，以企业经营现金净额与总资产之比衡量
GDP 同比增长率	GDP	GDP 的季度同比增长率
企业家信心指数	EC	企业家信心指数的季度值
消费者信心指数	CC	消费者信心指数的季度值

7.1.3 描述性统计分析

表 7-3 给出了本章主要变量的描述性统计结果，其中微观连续变量已经包含了前述的缩尾处理效果，EPU 指数为没有取自然对数的数值。

表 7-3 描述性统计

变量	均值	中位数	最大值	最小值	标准差
Z	9.015	8.184	28.218	−2.313	4.682
EPU	138.812	105.651	499.249	40.837	103.614
LEV	0.498	0.504	1.050	0.062	0.205
Size	22.054	21.914	25.772	19.263	1.324
ROA	0.020	0.015	0.146	−0.126	0.037
Growth	0.176	0.040	5.425	−0.841	0.784
Tobin	1.839	1.434	7.999	0.870	1.184
Invt	0.031	0.016	0.196	0.000	0.038
CR	0.535	0.542	0.957	0.087	0.213

续表

变量	均值	中位数	最大值	最小值	标准差
Cflow	0.018	0.014	0.213	−0.168	0.063
GDP	8.429	7.900	14.300	−6.800	3.287
EC	123.775	123.600	143.100	90.860	10.435
CC	109.093	107.733	125.167	98.267	7.032

资料来源：CSMAR 数据库。

本章关注的核心变量为 Z 与 EPU。其中，Z 为企业的财务脆弱性，其均值为 9.015，中位数为 8.184，表明样本企业的平均水平位于爱德华·阿特曼所描述的"安全区间"内，但其标准差为 4.682，且极值之间存在一定差异。当企业的 Z 值小于 3.75 时，该企业已经处于危机状态，而变量的极小值为负值，说明部分样本企业的财务状况已经极其脆弱，且不同行业、经营特征的企业之间也可能存在着较大的财务状况差异。EPU 为中国的经济政策不确定性，其均值为 138.812，最小值为 40.837，最大值为 499.249，标准差为 103.614。在样本研究期间内，EPU 指数表现出剧烈波动，意味着该期间内中国的经济政策不确定性水平存在差异。考虑到该变量的性质、分布情况及非负特征，本章设定回归分析时，对其取自然对数进行后续分析。

LEV 为企业杠杆，反映了企业的偿债能力。其中位数为 0.504，说明有近半企业的资本结构较为合理，同时也有近半的企业杠杆水平偏高，其偿债能力存在质疑。最小值仅为 0.062，最大值为 1.050，超过了 100%，当资产负债率超过 100% 时，表明该企业负债规模大于总资产能够覆盖的水平，即资不抵债。因此，从变量 LEV 的描述性统计结果来看，中国非金融企业的债务积压问题应当引起重视。Size 为企业规模，其均值和中位数分别为 22.054 和 21.914，最大值为 25.772，最小值为 19.263，标准差为 1.324，统计结果表明了上市公司的总资产达到相当规模，同时也证实了对变量取对数的方式能够相对避免企业间总资产差距过大的问题。ROA 为企业的盈利能力，可以看出部分企业的总资产收益率为负值，说明存在净利润亏损的情况，其标准差为 0.037，表明上市公司间经营能力存在一定落差。Growth 表示企业的成长性，与盈利能力指标反映的分布类似，由于经营能力存在差异，因此部分企业的销售出现负增长。Tobin 和 Invt 反映了企业的投资情况。变量 Tobin 的最大值为 7.999，最小值为 0.870，标准差为 1.184，表明不同样本企业之间的投资机会存在着较大差别。Invt 的标准差为 0.038，说明企业之间对于总资产水平之下的投资支出差别不大。CR 和 Cflow 反映了企业的流动性。其中，CR 的均值为 0.535，最大值为 0.957，最小值为 0.087，说明企业之间的资产变现能力存在较大的差距，部分企业的短期偿债能力欠佳。Cflow 则反映了企业之间日常经营相对于总资产水平产生的现金流净额差距不大。

宏观变量为 GDP、EC 和 CC。整体而言，企业家及消费者对宏观经济运行存在信心，同时 GDP 也保持着同比增长，但从标准差来看，不同经济周期之间的宏观形势仍然存在着差异。在衰退期间，GDP 季度同比可能出现负增长，这同样也反映在两个信心指数之上。

7.1.4 企业财务脆弱性的现状

本节从时间维度和行业分布简要的分析企业财务脆弱性的变动和发展趋势，为后续章节的实证检验提供帮助和支撑。图 7-1 为 2002~2020 年企业财务脆弱性均值的变动趋势。根据爱德华·阿特曼（2005）的定义来看，企业 Z 值于样本期间内均未跌落 6.25 的安全区域，可大致判断样本企业的经营水平相对较好，非金融企业部门的财务脆弱性尚未产生部门积聚性风险，但仍需对其进行关注。基于财务数据的可得性，研究的样本企业均为上市公司，其本身比非上市企业更具备经济实力，而且样本剔除了 ST、*ST 及 PT 类企业并经过缩尾处理，可能将部分异常样本排除在外，样本数据的处理方式可能会对结果造成一定的偏差。

观察时间趋势可知，2008 年后，整体 Z 值发生了下降，但短暂地用了一年时间就恢复并逐年上升；直至 2012 年，Z 值又开始缓慢降低，并于 2016 年后又进入了新一轮下降周期。从脆弱性指标的趋势可以简单判断出金融危机以及后续数年的恢复期间，企业财务脆弱性并未大幅增加，反而陆续向稳定、健康的态势发展；自 2017 年开始，样本企业的脆弱性反而加剧，部门内部风险缓慢累积，虽然未曾达到预警临界值，但同样需要引起重视。基于经济事实的角度，该现象在一定程度上印证了前面的基本假设，但同时也暗含着对其进行深入探讨的必要性。

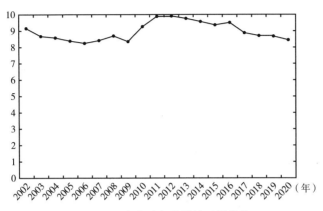

图7-1 企业财务脆弱性时间趋势

资料来源：CSMAR 数据库。

表7-4报告了样本企业的财务脆弱性按行业分组的均值，并按 Z 值的大小从高至低排列。在样本企业中，制造行业的企业观测值最多，而信息传输、软件和信息技术服务行业的脆弱性最低。与年度均值相同，我们同样关注行业 Z 值是否已经跌落或临近预警值。可以注意到，有三类行业的整体 Z 值水平低于 6.25，即从行业平均水平来看，这些企业的财务状况并未处于"安全区域"。而卫生和社会工作行业及教育行业的行业 Z 值已经低于 5.82，说明这两个行业已经进入了爱德华·阿特曼所指出的"灰色区域"，破产可能性大大提高，需要对该行业内企业高度关注。

表7-4　　　　　　　按行业分布的企业财务脆弱性均值

行业	样本观测值	Z 值
信息传输、软件和信息技术服务业	2 456	11.107
批发和零售业	3 991	10.705
制造业	41 571	9.376
采矿业	1 610	9.134
文化、体育和娱乐业	517	8.656

行业	样本观测值	Z 值
农、林、牧、渔业	1 165	8.517
科学研究和技术服务业	256	8.418
交通运输、仓储和邮政业	2 954	8.203
水利、环境和公共设施服务业	742	8.111
租赁和商业服务业	874	8.016
居民服务、修理和其他服务业	183	7.995
建筑业	1 445	7.609
房地产业	4 641	7.578
公共管理、社会保障和社会组织	1 893	7.329
住宿和餐饮业	307	6.926
电力、热力、燃气及水生产和供应业	3 372	6.247
卫生和社会工作	21	5.678
教育	25	5.542

资料来源：CSMAR 数据库。

7.2 基准回归分析

7.2.1 变量自相关检验

在对基本假设进行检验之前，为确保回归模型中的各个变量之间不存在多重共线性，先对变量进行自相关检验。由于主要变量为连续变量，且宏观变量不服从正态分布，因此，选择皮尔曼（Pearman）相关系数法对关注的解释变量进行了检验。表 7-5 为回归模型中解释变量的相关系数分析。

可以看出，大部分解释变量之间的相关系数小于 0.5，但变量 GDP 与 lnEPU 和 EC 的相关系数相对较高，绝对值接近于 0.8，因此我们进一步对各个解释变量进行了方差膨胀因子（VIF）检验。表 7-6 给出了变量按 VIF 值从大到小排列的检验结果。

表7-5 变量自相关检验

变量	lnEPU	LEV	Size	ROA	Growth	Tobin	Invt	CR	Cflow	GDP	EC	CC
lnEPU	1											
LEV	0.011***	1										
Size	0.371***	0.321***	1									
ROA	0.012***	-0.336***	0.097***	1								
Growth	-0.014***	0.009**	0.003	0.160***	1							
Tobin	0.041***	-0.290***	-0.437***	0.133***	-0.007*	1						
Invt	-0.061***	-0.147***	0.031***	0.366***	0.116***	-0.028***	1					
CR	0.025***	0.060***	-0.088***	0.027***	0.028***	0.099***	-0.332***	1				
Cflow	-0.021***	-0.085***	0.094***	0.385***	0.087***	-0.037***	0.324***	-0.260***	1			
GDP	-0.751***	0.029***	-0.378***	0.039***	0.013***	-0.041***	0.101***	-0.019***	0.025***	1		
EC	-0.416***	0.038***	-0.192***	0.010**	-0.032***	-0.070***	0.018***	-0.028***	-0.017***	0.706***	1	
CC	0.135***	0.017***	0.120***	-0.023***	-0.006*	-0.177***	-0.046***	-0.059***	0.017***	-0.117***	0.379***	1

注:***、**、*分别表示在1%、5%、10%的水平上显著。
资料来源:CSMAR数据库。

表7-6   解释变量方差膨胀因子检验

变量	VIF	1/VIF
GDP	3. 28	0. 305
EC	2. 90	0. 345
Size	1. 64	0. 610
CC	1. 60	0. 624
ROA	1. 52	0. 655
LEV	1. 37	0. 728
Cflow	1. 28	0. 783
Tobin	1. 26	0. 794
Invt	1. 23	0. 811
CR	1. 21	0. 826
Growth	1. 02	0. 982
Mean VIF	1. 67	

除了变量 GDP、EC 与 lnEPU 的 VIF 值分别为 3. 28、2. 90 外，其他变量的 VIF 值都小于均值 1. 67，且所有解释变量的 VIF 值均远小于经验值 10。因此，可以认为本章设定模型的解释变量之间不存在严重的多重共线性。

从理论的角度进行分析，变量 GDP 与 lnEPU 的相关系数为 - 0. 751，在 1% 的水平上显著，这说明当宏观经济发展态势好时，经济政策不确定性下降，相对而言，政府不需要进行太多政策上的引导。变量 GDP 与 EC 之间的相关系数为 0. 706，这说明当前经济增长将极大地提高企业家信心。因此，具有较高的相关系数是符合理论分析和经济学原理的。

7.2.2　全样本回归分析

为研究经济政策不确定性对企业财务脆弱性的整体影响，我们构建了如式（7-2）的面板数据固定效应模型：

$$Z_{i,t} = \alpha + \beta lnEPU_t + \gamma Control_{i,t} + \delta_t + \mu_i + \varepsilon_{i,t} \qquad (7-2)$$

为了确保充足的样本量以满足实证结果的稳健与可观测，本章观测值的时间间隔取为季度频次。其中，$Z_{i,t}$ 表示被解释变量，即 t 季度 i 企业的财务脆弱性；$lnEPU_t$ 表示核心解释变量，即 t 季度的中国经济政策不确定性；$Control_{i,t}$ 表示控制变量。本章拟控制企业特征中可能影响被解释变量的相关因素。由于经济政策不确定性是时间序列数据集，可以认为不存在截面差异，如果在模型中控制时间固定效应可能会吸收经济政策不确定性的影响，但在控制变量中加入宏观经济变量可以近似看作控制了时间效应（古兰和爱恩，2016）。因此，我们将一并控制宏观与微观层面的可能影响因素。δ_t 表示季度固定效应。由于企业经营存在着淡旺季等差异，季节特征可能对企业财务脆弱性产生差异性影响，同时，本章选取了季度数据，仍然可能存在年份上的变化。因此，我们在回归中拟控制季度固定效应，该效应包括了季节效应。μ_i 表示个体固定效应。虽然可能存在随着行业变化的非观测因素，但控制企业个体也近似于控制了行业效应，因此我们在回归中仅控制了个体效应。$\varepsilon_{i,t}$ 表示随机扰动项。在实证分析中，我们采用了聚类稳健标准误并将标准误聚类至企业层面。

表 7-7 为初步回归结果，其中列（1）采用了随机效应模型，列（2）采用了固定效应模型。为了判断使用固定效应模型作为实证分析的基准模型是否合理，我们在列（1）与列（2）的回归中均暂未考虑季度效应。可以看出，列（1）与列（2）的各变量都在 1% 的水平上显著。

为了确定在模型中加入固定效应的合理性，本章在检验了异方差与自相关性后，采用了基于 Wald 统计量的检验，其原假设为采用随机效应模型更为合理。检验结果中，P-value = 0.0000，即 p 值小于 0.01，表明结果在 1% 的水平上拒绝了原假设。因此，选择固定效应模型作为基准回归模型进行后续分析是合理的。

表 7-7   初步回归结果

变量	(1)	(2)
	RE	FE
lnEPU	0.647 *** (13.646)	0.644 *** (13.134)
LEV	− 13.778 *** (− 49.409)	− 13.678 *** (− 48.111)

续表

变量	(1)	(2)
	RE	FE
Size	0.272 *** (5.364)	0.275 *** (5.132)
ROA	13.439 *** (16.463)	13.451 *** (16.510)
Growth	0.056 *** (3.831)	0.060 *** (4.086)
Tobin	−0.104 *** (−2.948)	−0.106 *** (−3.007)
Invt	10.956 *** (19.103)	10.958 *** (19.102)
CR	8.336 *** (28.530)	8.274 *** (27.179)
Cflow	6.101 *** (18.500)	6.061 *** (18.373)
GDP	0.148 *** (21.117)	0.149 *** (21.103)
EC	−0.022 *** (−12.655)	−0.022 *** (−12.584)
CC	−0.025 *** (−7.392)	−0.025 *** (−7.341)
Constant	6.122 *** (5.789)	5.909 *** (5.315)
N	68 023	68 023
F		492.712
R^2		0.53
Adjust R^2		0.53

注: *** 、** 、* 分别表示在 1% 、5% 、10% 的水平上显著;括号内为 t 统计量。

经过检验后,我们使用面板数据固定效应模型作为基准回归模型,并逐步控制模型设定中的个体(Firm Effect)、季节(Season Effect)以及季度时间效应(Quarter Effect),回归结果见表 7 - 8。

表 7 - 8　　　　　　　　　　　　基准回归结果

变量	(3)	(4)	(5)
lnEPU	0.644 *** (27.655)	0.644 *** (27.657)	1.094 *** (18.679)
LEV	-13.678 *** (-146.226)	-13.678 *** (-146.227)	-13.822 *** (-146.025)
Size	0.275 *** (16.709)	0.275 *** (16.706)	0.235 *** (11.258)
ROA	13.451 *** (32.922)	13.452 *** (32.923)	13.102 *** (32.176)
Growth	0.060 *** (4.887)	0.060 *** (4.885)	0.049 *** (3.966)
Tobin	-0.106 *** (-7.875)	-0.106 *** (-7.877)	-0.121 *** (-7.682)
Invt	10.958 *** (40.054)	10.957 *** (40.049)	10.201 *** (36.421)
CR	8.274 *** (83.061)	8.274 *** (83.061)	8.199 *** (82.725)
Cflow	6.061 *** (30.751)	6.061 *** (30.750)	5.924 *** (29.912)
GDP	0.149 *** (27.910)	0.149 *** (27.915)	0.336 *** (21.636)
EC	-0.022 *** (-14.736)	-0.022 *** (-14.744)	-0.060 *** (-26.721)
CC	-0.025 *** (-15.033)	-0.025 *** (-15.030)	0.064 *** (14.677)
Constant	5.909 *** (15.708)	5.911 *** (15.712)	-1.742 ** (-2.336)
N	68 016	68 016	68 016
Firm Effect	Yes	Yes	Yes
Quarter Effect	No	No	Yes

变量	(3)	(4)	(5)
Season Effect	No	Yes	No
F	3 975. 322	3 975. 577	4 103. 812
R^2	0.79	0.79	0.80
Adjust R^2	0.79	0.79	0.79

注：***、**、* 分别表示在 1%、5%、10% 的水平上显著；括号内为 t 统计量。

表 7 - 8 的各列回归结果显示，无论是否控制季度时间或季节效应，解释变量均在 1% 的水平上显著，都对 Z 值产生了显著的正向影响，即经济政策不确定性对企业脆弱性的影响显著为负，表明经济政策不确定性的提高对企业财务脆弱性产生了缓解作用，支持了基本假设 6 - 1。

从回归结果可以看出，当列（3）的模型中仅控制个体效应时，系数为 0.644；列（4）在模型中进一步加入季节效应后，与其他解释变量的系数并未产生较大的变化，这说明季节效应存在，但产生的效应影响不大；列（5）的模型则加入了季度时间效应，结果发现系数变成了 1.094，说明存在着不随个体变化的随机因素，且未被宏观经济变量所控制。此外，我们还同时控制了季节效应与季度时间效应，结果是季节效应被完全吸收，符合预期。因此，接下来的模型将以列（5）的回归结果作为基准进行分析，并在后续的拓展中以个体和季度的双向效应回归模型作为基准模型。

列（5）的回归结果显示，经济政策不确定性与企业财务脆弱性显著负相关。当经济政策不确定性增加 1% 时，企业的财务脆弱性减少约 1.094%，其他解释变量对企业财务脆弱性均产生显著影响。其中，企业杠杆的系数为 -13.822，对企业的脆弱性具有显著的负向影响，表明拥有较高杠杆率的企业持有的较大规模债务是影响其脆弱性的主要来源之一，即高杠杆企业更容易受到宏观政策波动的影响而陷入财务困境（阿尔法罗等，2019）。企业规模的系数为 0.235，对财务脆弱性产生了显著正向影响，表明企业规模越大，越具有资本实力和相对良好的资产负债表结构。ROA 系数为 13.102，当企业盈利能力提高时，也增加其在偿债方式上的灵活性，即可以优先使用内源资金，避免向外融资产生的成本。Growth 的系数为 0.049，显示了当企业销售增长和持续盈利时，能够产生充足的现金流入缓解偿债压力。Tobin 的系数为 -0.121，表明当企业存在更多的投资机会时，其融资意愿的增加有可能以借入资金来满足，从而导致财务脆弱性的增加。Invt 的系数为 10.201，表明当企业对无形资产与固定资产的投资增加时，反映出了对未来现金流的"等待"价值增加。表示流动性变量 Cr 与 Cflow 的系数都为正，说明增加包括现金在内的流动资产水平能够有效缓解流动性压力。

宏观控制变量中，GDP 同比增长水平的提高将缓解企业的脆弱性，这表明宏观经济形势较好时，企业能够在正常预期内进行投融资决策。企业家信心指数与消费者信心指数一定程度上表示宏观经济的景气程度，当信心指数提高时，表明经济中行为人对宏观经济的信心增加，在一定程度上企业管理层将更容易停止等待决策，造成投资失误的可能性增加，或者更多投资机会的出现从而扩大企业的资金需求，增加了企业的财务脆弱性。

7.2.3　分阶段回归分析

本章选择的样本期间为 2002～2020 年，在此期间内国内与国际发生过多次事件引发经济政策的变更，不确定指数在事件前后出现了峰谷值波动。参考戴维斯等（2019）与相关新闻的研究，我们将重点关注不同水平政策波动对企业脆弱性的影响。根据前面的讨论，我们将分别对以下三个阶段进行回归：（1）2002～2007 年；（2）2008～2016 年；（3）2017～2020 年。表 7-9 为分阶段回归的结果。

表 7-9　　　　　　　　　　　　　分阶段回归结果

变量	（1）2002～2007 年	（2）2008～2016 年	（3）2017～2020 年
lnEPU	1.465 *** (16.039)	0.719 *** (7.859)	-0.128 (-1.229)
LEV	-14.306 *** (-55.987)	-14.025 *** (-89.192)	-13.307 *** (-43.030)
Size	0.457 *** (5.642)	0.210 *** (4.831)	0.141 (1.366)

变量	(1) 2002～2007 年	(2) 2008～2016 年	(3) 2017～2020 年
ROA	13. 384 *** (15. 562)	12. 988 *** (23. 313)	10. 094 *** (12. 328)
Growth	0. 070 ** (2. 506)	0. 081 *** (5. 381)	- 0. 001 (- 0. 047)
Tobin	0. 062 (1. 329)	- 0. 072 *** (- 3. 594)	- 0. 166 *** (- 3. 718)
Invt	9. 754 *** (20. 604)	11. 830 *** (29. 483)	8. 849 *** (11. 540)
CR	7. 172 *** (31. 042)	8. 367 *** (48. 792)	6. 958 *** (18. 325)
Cflow	5. 738 *** (16. 491)	5. 693 *** (21. 688)	5. 119 *** (11. 294)
GDP	- 0. 162 *** (- 2. 747)	0. 399 *** (10. 363)	1. 374 *** (26. 528)
EC	- 0. 064 *** (- 10. 583)	- 0. 052 *** (- 17. 342)	- 0. 294 *** (- 25. 706)
CC	0. 119 *** (9. 837)	- 0. 023 *** (- 3. 549)	0. 106 *** (18. 640)
Constant	- 7. 378 *** (- 3. 726)	8. 368 *** (6. 716)	25. 675 *** (8. 752)
Firm Effect	Yes	Yes	Yes
Quarter Effect	Yes	Yes	Yes
N	14 576	30 795	22 642
F	470. 273	1 180. 406	1 071. 818
R^2	0. 84	0. 85	0. 87
Adjust R^2	0. 83	0. 85	0. 87

注：***、**、*分别表示在1%、5%、10%的水平上显著；括号内为 t 统计量。

从列（1）与列（2）的回归结果可以看出，2002～2016 年，经济政策不确定性增加显著缓解了企业财务脆弱性，自 2008 年开始，缓解作用有所降低。值得注意的是，列（3）的结果表明，2017 年后中美贸易摩擦及其他事件造成的经济政策不确定性水平增加，反而提高了企业的财务脆弱性。该结果不显著，可能是由于2017年后不确定性波动加剧引起的。虽然这一结果在统计学上不显著，但与描述性统计一节中该时期企业财务脆弱性的缓慢增加及经济政策不确定性的高涨事实吻合，也进一步验证了前面的猜测。

分阶段回归的结果暗含了对不同水平下经济政策不确定性的探讨。当经济政策不确定水平相对较低时，企业进行谨慎的投资行为，减少融资需求及风险借款，或更能够作出明智决策并提高投资效率（饶品贵等，2017；宫汝凯等，2019）。但这蕴含着一定的风险，高不确定性可能使风险敞口进一步暴露。因为正常情况下，企业投资将带来新的现金流入进而产生利润。长期内投资额的减少将使得资金流入低于预期。如果企业本身就持有较多债务，高度的经济政策不确定可能会导致企业难以作出准确的判断，进而影响企业投资决策，造成未来现金流入的不确定性增强，最后使得企业盈利能力下降。在这种情况下，企业只能迫于流动性压力借款或出售资产来维持正常经营，接受更短期限或溢价更高的新负债或进行债务展期，导致其财务状况不断恶化、岌岌可危，变得更加脆弱（谭小芬和李源，2018）。

7.2.4　研究结论

为了验证假设6-1，本节采用面板固定效应模型对经济政策不确定与财务脆弱性的关系进行实证检验。考虑经济政策在2002～2020年曾出现多次峰谷值波动，故进一步验证不同水平政策波动对企业脆弱性的差异性影响。全样本回归结果表明，经济政策不确定增加时，对不确定的规避与外部融资约束的提高将导致企业减少融资行为，缓解其财务脆弱性。

分阶段回归结果显示，金融危机期间及后续年份中，经济政策不确定性的缓解效应相对减弱。自2017年开始，EPU指数反映了事件的巨大不确定性，直接恶化了企业的财务脆弱性。虽然该影响在统计学上不显著，但该结果在一定程度上符合经济事实。在该阶段，中国的非金融企业部门杠杆率再次攀升可能与高度不确定共同对企业的流动性管理施加了压力，这造成企业的偿债负担加剧，进而导致脆弱性凸显。回归结果暗含了不同水平下不确定性的影响存在差异甚至是变化的，表明经济政策不确定性对企业财务脆弱性的缓解效应存在着长期视角下的风险。当不确定水平相对较低时，企业在主观意愿与外部约束的共同作用下，其脆弱性得到缓解；当不确定性处于较高水平时，企业减少投资的行为或错误判断可能使其未来现金流入低于预期，盈利能力下降，加之还本付息的迫切需求使得减少负债的决策无法持续，最终导致财务脆弱性的积聚。

7.3　异质性分析

在基准回归模型的基础上，本节进一步探究经济政策不确定性在不同特征企业中对财务脆弱性的异质性影响，即对研究假设 6 - 2、假设 6 - 3 和假设 6 - 4 进行逐一验证。模型中同样控制了宏观经济因素、个体与季度固定效应，在进行企业规模异质性检验时，去除了企业规模（Size）控制变量，本节的异质性分析为整体效应提供了不同特征子样本的稳健性检验。

7.3.1　企业规模

参考宫汝凯等（2019）研究，我们按照企业资产规模将全样本划为两组子样本。其中，资产规模位于前 50% 分位数的企业被定义为规模较大的企业，其他为较小规模企业，回归结果如表 7 - 10 所示。

表 7 - 10　　　　　　　　基于企业规模异质性的回归结果

变量	(1)	(2)
	较大规模企业	较小规模企业
lnEPU	0. 793 *** (10. 613)	1. 321 *** (16. 713)
LEV	- 10. 862 *** (- 79. 629)	- 15. 127 *** (- 103. 593)
ROA	19. 219 *** (30. 828)	9. 341 *** (18. 205)

续表

变量	(1) 较大规模企业	(2) 较小规模企业
Growth	0.030 ** (2.338)	0.088 *** (4.366)
Tobin	-0.083 *** (-3.159)	-0.129 *** (-6.884)
Invt	11.094 *** (29.009)	9.550 *** (23.916)
CR	7.260 *** (54.994)	7.491 *** (47.450)
Cflow	5.584 *** (21.015)	5.880 *** (21.657)
GDP	0.438 *** (22.431)	0.238 *** (8.950)
EC	-0.079 *** (-23.719)	-0.041 *** (-14.349)
CC	0.080 *** (16.297)	0.032 *** (4.738)
Constant	3.547 *** (4.706)	5.352 *** (6.568)
Firm Effect	Yes	Yes
Quarter Effect	Yes	Yes
N	33 988	33 993
F	1 973.055	1 927.425
R^2	0.80	0.84
chi2 (1)	24.03	
Prob > chi2	0.000	

注：***、**、* 分别表示在1%、5%、10%的水平上显著；括号内为t统计量。

列（1）为较大规模企业组，列（2）为较小规模企业组。考虑到两个回归方程系数的置信区间可能存在重叠，本节基于似无相关模型（SUEST）进行了组内系数差异检验，其原假设为不同分样本回归的扰动项相关。检验结果为

chi2(1) = 24.03，Prob > chi2 = 0.000，即两组子样本的回归系数可比。两组回归结果显示，较大规模企业的 lnEPU 系数为 0.793，较小规模企业的 lnEPU 系数为 1.321，两者均在 1% 的水平上显著。当经济政策不确定性增加 1% 时，规模较大企业的财务脆弱性减少 0.793%，规模较小的企业减少 1.321%，表明经济政策不确定性的增加对脆弱性的缓解作用对于较小规模企业更为明显，验证了假设 6 - 2。观察变量可以发现，在控制了经济政策不确定性的条件下，较小规模企业的杠杆率对其脆弱性的影响更大。

7.3.2 企业所有制结构

根据不同所有制结构，我们将全样本划分为国有企业与非国有企业两组子样本，非国有企业中包括了民营、外资及其他企业。表 7 - 11 为经济政策不确定性对不同所有权性质企业财务脆弱性的回归结果。

表 7 - 11　　　　基于企业所有制异质性的回归结果

变量	(1) 国有企业	(2) 非国有企业
lnEPU	1.095 *** (14.834)	0.713 *** (7.003)
LEV	- 12.735 *** (- 97.159)	- 15.383 *** (- 86.703)
Size	0.094 *** (3.123)	0.324 *** (8.310)
ROA	14.980 *** (26.553)	14.441 *** (19.792)
Growth	0.074 *** (5.135)	0.045 ** (2.244)
Tobin	- 0.020 (- 0.952)	- 0.077 *** (- 3.089)
Invt	10.617 *** (30.217)	9.967 *** (19.384)

续表

变量	(1)	(2)
	国有企业	非国有企业
CR	8.493 *** (66.757)	9.294 *** (51.833)
Cflow	6.699 *** (26.853)	4.382 *** (13.706)
GDP	0.334 *** (16.975)	0.397 *** (15.530)
EC	−0.061 *** (−22.250)	−0.069 *** (−17.527)
CC	0.064 *** (11.758)	0.065 *** (9.315)
Constant	0.761 (0.775)	−1.281 (−0.974)
Firm Effect	Yes	Yes
Quarter Effect	Yes	Yes
N	38 904	24 445
F	2 173.563	1 419.598
R^2	0.77	0.83
Adjust R^2	0.77	0.83
chi2 (1)	9.44	
Prob > chi2	0.002	

注：*** 、** 、* 分别表示在 1%、5%、10% 的水平上显著；括号内为 t 统计量。

列（1）为国有企业的回归结果，列（2）为非国有企业的结果。子样本系数的 SUEST 检验结果显示 Prob > chi2 为 0.002，表明可比。对比列（1）和列（2）的系数可以发现，国有企业组的系数为 1.095，非国有企业组的系数为 0.713，且均在 1% 的水平上显著。这表明经济政策不确定性对于不同所有制的企业的财务脆弱性影响存在着差异，且政策波动加剧对于国有企业脆弱性的缓解作用更明显，验证了前面的异质性假设 6-3。具体而言，当经济政策不确定性增大 1% 时，国有企业的财务脆弱性减少 1.095%，而非国有企业的脆弱性减少 0.713%。

7.3.3 企业海外市场参与

根据前面的理论分析，具备海外市场特征的企业最有可能持有外币债务对其外汇风险敞口进行风险对冲管理。参考郭飞（2017）等的研究，本节设定了以下几种具有海外特征的企业，逐一检验是否存在异质性。

7.3.3.1 海外收入

基于企业具有海外销售收入与否，我们将全样本企业划分为出口企业与非出口企业，回归结果见表7－12。

表7－12 　　　　　　基于企业海外收入异质性的回归结果

变量	(1)	(2)	(3)
	出口企业	非出口企业	加入交互项
lnEPU	1.090 *** (12.900)	1.104 *** (14.410)	1.090 *** (17.877)
lnEPUExport			0.008 (0.283)
Export			−0.146 (−1.041)
LEV	−13.930 *** (−99.050)	−13.909 *** (−104.313)	−13.821 *** (−193.950)
Size	0.407 *** (11.725)	0.217 *** (7.102)	0.238 *** (13.364)
ROA	12.445 *** (29.333)	8.352 *** (21.673)	10.217 *** (38.407)
Growth	9.586 *** (57.009)	7.267 *** (55.255)	8.195 *** (110.853)
Tobin	−0.111 *** (−5.411)	−0.081 *** (−3.496)	−0.120 *** (−10.746)
CR	14.540 *** (24.205)	11.159 *** (20.198)	13.094 *** (42.957)

续表

变量	(1) 出口企业	(2) 非出口企业	(3) 加入交互项
Cflow	6.951 *** (22.432)	5.140 *** (20.165)	5.920 *** (37.213)
Growth	9.586 *** (57.009)	7.267 *** (55.255)	8.195 *** (110.853)
Invt	0.128 *** (4.883)	0.043 *** (3.212)	0.049 *** (4.517)
GDP	0.453 *** (20.308)	0.212 *** (10.212)	0.336 *** (22.693)
EC	-0.079 *** (-23.227)	-0.044 *** (-15.120)	-0.060 *** (-28.922)
CC	0.078 *** (12.948)	0.048 *** (7.967)	0.064 *** (15.355)
Constant	-6.373 *** (-5.486)	-0.103 (-0.101)	-1.743 ** (-2.501)
Firm Effect	Yes	Yes	Yes
Quarter Effect	Yes	Yes	Yes
N	31 325	36 674	68 016
F	1 873.612	2 012.263	5 514.963
R^2	0.81	0.81	0.80
chi2 (1)	0.02		
Prob > chi2	0.9003		

注：***、**、*分别表示在1%、5%、10%的水平上显著；括号内为t统计量。

列（1）与列（2）分别表示出口企业与非出口企业的回归结果。可以看出，出口企业的经济政策不确定性系数为1.090，非出口企业组系数为1.104，仅从数值上判断，差异可能不大。SUEST检验结果显示，Prob > chi2 = 0.9003，说明两组子样本的回归系数之间的确不存在差异，即不可比。因此，我们在基准回归模型中加入交互项的方法进行异质性分析，与分组回归方法相比，加入交互项回归的方法暗含了控制变量的系数不存在组内差异的假设。

设定虚拟变量Export，当企业海外销售收入不为零时将其定义为出口企业，赋值为 1，否则为非出口企业，赋值为 0。将虚拟变量 Export 以及虚拟变量与经济政策不确定性变量的交互项加入回归模型进行回归，列（3）给出了加入交互项之后的回归结果。从结果可以看出，交互项的系数为正，表明经济政策不确定性对于出口企业的脆弱性影响更大，但这一结论在统计学上不显著。

7.3.3.2 海外上市

基于企业在海外上市与否，我们将全样本划分为海外上市企业与非海外上市企业。具体而言，如果样本企业在 A 股上市，同时还在 B 股或 H 股上市，则判断该企业为海外上市企业，回归结果见表 7-13。

表 7-13 基于企业海外上市异质性的回归结果

变量	(4) 海外上市企业	(5) 非海外上市企业	(6) 加入交互项
lnEPU	1.101 *** (5.947)	1.092 *** (17.696)	1.085 *** (18.458)
lnEPUBHL			0.105 ** (2.367)
LEV	-12.503 *** (-36.785)	-13.931 *** (-141.517)	-13.820 *** (-145.999)
Size	0.096 (1.408)	0.245 *** (11.221)	0.236 *** (11.311)
ROA	13.410 *** (12.742)	9.981 *** (34.361)	10.199 *** (36.413)
Growth	6.549 *** (24.845)	8.354 *** (79.241)	8.197 *** (82.704)
Tobin	-0.266 *** (-5.216)	-0.107 *** (-6.512)	-0.120 *** (-7.644)
Invt	-0.014 (-0.276)	0.055 *** (4.288)	0.049 *** (3.970)
CR	13.571 *** (10.547)	13.044 *** (30.425)	13.097 *** (32.166)

续表

变量	（4）海外上市企业	（5）非海外上市企业	（6）加入交互项
Cflow	6. 360 *** （9. 963）	5. 901 *** （28. 425）	5. 929 *** （29. 938）
GDP	0. 296 *** （5. 814）	0. 339 *** （20. 772）	0. 336 *** （21. 635）
EC	− 0. 052 *** （ − 7. 072）	− 0. 060 *** （ − 25. 707）	− 0. 060 *** （ − 26. 717）
CC	0. 050 *** （3. 626）	0. 065 *** （14. 202）	0. 064 *** （14. 667）
Constant	2. 300 （0. 989）	− 2. 057 *** （ − 2. 621）	− 1. 759 ** （ − 2. 359）
Firm Effect	Yes	Yes	Yes
Quarter Effect	Yes	Yes	Yes
N	5 805	62 211	68 016
F	322. 852	3 790. 910	3 792. 435
R^2	0. 79	0. 80	0. 80
chi2 （1）	0. 00		
Prob > chi2	0. 9657		

注：***、** 和 * 分别表示在 1%、5% 和 10% 的水平上显著，括号内为 t 统计量。

其中，列（4）与列（5）为分组回归结果，通过 SUEST 检验发现，子样本回归系数之间不存在组内差异，因此我们采用加入交互项方法再次进行检验。设定虚拟变量 BHL，若样本企业同时在 B 股或 H 股上市时，赋值为 1；若样本企业仅 A 股上市则赋值为 0。由于和固定效应存在共线性，虚拟变量 BHL 自身没有加入回归。列（6）为加入交互项的回归结果，交互项系数为 0. 105，且在 5% 的水平上显著，表明经济政策不确定性升高时，海外上市企业脆弱性受到的影响更大，即缓解作用相对更大。

7.3.3.3　跨国经营

基于企业是否进行跨国经营，我们将全样本划分为跨国经营企业与本土经营企业。若企业财务报表中列报的外币报表折算差额项目金额不为 0，则认为公司涉足跨国经营，回归结果见表 7 - 14。

表 7 - 14　　　　　　　基于企业跨国经营异质性的回归结果

变量	(7)	(8)
	跨国经营企业	本土经营企业
lnEPU	1. 550 *** (8. 822)	1. 169 *** (16. 047)
LEV	- 12. 644 *** (- 32. 736)	- 13. 996 *** (- 113. 485)
Size	- 0. 113 (- 0. 921)	0. 235 *** (8. 121)
ROA	15. 852 *** (16. 618)	9. 258 *** (28. 567)
Growth	7. 340 *** (17. 428)	7. 419 *** (59. 017)
Tobin	- 0. 252 *** (- 4. 412)	- 0. 058 *** (- 3. 059)
Invt	0. 115 ** (2. 328)	0. 041 *** (2. 784)
CR	23. 266 *** (15. 823)	11. 536 *** (22. 878)
Cflow	3. 527 *** (5. 833)	6. 050 *** (25. 185)
GDP	0. 327 *** (3. 855)	0. 258 *** (7. 638)
EC	- 0. 033 *** (- 4. 734)	- 0. 043 *** (- 16. 309)
CC	- 0. 075 *** (- 5. 480)	- 0. 008 (- 1. 307)
Constant	15. 528 *** (4. 986)	4. 887 *** (5. 233)
Firm Effect	Yes	Yes

续表

变量	（7）	（8）
	跨国经营企业	本土经营企业
Quarter Effect	Yes	Yes
N	7 439	43 707
F	317.423	2 389.314
R^2	0.84	0.82
chi2（1）	3.90	
Prob > chi2	0.0482	

注：***、**和*分别表示在1%、5%和10%的水平上显著，括号内为t统计量。

列（7）为跨国经营企业组的回归结果，其经济政策不确定性的系数为1.550；列（8）的结果显示，本土经营企业的经济政策不确定性系数为1.169，均在1%的水平上显著。SUEST检验结果证明两组系数可比，说明经济政策不确定性对企业财务脆弱性的影响对于企业是否涉足跨国经营存在着异质性，且对于存在跨国经营业务的企业而言，缓解效应更大。综上分析，我们将企业具有海外销售收入、海外上市以及跨国经营作为企业参与海外市场的表现，通过分组以及加入交互项的回归方法验证了当企业在海外上市以及涉足跨国经营时，其财务脆弱性在经济政策不确定性提高时受到更大的影响。换言之，海外市场参与度高的企业，不确定性对其脆弱性的缓解效应更强，这验证了前面异质性假设6-4。

根据企业规模、所有权性质和企业海外市场参与情况的异质性检验可知，规模更大、非国有制及海外市场参与度低的企业，其财务脆弱性受到的缓解效应更低。换言之，具有这些特征的企业在较高水平的经济政策不确定性影响下，可能具有更大的风险。

7.4　中介效应检验

根据前面的理论分析，本节将设定中介变量并采用中介效应模型对影响的传导机制假设进行逐一检验。参考温忠麟和叶宝娟（2014）和温忠麟等

(2004) 的逐步检验方法，我们构建了如下的中介效应模型：

$$Z_{i,t} = \alpha_0 + \alpha_1 \ln EPU_t + \alpha_2 Control_{i,t} + \delta_t + \mu_i + \varepsilon_{1i,t} \qquad (7-3)$$

$$M_{i,t} = b_0 + b_1 \ln EPU_t + b_2 Control_{i,t} + \delta_t + \mu_i + \varepsilon_{2i,t} \qquad (7-4)$$

$$Z_{i,t} = c_0 + c_1 M_{i,t} + c_2 \ln EPU_t + c_3 Control_{i,t} + \delta_t + \mu_i + \varepsilon_{3i,t} \qquad (7-5)$$

模型（7-3）、模型（7-4）及模型（7-5）中，已定义变量的含义与基准模型（7-2）相同，M_{it} 表示待检验的中介变量。根据研究假设，本节的中介变量有债务融资成本、债务期限结构及外汇风险水平。其中，模型（7-3）中的系数 a_1 表示经济政策不确定性对企业财务脆弱性影响的总效应；模型（7-4）中的系数 b_1 表示经济政策不确定性对中介变量的影响；模型（7-5）中的系数 c_1 表示控制了经济政策不确定性后，中介变量对财务脆弱性的影响，c_2 则表示控制了中介变量后，经济政策不确定性对财务脆弱性的直接效应。由前面的基准回归结果可知，经济政策不确定性提高将显著缓解企业的财务脆弱性。根据对其中影响机制的理论分析，我们提出了经济政策不确定性通过影响企业的投融资决策，从而进一步影响其财务状况的基本假设，接下来我们将深入探讨该影响机制是否通过假设 6-5、假设 6-6 及假设 6-7 中分析的基于债务可得的价格、期限以及币种的具体渠道进行传导。

本节采用逐步回归方法与 Bootstrap 方法[1]结合的检验流程，依次检验企业的债务融资成本、债务期限以及外汇风险水平是否为经济政策不确定性影响企业财务脆弱性的中介变量。本章的基准回归结果显示的系数在 1% 的水平上显著，表明了可以按中介效应立论。因此在下面的检验中，我们将该步骤省略，只报告后续步骤的检验过程。

7.4.1 基于债务融资成本的中介效应检验

表 7-15 为基于债务融资成本（Cost）的中介效应检验回归结果，回归过程控制了季度效应和个体效应。列（1）为经济政策不确定性对债务融资成本的回归估计结果，列（2）表示直接效应，列（3）~ 列（5）为控制了所有制

---

① 本章在估计过程中使用的 Bootstrap 方法的抽样次数均为 500。

结构后债务融资成本的中介效应检验结果。

表 7 – 15　　　　　　　　　基于债务融资成本的中介效应检验结果

| 变量 | (1) | (2) | 控制所有制结构 | | |
| | | | (3) | (4) | (5) |
	Cost	Z	Z	Cost	Z
lnEPU	0. 007 *** (19. 877)	1. 088 *** (18. 459)	0. 953 *** (15. 537)	0. 006 *** (15. 446)	0. 937 *** (15. 235)
Cost		0. 970 (0. 854)			3. 010 *** (2. 626)
SOE			0. 175 *** (3. 493)	– 0. 001 *** (– 4. 967)	0. 179 *** (3. 588)
LEV	0. 028 *** (52. 863)	– 13. 849 *** (– 149. 640)	– 13. 868 *** (– 130. 596)	0. 032 *** (54. 369)	– 13. 964 *** (– 134. 491)
Size	0. 001 *** (5. 852)	0. 235 *** (11. 245)	0. 189 *** (8. 351)	0. 000 (1. 241)	0. 189 *** (8. 337)
ROA	– 0. 029 *** (– 12. 348)	13. 128 *** (31. 990)	14. 951 *** (32. 915)	– 0. 028 *** (– 10. 979)	15. 032 *** (32. 926)
Growth	0. 000 *** (5. 376)	0. 049 *** (3. 944)	0. 053 *** (4. 260)	0. 000 *** (5. 310)	0. 052 *** (4. 189)
Tobin	– 0. 000 *** (– 3. 177)	– 0. 120 *** (– 7. 645)	– 0. 100 *** (– 5. 910)	– 0. 000 (– 0. 329)	– 0. 100 *** (– 5. 875)
Invt	0. 010 *** (5. 393)	10. 192 *** (36. 396)	10. 483 *** (35. 861)	0. 008 *** (4. 299)	10. 459 *** (35. 755)
CR	– 0. 025 *** (– 46. 750)	8. 223 *** (80. 002)	8. 651 *** (83. 264)	– 0. 028 *** (– 48. 665)	8. 734 *** (82. 280)
Cflow	0. 027 *** (25. 350)	5. 897 *** (29. 131)	5. 810 *** (28. 985)	0. 028 *** (25. 300)	5. 726 *** (27. 972)
GDP	0. 002 *** (20. 204)	0. 334 *** (21. 231)	0. 354 *** (22. 317)	0. 002 *** (21. 272)	0. 348 *** (21. 609)
EC	– 0. 000 *** (– 23. 819)	– 0. 059 *** (– 26. 060)	– 0. 063 *** (– 27. 599)	– 0. 000 *** (– 25. 053)	– 0. 062 *** (– 26. 577)

续表

变量	(1)	(2)	控制所有制结构		
			(3)	(4)	(5)
	Cost	Z	Z	Cost	Z
CC	0.000 *** (16.467)	0.064 *** (14.515)	0.063 *** (14.483)	0.000 *** (15.823)	0.062 *** (14.147)
Constant	-0.058 *** (-13.684)	-1.703 ** (-2.287)	-0.066 (-0.084)	-0.037 *** (-8.481)	0.027 (0.035)
Firm Effect	Yes	Yes	Yes	Yes	Yes
Quarter Effect	Yes	Yes	Yes	Yes	Yes
N	68 012	68 012	63 351	63 347	63 347
F	729.987	3 936.266	3 295.891	682.977	3 244.155
R^2	0.53	0.80	0.80	0.55	0.80
Adjust R^2	0.52	0.79	0.79	0.54	0.79

注：*** 、** 和 * 分别表示在 1% 、5% 和 10% 的水平上显著，括号内为 t 统计量。

从回归结果可以看出，列（1）中 lnEPU 的系数显著，但列（2）中 Cost 的系数不显著，因此采用 Bootstrap 方法检验。表 7 - 16 报告了检验结果的置信区间，在 95% 的置信度下，置信区间显然不包括 0，即拒绝了检验模型（7 - 3）、模型（7 - 4）系数 $b_1 c_1 = 0$ 的原假设，表明存在间接效应。同时，列（2）中 lnEPU 的系数在 1% 的水平上显著，表明直接效应显著存在。观察系数符号可以发现，债务融资成本的中介效应占总效应的 62.4%，经济政策不确定性通过提高企业债务融资成本从而降低其融资意愿，缓解其财务脆弱性，验证了假设 6 - 5。

列（2）中，在控制其他因素的条件下，债务融资成本的提高对企业财务脆弱性的影响为缓解效应，但在统计学上不显著。这可能是由于不同所有制企业的外部融资约束存在一定差异，导致其融资意愿的降低也存在差异。因此，我们进一步控制了表示所有制的虚拟变量 SOE，当 SOE 赋值为 1 时，表示国有企业。列（3）至列（5）的回归结果显示，国有企业能以更低的成本取得贷款，故控制了企业所有制结构后，债务融资成本对企业财务脆弱性的缓解作用在 1% 的水平上显著。

表 7 – 16 基于债务融资成本的 Bootstrap 检验结果

项目	95% 置信区间
r(ind_eff)	− 0.072 至 − 0.040
r(dir_eff)	0.785 至 0.904

7.4.2 基于债务期限结构的中介效应检验

表 7 – 16 报告了基于债务期限结构（Term）的中介效应检验结果，其代理变量为企业债务的短期化水平。其中，列（1）为经济政策不确定性对债务短期化结构的回归结果，列（2）表示直接效应，列（3）与列（4）进一步控制了所有制结构进行中介效应检验。由于总效应与表 7 – 14 的列（3）结果相同，表 7 – 17 中不再重复列报，列（5）的结果为经济政策不确定性对企业债务长期化的影响。

表 7 – 17 基于债务期限结构的中介效应检验结果

变量	(1)	(2)	控制所有制结构		
			(3)	(4)	(5)
	Term	Z	Term	Z	Long
lnEPU	0.017 *** (4.871)	1.111 *** (18.989)	0.013 *** (3.569)	0.967 *** (15.804)	− 0.008 *** (− 4.200)
Term		− 1.019 *** (− 13.845)		− 1.141 *** (− 14.576)	
SOE			− 0.000 (− 0.017)	0.175 *** (3.479)	0.002 (1.105)
LEV	− 0.109 *** (− 21.922)	− 13.933 *** (− 148.020)	− 0.110 *** (− 20.556)	− 13.994 *** (− 132.517)	0.220 *** (79.826)
Size	− 0.043 *** (− 37.279)	0.192 *** − 8.917	− 0.043 *** (− 35.196)	0.141 *** (6.044)	0.026 *** (40.560)
ROA	− 0.050 *** (− 2.577)	13.051 *** − 32.058	− 0.029 (− 1.410)	14.918 *** (32.828)	0.020 * (1.920)
Tobin	0.001 * (1.909)	− 0.118 *** (− 7.509)	0.001 (1.342)	0.054 *** (4.375)	− 0.001 (− 1.433)

变量	（1）	（2）	控制所有制结构		
			（3）	（4）	（5）
	Term	Z	Term	Z	Long
Invt	0.003 *** （3.710）	9.743 *** −34.65	0.005 *** （6.958）	−0.094 *** （−5.567）	−0.003 *** （−10.356）
CR	−0.449 *** （−24.787）	8.423 *** −82.849	−0.427 *** （−23.027）	9.995 *** （34.048）	0.243 *** （25.574）
Cflow	0.220 *** （42.409）	6.102 *** −30.692	0.249 *** （44.487）	8.935 *** （83.290）	−0.109 *** （−36.983）
Growth	0.175 *** （18.418）	0.051 *** −4.089	0.179 *** （18.407）	6.014 *** （29.920）	−0.101 *** （−19.586）
GDP	0.001 * （1.909）	0.336 *** −21.695	0.001 （1.342）	0.054 *** （4.375）	−0.001 （−1.433）
EC	−0.000 （−0.015）	−0.060 *** （−26.986）	0.001 （0.738）	0.355 *** （22.434）	−0.001 （−1.250）
CC	−0.000 *** （−3.958）	0.064 *** −14.812	−0.001 *** （−4.823）	−0.064 *** （−27.959）	0.000 *** （5.796）
Constant	1.612 *** （38.866）	−0.099 （−0.130）	1.622 *** （37.853）	1.785 ** （2.242）	−0.488 *** （−22.125）
Firm Effect	Yes	Yes	Yes	Yes	Yes
Quarter Effect	Yes	Yes	Yes	Yes	Yes
N	68 016	68 016	63 351	63 351	63 352
F	526.973	3 830.447	484.409	3 090.104	1 205.58
R^2	0.59	0.80	0.62	0.8	0.69
Adjust R^2	0.59	0.80	0.61	0.79	0.68

注：*** 、** 和 * 分别表示在 1% 、5% 和 10% 的水平上显著；括号内为 t 统计量。

列（1）中 lnEPU 系数显著为正，列（2）中 Term 系数显著为负，表示间接效应显著；列（2）中 lnEPU 系数显著，表明直接效应显著。系数符号为异号，表示债务期限结构存在遮掩效应，验证了假设 6 - 6。当经济政策不确定增大时，银行进行风险管理并产生信贷配给行为，导致企业债务结构趋向短期化，进而致使企业展期风险增加，财务状况更加脆弱。

列（3）与列（4）控制了企业所有制结构后发现，虽然国有企业在信贷市场存在一定的议价能力，能够减少借入短期贷款从而缓解其债务结构短期化，但该影响在统计上不显著。列（5）的回归结果进一步表明，虽然经济政策波动的条件下，企业出于风险管理目的更倾向于长期贷款，但银行作为债权人的主导地位使得企业只能被迫借入短期资金，并接受银行的信用风险审查。列（3）~列（5）的回归结果实质上验证了我国以银行为主导的金融结构与其可能导致信贷配给现象的存在。此外，债务期限结构的效应占总效应仅 1.56%，也再次证明该效应会被其他中介效应所吸收，为遮掩效应。

7.4.3　基于外汇风险的中介效应检验

用汇兑损益占营业收入的比重来衡量外汇风险水平，但汇兑损益的信息一般只在企业的年度报告中列报，采用季度作为时间跨度将会导致中介变量样本的前三季度数据缺失，可能无法得出稳健的结果。因此，我们在检验企业外汇风险敞口的中介效应时采用了年度数据进行衡量，对各解释变量也重新进行了年度值的计算与取值。此外，基准回归模型的控制变量已经包含了宏观变量，时间效应会与经济政策不确定性产生共线性，所以本节使用年度数据回归时，不再控制季度时间固定效应，而是控制了个体效应与季节效应。

表 7-18 报告了基于外汇风险水平的中介效应检验结果，外汇风险水平用 Risk 变量表示。列（1）为年度数据回归的总效应，lnEPU 系数显著为正，表明可按中介效应立论，而且基于不同的样本时间频次再次验证了基本结论的稳健性；列（2）的结果表示，当经济政策不确定性增加时，企业的外汇风险水平反而降低，该结论在 10% 的水平上显著；但列（3）的结果显示，虽然外汇风险水平提高将增加企业的财务脆弱性，但这一结果在统计学上并不显著。进一步通过 Bootstrap 方法检验（见表 7-19）发现，由于无法拒绝系数 $b_1 c_1 = 0$ 的原假设，即间接效应不显著，因此，外汇风险水平作为经济政策不确定性与财务脆弱性的中介变量不成立。虽然政策波动缩小了企业的外汇风险敞口，但这一效应并不能起到对企业财务脆弱性进一步缓解的作用，也表明了假设 6-7 未得到完全验证。

表 7-18 基于外汇风险水平的中介效应检验结果

变量	(1) Z	(2) Risk	(3) Z
lnEPU	0.742 *** (15.402)	-0.006 * (-1.740)	0.622 *** (11.217)
Risk			-0.159 (-0.996)
LEV	-13.936 *** (-76.157)	-0.029 * (-1.699)	-13.393 *** (-59.841)
Size	0.331 *** (9.671)	0.005 (1.633)	0.269 *** (5.747)
Tobin	7.825 *** (14.493)	-0.008 * (-1.729)	-0.073 ** (-2.275)
Invt	-0.076 *** (-3.023)	0.057 (1.104)	7.442 *** (11.504)
ROA	-0.609 (-1.409)	0.028 ** (2.168)	0.501 (0.934)
CR	8.654 *** (42.885)	0.031 ** (2.148)	9.834 *** (39.476)
Cflow	3.076 *** (9.728)	0.021 (1.383)	2.944 *** (7.570)
Growth	-0.135 *** (-5.699)	-0.000 (-0.247)	-0.098 *** (-2.785)
GDP	0.174 *** (14.642)	-0.002 * (-1.918)	0.154 *** (10.514)
EC	-0.004 ** (-2.227)	0.000 (1.633)	-0.007 *** (-2.978)
CC	-0.044 *** (-15.887)	-0.000 (-1.610)	-0.034 *** (-10.656)
Constant	5.727 *** (7.011)	-0.073 (-1.291)	6.279 *** (5.718)
Firm Effect	Yes	Yes	Yes
Season Effect	Yes	Yes	Yes

续表

变量	(1)	(2)	(3)
	Z	Risk	Z
N	17 544	12 370	12 370
F	1 055.410	0.660	584.196
R^2	0.84	0.20	0.85
Adjust R^2	0.83	0.12	0.84

注：***、** 和 * 分别表示在1%、5%和10%的水平上显著，括号内为 t 统计量。

表7-19　　　　　　　　基于外汇风险水平的 Bootstrap 检验结果

	95% 置信区间
r(ind_eff)	-0.007 至 0.001
r(dir_eff)	0.4616 至 0.860

7.4.4　研究结论

本节利用中介效应模型对第6章提出的研究假设6-5、假设6-6和假设6-7进行逐一检验。回归结果表明，债务融资成本与期限结构均为经济政策不确定性影响企业财务脆弱性的中介变量，而且期限短期化的遮掩效应会被债务融资成本的中介效应所吸收。虽然经济政策不确定性的增加可能降低了企业外汇风险水平，但该效应对财务脆弱性的缓解作用并不显著，因此无法验证外汇风险水平为影响机制的中介变量。

由本章的异质性分析可知，在经济政策不确定性的影响下大规模企业的财务脆弱性更加明显，而国有企业相对不明显。考虑到大部分国有企业具备规模优势，该结论成为一个值得深入探寻的问题，这意味着银行在经济政策波动加剧时，对企业的放贷标准中很可能存在着所有制偏好而非规模偏好。因此，我们在进行中介效应检验时进一步控制所有制结构。回归结果发现，国有企业能以更低的成本融入资金，获得相对更长的还款期限，而规模较大的企业由于银行对其产生道德风险的顾虑，只能被动接受价格手段与非价格手段的配给，进一步证明了中国当前金融体系仍然存在一定程度的金融抑制。此外，本章还采用年度数据检验外汇风险水平的中介效应，实际上是以更换样本时间频次的方式进行了稳健性检验，由于年度数据的审计要求相对严格，因此该结果再次验证基本结论的稳健性。

7.5 稳健性检验

从理论机制出发再经过实证分析检验，我们通过构建一个包含宏观与微观层面的控制变量、控制了双向固定效应并将标准误聚类至企业层面的基准模型，验证了全样本下经济政策不确定性对企业财务脆弱性具有显著影响。参考以往研究，本节将采用衡量指标替换法和工具变量法进行稳健检验。

7.5.1 衡量指标替换法

7.5.1.1 替换解释变量

本章的核心解释变量为经济政策不确定性，前面均采用戴维斯等（2019）根据《光明日报》和《人民日报》构建的经济政策不确定性指标，并采用了月频次数据的季度加权平均值进行回归分析。在稳健性检验中，我们选择使用两种方法替换核心解释变量：一是改变季度值的计算方式，即改为采用每季度公布的月度数据的加权平均法作为季度指标来衡量，每个月份越临近季末权重越大，权重依次为 1/6，1/3，1/2；二是改变政策不确定指标的信息来源报刊，即选择其他研究团队构建的中国经济政策不确定性指标。这包括贝克（2016）根据《南华早报》编制的不确定性指数与黄耀和卢克（2020）根据中国媒体发行的 10 份报刊编制的经济政策不确定指数。

在回归模型中，用 $\ln EPU_{BBD}$ 表示 BBD 指数，用 $\ln EPU_{HL}$ 表示 HL 指数。由于 HL 指数在 2017 年后与其他两种指数的趋势差别较大，没有反映出英国脱欧事件及中美贸易战的波动（戴维斯等，2019），因此，以 2017 年为界，通过分阶段回归进行稳健性检验。

替换解释变量的回归结果见表 7 - 20。可以看出，替换核心解释变量后，基本结论仍然稳健，HL 指数在 2017 年后对企业财务脆弱性的影响为显著的正向效应，与前面的分阶段回归结果一致。

表 7 - 20　　　　　　　　　　替换解释变量的回归结果

变量	(1)	更改信息来源报刊		
		(2)	(3)	(4)
	加权平均	BBD 指数	HL 指数 2002 - 2016	HL 指数 2017 - 2020
lnEPU	0.942 *** (17.295)			
lnEPU$_{BBD}$		0.364 *** (10.859)		
lnEPU$_{HL}$			0.526 *** (5.604)	- 3.148 *** (- 18.049)
LEV	- 13.819 *** (- 145.949)	- 13.813 *** (- 145.645)	- 13.750 *** (- 122.443)	- 13.518 *** (- 43.811)
Size	0.234 *** (11.224)	0.235 *** (11.213)	0.204 *** (7.625)	0.155 (1.501)
ROA	10.227 *** (36.511)	10.514 *** (37.548)	10.481 *** (35.034)	7.109 *** (9.421)
Growth	0.048 *** (3.906)	0.050 *** (3.994)	0.060 *** (4.285)	- 0.046 ** (- 2.186)
Tobin	- 0.122 *** (- 7.765)	- 0.120 *** (- 7.610)	- 0.079 *** (- 4.596)	- 0.139 *** (- 3.115)
Invt	13.147 *** (32.278)	13.088 *** (32.009)	13.318 *** (28.839)	9.096 *** (11.253)
CR	8.202 *** (82.737)	8.210 *** (82.703)	7.654 *** (66.047)	6.979 *** (18.125)
Cflow	5.936 *** (29.958)	6.021 *** (30.317)	5.995 *** (27.687)	4.867 *** (10.894)
GDP	0.351 *** (22.730)	0.448 *** (31.729)	0.274 *** (8.879)	1.530 *** (39.063)

变量	（1）	更改信息来源报刊		
		（2）	（3）	（4）
	加权平均	BBD 指数	HL 指数 2002－2016	HL 指数 2017－2020
EC	－0.062 *** （－28.096）	－0.066 *** （－29.859）	－0.052 *** （－22.102）	－0.335 *** （－35.676）
CC	0.060 *** （13.939）	0.051 *** （11.790）	0.003 （0.518）	0.034 *** （5.606）
Constant	－0.437 （－0.606）	2.754 *** （3.929）	7.801 *** （8.674）	53.019 *** （18.165）
Firm Effect	Yes	Yes	Yes	Yes
Quarter Effect	Yes	Yes	Yes	Yes
N	68 016	68 016	53 762	14 137
F	4 096.839	4 055.319	2 842.184	700.916
R^2	0.80	0.80	0.81	0.88
Adjust R^2	0.79	0.79	0.79	0.87

注：***、** 和 * 分别表示在 1%、5% 和 10% 的水平上显著，括号内为 t 统计量。

7.5.1.2　替换被解释变量

本章的被解释变量为企业的财务脆弱性，在稳健性检验中，参考汪金祥等（2021）的研究，我们设定表示企业脆弱性的二元变量 FF，对存在庞氏融资特征的企业赋值为 1，对具有套利及投机融资特征的企业赋值为 0。[①] 如果系数为负，则表示经济政策不确定性增加缓解了企业的财务脆弱性。由于被解释变量替换为二元离散型变量，回归模型也更换为 Logit 模型，替换被解释变量后的回归结果见表 7－21。

---

① 汪金祥等（2021）认为，若企业经营活动产生的现金流量净额与期初现金及现金等价物余额之和小于偿还债务支付的现金加上分配股利、利润或偿付利息支付的现金并扣除年度现金红利总额的值，则该企业为庞氏融资类企业。

表7-21 替换被解释变量的回归结果

变量	(5)	(6)	(7)
	全样本	2002-2016	2017-2020
lnEPU	-0.250 *** (-7.329)	-0.170 *** (-3.157)	0.294 * (1.729)
LEV	5.390 *** (47.392)	5.103 *** (40.773)	4.297 *** (5.405)
Size	0.124 *** (5.885)	0.218 *** (8.827)	0.439 * (1.813)
ROA	-0.076 (-0.166)	-0.652 (-1.319)	4.356 ** (2.144)
Growth	0.017 (1.125)	0.008 (0.510)	0.065 (1.230)
Tobin	-0.197 *** (-13.096)	-0.184 *** (-11.357)	-0.195 (-1.545)
Invt	-5.655 *** (-15.086)	-5.687 *** (-14.280)	-2.032 (-0.969)
CR	-2.783 *** (-24.715)	-2.725 *** (-21.760)	-1.098 (-1.494)
Cflow	-5.170 *** (-22.417)	-5.091 *** (-20.590)	-7.602 *** (-6.873)
GDP	0.039 *** (4.815)	0.045 *** (3.549)	-0.033 (-1.055)
EC	-0.012 *** (-6.250)	-0.014 *** (-6.265)	0.011 (0.776)
CC	0.005 ** (2.161)	0.022 *** (4.299)	0.020 ** (2.029)
Firm Effect	Yes	Yes	Yes
Quarter Effect	Yes	Yes	Yes
N	51 792	44 791	4 443
Pseudo R^2	0.23	0.24	0.32

注：*** 、** 和 * 分别表示在1%、5%和10%的水平上显著；括号内为 t 统计量。

列（5）为全样本的回归结果，列（6）与列（7）则按2017年为界进行了分阶段回归。从系数符号可以看出，全样本 Logit 模型的回归结果表示经济政策不确定性显著降低了企业财务脆弱的可能。在分阶段回归中，2017 年后经济政策波动反而使得企业财务脆弱的可能性增加。

7.5.2 工具变量法

经济政策不确定性为宏观层面变量，对于单个微观企业属于外生变量，但政府制定政策时也会参考微观企业部门的运行状态，整体效应上仍可能存在双向因果问题，因此我们采用工具变量法进行解决。考虑到中美两国的经济政策不确定性可能相关，且美国的政策波动不会直接影响到中国企业的财务状况，我们以滞后一期的美国经济政策不确定性作为工具变量加入模型，进行两阶段回归。① 用变量$\ln APU_{t-1}$表示美国经济政策不确定性，$t-1$ 表示滞后一期。工具变量两阶段回归结果见表 7-22。

表 7-22　　　　　　　　　　工具变量两阶段回归结果

变量	(1)	(2)
	第一阶段	第二阶段
lnEPU		1.117 * (1.748)
$\ln APU_{t-1}$	-0.079 *** (-24.67)	
LEV	0.012 ** (2.47)	-13.601 *** (-175.131)
Size	-0.004 *** (-3.28)	0.209 *** (10.823)
ROA	0.068 *** (3.30)	10.791 *** (32.508)
Growth	-0.001 (-1.36)	0.051 *** (4.367)

① 美国的经济政策不确定性指数数据同样来自贝克等团队的官方网站。我们对指数进行了与前面相同的预处理，即运用算术平均法将月度值转化为季度值后，再取其自然对数。

续表

变量	(1)	(2)
	第一阶段	第二阶段
Tobin	-0.006 *** (-7.78)	-0.117 *** (-9.331)
Invt	0.271 *** (15.07)	13.380 *** (40.984)
Cr	0.009 * (1.80)	8.235 *** (102.563)
Cflow	0.099 *** (9.29)	5.932 *** (33.193)
GDP	0.116 *** (132.77)	0.338 *** (4.532)
EC	-0.011 *** (-85.73)	-0.060 *** (-8.226)
CC	-0.016 *** (-59.63)	0.067 *** (6.430)
Firm Effect	Yes	Yes
Quarter Effect	Yes	Yes
N	60 022	60 013
F	2 897.08	5 430.250
R^2	0.955	0.53
Adjust R^2	0.94	0.52

注：*** 、** 和 * 分别表示在1%、5%和10%的水平上显著；括号内为 t 统计量。

列（1）为第一阶段的回归结果，即美国经济政策不确定性作为工具变量对中国的经济增长不确定性的影响；列（2）为第二阶段的回归结果，即使用工具变量解决内生性后的回归结果。第一阶段回归结果显示，lnEPU 与滞后一期的 lnAPU 为显著负相关关系，即表明了美国的经济政策不确定性与中国的经济政策不确定性负向相关。第二阶段的回归结果显示，lnEPU 的系数在10%水平上显著为正，符合前面的回归结果，证明了基本结论的稳健。

此外，在可识别检验中，Anderson LM 统计量的 p 值为0.000，小于0.01，即在1%的水平上显著拒绝了原假设，这表示不存在工具变量识别不足的问题。在弱工具变量检验中，Cragg-Donald Wald F 统计量的值为 608.822，而 Stock-Yogo weak ID test critical values 在 10% 的临界值为 16.38，因此显著拒绝了原假设，表示也不存在弱工具变量的问题。以上检验表明了美国经济政策不确定性作为工具变量是有效的。

7.6 本章小结

本章以中国 2002～2020 年沪深两市上市公司的季度数据为样本。首先，利用面板固定效应模型检验经济政策不确定性对企业财务脆弱性的直接影响效应和异质性影响；其次，使用中介效应模型进行中介传导变量检验；最后，通过衡量指标替换法和工具变量法进行稳健性检验。

实证结果表明：（1）直接影响效应。经济政策不确定加剧时，企业脆弱性受谨慎决策影响反而得到缓解，但分阶段回归发现该缓解效应随着不确定水平的提高而减弱，近年来政策波动反而直接恶化了企业脆弱程度。（2）存在异质性影响。规模较小、国有制结构以及参与海外市场的企业在经济政策不确定性的影响下，其财务脆弱性得到更大缓解。（3）存在中介变量。研究发现经济政策不确定主要通过债务融资成本和期限结构影响企业财务脆弱性，而外汇风险未能发挥中介传导作用。其中，债务融资成本的溢价效应是引起脆弱性降低的主要中介效应，同时银行的信贷配给行为将导致企业的债务结构短期化并引起脆弱性上升，但债务期限结构的效应会被其他中介效应所吸收。（4）稳健性检验。通过替换变量和使用美国的 EPU 指数作为工具变量进行稳健性检验，结论依然成立。

第Ⅲ部分

企业市场风险

2022年中央经济工作会议强调，推动经济高质量发展，必须坚持稳中求进的工作总基调，有效防范化解重大经济金融风险，守住不发生系统性风险的底线，大力提振市场信心。而股价崩盘风险作为资本市场的一种异常现象，影响了企业经营稳定和融资效益、投资者积极性和信心，更会对资本市场的发展产生负面影响，引发市场恐慌或者系统性金融风险。股价崩盘风险作为公司信息治理的经济后果，会反过来影响企业的经营，一般信贷主体会将股价崩盘风险视为企业经营恶化和债务违约风险提高的信号，加强关注进而影响信贷决策，提高融资成本。同时，王宜峰等（2018）发现股价崩盘风险作为企业在资本市场领域的风险特征，其在一定程度上会影响企业经营，比如加剧企业融资约束、抑制投资和影响企业价值。股价崩盘风险带来的负面效应不言而喻，为了防范股价崩盘风险，稳步推进企业和资本市场的发展，探索股价崩盘风险的形成原因将至关重要。

第 8 章

企业股价崩盘风险的形成机制：
高管性别结构的视角

8.1 引　言

股价崩盘是指上市企业的股价在短时间内涨跌幅度明显超过股市的平均水平，并且是在毫无预兆的情况下。股价在极短的一段时间内偏离正常价格的情况（向上偏离或向下偏离）都属于股价崩盘，但是相较于向上偏离，向下偏离对于股市的破坏力以及对普通投资者心态的影响都远超过向上偏离。股价崩盘风险作为企业资本市场的风险特征，不仅对投资者、企业和资本市场产生影响，甚至在一定程度上影响了我国实体经济的发展。因此，对股价崩盘风险的影响因素进行深入研究变得格外重要。

上市公司的经营和发展都需要高管作出最终的决策，这些决策最终都会影响到上市公司，进而反映到股价的波动。然而，无论公司高管有多理性，他们的决策都会因个人特征而受到影响，例如性别不同的高管对待同一问题可能会有不同的思考方式，而性别相同的高管也可能因不同的人生经历、不同的职位作出不同的决策。李小荣和刘行（2012）的研究发现相较于男性高管所在的公司，女性高管所在公司的股票价格波动较小，股价风险相对更低。金等（2016）以行为金融学为理论基础，研究表明高管的过度自信行为会导致股价崩盘风险增加。可见，从高管性别角度研究其对股价崩盘风险的影响是一个非常值得深入探索的问题。

基于上述背景，本章将探讨以下问题：高管性别结构将如何影响股价崩盘风险？影响机制是什么？是否存在异质性影响？

8.2　相关文献回顾

8.2.1　高管性别结构的相关研究

国内外学者对于高管性别的相关研究主要关注于高管性别对代理成本、企业价值、企业绩效、企业信息披露、财务舞弊等影响。国外学者研究发现女性高管能为其所在公司的业绩及信息披露带来好处，乔克斯等（2011）研究结果表明，当公司市场化和竞争激烈程度较低时，董事会中女性比例与代理成本呈显著负影响，说明董事会中女性比例越高，公司的代理成本可能就越低。著名学者孙明英等（2016）将股利政策作为替代代理成本的变量，研究发现相比董事会中女性比例较低的公司，女性比例较高的公司将更有可能支付股利，并且股利支付率更高。法乔等（2016）研究发现，与男性首席执行官相比，女性首席执行官管理的公司杠杆率更低，公司收益波动较小，生存率更高，说明了女性 CEO 管理的公司负债风险较低，管理公司较为谨慎。

国内学者路军（2015）研究发现，公司女性高管、女性高管比例、根据女性高管比例计算的 BLAU 指数对公司的信息披露违规具有显著的负影响。周泽将等（2016）从财务舞弊视角进一步研究发现，女性高管对财务舞弊行为具有显著的负影响，在区分不同女性高管职位类型后，发现女性 CFO 对财务舞弊具有显著的消极影响，而女性 CEO 对财务舞弊行为具有显著的积极影响，其他职位的女性高管对财务舞弊的影响则不显著。也有学者从其他角度研究高管性别对公司其他方面的影响，发现女性高管并不能对公司产生有利的影响。生洪宇和李华（2017）研究高管团队成员之间的异质性对股价崩盘风险的影响，发现公司多元化经营对股价崩盘风险存在显著正影响。

当前我国对于女性高管与股价崩盘风险的研究相对较少，国内学者李小荣和刘行（2012）通过均值回归分析发现，女性高管对股价崩盘风险有显著负影响。区分高管权力后发现，高管权力越大，女性高管对股价崩盘风险负作用越大，当股市为"熊市"或者高管年龄更大时，女性高管对股价崩盘风险负作用更为显著。除了从 CEO 和 CFO 进行研究外，学者周军（2019）从企业独立董事角度出发，通过研究分析发现，女性组比男性组更显著，即会计专业的女性独董比会计专业男性独董更能抑制股价崩盘风险；本地组比异地组更显著，即本地会计专业独董比异地会计专业独董更能抑制股价崩盘风险。

8.2.2 股价崩盘风险的影响因素

8.2.2.1 内部因素

（1）会计信息质量。国内外学者针对会计信息质量对股价崩盘风险的相关研究，得出较为一致的结论。刘洋（2015）实证研究发现，会计信息透明程度对未来的股价崩盘风险呈负影响。江轩宇（2015）研究发现，会计信息的可比性越高，股价崩盘风险越低，当公司的治理环境越优，应计盈余质量越高或会计稳健性越强时，上述负影响就更为显著。国外学者金春菲等（2019）研究结果表明，管理者可以通过自己撰写的复杂的财务报告成功地隐藏负面信息，当隐藏的负面消息累积并达到临界点时，会直接导致股价崩盘。金杰等（2016）通过研究发现公司信息透明度对股价崩盘风险呈负向影响，同时，会计稳健性不但可以缓解股价崩盘风险的发生而且还可以抑制股价崩盘风险。

（2）高管行为和特征。在考虑代理成本问题后，学者开始从委托代理产生的信息不对称角度出发，研究高管行为和特征对股价的影响。金杰等（2011）利用 1993～2009 年美国公司的样本数据，证明了 CFO 期权组合价值对股价敏感性与公司股价崩盘风险具有显著的正向影响。许宁等（2014）研究结果表明，在国有企业任职的高管为了得到超额福利，有可能去长期隐瞒不好的消息，从而导致未来股价崩盘风险的增加。安德烈乌等（2017）以 CEO 年龄作为自变量，研究发现 CEO 在职业生涯的前期有经济动机去隐藏坏消息，这会加大未来的崩盘风险，CEO 年龄效应的这种负面影响在管理层自由裁量权的存在下最为强烈。黄新建和王一惠（2015）研究董事长过度自信行为对股价崩盘风险的影响，发现董事长年龄越小、受教育水平程度越低、董事长与总经理同为一人时，过度自信心程度更强，股价崩盘风险就会越大。周兰和张玥（2019）研究发现，管理者才能对股价崩盘风险具有显著负向影响，能力越高的管理者捂盘行为越少，所在公司崩盘风险越低。杜剑和于芝麦（2019）发现，学术型独董的比例对股价崩盘风险存在显著的负向影响，当学术型独董的人气和声望越高时，公司股价崩盘风险就会越低。

（3）企业内部环境。叶康涛等（2015）通过研究发现，公司的内部信息披露程度越高，未来股价下跌和崩盘的风险就会越低，当企业信息不对称程度越高、盈利能力越弱时，其对股价崩盘风险的负向影响更加显著。李敏（2016）的实证研究结果表明，企业承担的社会责任能显著有效缓解股市崩盘风险。同时，当企业治理效率较低时，企业的社会责任对于降低股价崩盘风险方面可能具有更显著的作用。施先旺和刘会芹（2019）通过研究分析得出，公司的战略差异化程度越大，其股价崩盘风险就越高，而较高的审计质量和信息披露评级能够有效缓解其战略差异化对股价崩盘风险的直接影响。

8.2.2.2 外部因素

（1）外部中介机构。

①机构投资者。针对机构投资者会对股价崩盘风险产生什么影响，学术界还未得出共同结论。一部分研究者认为机构投资者可以稳定市场。安赫和张婷（2013）研究表明，机构投资者持股比例越高并且持股时间越长，对企业的内部治理和信息披露的监督动机越强。达里奥什等（2014）研究发现，机构投资者可以有效地减少企业高层管理人员对坏消息的囤积，使其股票价格更全面、更准确地反映出企业特定信息，减少股价同步性，从而大大降低了股价崩盘风险。另一部分研究者则认为机构投资者是市场的"破坏者"。许年行等（2013）研究发现机构投资者的羊群行为对股价下跌风险具有显著正向影响，在准确区分不同投资方向后的各种羊群投资行为，上述正影响在"卖方"羊群行为的样本中表现更加显著。曹丰等（2015）研究发现，机构投资者的持股对公司股价下跌风险呈显著正向影响。吴晓晖等（2019）研究结果表明，机构投资者抱团持股的比例及持股比重对股价崩盘风险呈显著的正向影响。

②证券分析师。扮演资本证券市场相关信息中介人的证券分析师也是研究者考察的重要对象。许年行等（2012）发现分析师的乐观偏差不断增加时可能会增加股价崩盘风险，当存在某种利益冲突时，这两者之间的相互影响更显

著。徐恩等（2013）的研究结果发现，当企业分析师所覆盖范围越广，股价崩盘风险越高，当企业分析师更加乐观时，这一因素的影响更显著。吴偎立等（2015）发现分析师的跟进行为会大幅增加股价信息含量。

③审计师。褚剑和方军雄（2017）利用审计署实施的中央企业研究发现，在地方政府实施审计后，可以通过督促被审计机关单位及时披露公司的坏消息，从而有效地减少股价崩盘风险发生的可能性。耀友福等（2017）研究发现，审计师的变更加剧了企业股价崩盘风险的可能性，且两者间的正向影响在频繁变更审计师的公司中表现更强烈。黄宏斌和尚文华（2019）通过实证分析发现，女性审计师相比男性审计师能有效缓解股价崩盘风险。

（2）企业外部环境。江轩宇（2013）通过研究发现，税收征管方式可以通过对公司的治理进行有效改善，从而有效降低股价未来大幅下跌的风险。李江辉（2018）发现，媒体对企业频繁地进行新闻报道可以显著减少企业股价崩盘风险发生的概率，并且发挥了有效的信息中介和公共监督的作用，企业所在省份的制度环境越不完善，企业股价崩盘风险越高。刘宝华等（2016）发现，企业所在国家或地区的社会信任水平程度越高，企业的股价崩盘风险就越低，且这一因素的影响仅存在于市场化程度较高和法律环境较好的地区。李江辉（2018）研究发现，市场化进程越快，对股价崩盘风险的缓解作用越显著，同时良好的法治环境能抑制公司股价崩盘风险。而地方政府的干预程度越高，会增加股价崩盘风险的概率。赵静等（2018）研究发现高铁的开通增加了信息的跨地区流动，可以提高上市企业的治理环境，从而降低所在地上市企业股价崩盘风险。李梦雨和李志辉（2019）发现市场操纵通过影响投资者情绪从而影响股价崩盘风险，市场操纵次数越多的股票，股价崩盘风险越高，这一影响在中小板和创业板市场中更加明显。

8.2.3　文献述评

现有文献对高管性别的研究，大多集中于高管性别对代理成本、企业价值、企业绩效、企业信息披露、财务舞弊等的影响，研究发现女性高管一方面能为公司带来有利的影响，另一方面并不能为公司带来好处。因此，女性高管对股价崩盘风险的影响可能并不是简单的线性关系，可能存在非线性影响。通过对股价崩盘风险研究发现，股价崩盘的缘由更多归结于信息不对称，国内外学者主要从公司内部因素（管理者行为和特征、会计信息、内部环境等）和外部因素（机构投资者、证券分析师以及审计师、外部环境和制度、文化等）两个角度进行研究。而我国较少学者研究女性高管对股价崩盘风险的影响，关于女性高管对股价崩盘风险的研究主要用均值回归分析方法研究均值影响，较少文献研究女性高管对股价崩盘风险的异质性影响。随着资本市场的发展和完善，有必要继续挖掘降低股价崩盘风险的积极影响因素。因此，本章在现有研究的基础上，将利用面板门限模型和分位数回归模型，进一步拓展高管性别结构与股价崩盘风险的相关研究。

8.3 女性高管对股价崩盘风险的影响机理分析

通过大量文献梳理，我们总结出影响股价崩盘风险的因素主要有两方面：一是委托代理问题，高层管理人员出于自身利益，会隐藏不好的消息。当不好的信息积累到一定程度而无法继续隐瞒时，就会马上爆发，导致其股价暴跌。二是信息不透明，信息不透明使投资者无法准确观察到企业的真实业绩或者被企业的虚假信息所蒙蔽，产生对股价的错误判断。一旦投资者识破或者了解到公司的真实运营情况，企业的股价就会遭受大幅下降。

8.3.1 女性高管对股价崩盘风险的作用机制

在影响股价崩盘风险上，女性高管与男性高管的不同之处在于：

第一，女性高管能降低信息不透明程度。女性高管可以为所在企业带来沟通、合作的管理文化，增加信息透明程度，而男性则强调权威和竞争。许多文献都提供了女性道德水平更高的经验证据。泰森（1990）分析发现，相对于女性，男性往往更倾向隐瞒坏消息，并且为了获取自身收益最大化不惜牺牲企业的利益。阿罗（1991）提出女性相比男性自利行为更少。德雷伯和约翰内森（2008）的研究表明女性相比男性更少说谎。相比之下，男性更容易隐瞒坏消息，造成公司信息不透明程度更高。

第二，女性高管的风险规避意识更高。从心理学和社会学的许多文献来看，相比男性，女性风险规避水平更高。伯恩斯等（1999）研究不同情形下性别差异引起的风险偏好差异，他将研究内容分成16项任务，其中14项研究结果表明，相比较于男性，女性的风险规避程度更高。奥尔森和考克斯（2001）发现女性专业投资者更关注投资风险，在相同的投资回报下更倾向于降低风险。一些财务学文献也得出女性高管在企业决策中更倾向规避风险的理论和证据。基斯根和黄德（2008）在研究中指出男女性别之间是存在风险偏好差异的，女性进行财务相关决策时更偏向于规避风险。基于以上分析，提出如下假设。

假设8-1：女性高管比例对股价崩盘风险呈负影响。

相关研究表明，董事会成员的性别多元化会带来一些有益成果。希尔曼等（2007）研究发现，董事会成员的性别多元化可能会通过特有的知识、信息、经验和战略建议而使公司受益。佩里曼等（2016）研究发现，性别多样化的增加可以降低企业风险。但皮勒等（1999）研究发现，董事会的多样化可能会加大团队冲突的可能性，从而影响决策的速度和质量。此外，亚当斯和费雷拉（2009）发现，尽管董事会性别多样化与更严格的董事会监控有联系，但这可能没办法转化为更好的公司绩效。因此，性别多样性对企业带来的影响可能并不是好与不好这样简单的线性关系，即女性高管比例对股价崩盘风险的影响可能存在一个非线性影响。基于以上分析，提出如下假设。

假设8-2：女性高管比例对股价崩盘风险存在非线性影响。

克罗森和格尼兹（2009）通过研究发现，女性和男性对待同一风险产生的影响和反应不同，当预期不好的结果要出现时，女性会更紧张和恐惧，高估不好结果发生的概率。李小荣和刘行（2012）在区分"牛市"和"熊市"之后发现，女性CEO在"熊市"时对股价崩盘的影响更显著。因此，我们认为在不同程度的崩盘风险下，男女高管之间的表现可能不同。在股价崩盘风险较低时，女性的风险规避以及不过度自信行为相比男性高管会表现得更为明显，故女性高管可能更能降低股价风险；当股价崩盘风险较高时，市场风险已经被捕捉，无论男性高管还是女性高管都能明显感受到风险的发生，此时，女性高管相较于男性高管对股价崩盘风险的影响可能不会有显著区别。基于以上分析，提出如下假设。

假设 8－3：女性高管对不同程度股价崩盘风险具有异质性影响。

8.3.2　女性高管职位类型对股价崩盘风险的作用机制

高管是公司决策的关键因素，一般而言，公司不同职位高管对公司产生的影响可能并不相同，即使性别相同的高管也可能因职位不同而对股价崩盘风险产生不同的影响作用。本节选取"CEO 和 CFO"两类最能对公司产生影响的高管进行分析，研究这两类高管将对股价崩盘风险产生怎样的影响。

在现有企业中，业绩是高管职位晋升的重要考核指标，一般情形下 CEO 会把提升经营业绩看得格外重要。除了通过正常经营管理取得良好业绩外，部分 CEO 可能会为了自身利益而采用较为激进的会计政策，甚至对企业进行财务舞弊。李培功和肖珉（2012）的研究表明，中国上市企业的 CEO 平均任职时间为 3.58 年，大多在一个聘用期内就已经结束，如此短的 CEO 任职时间可能进一步激发其利用财务舞弊手段获得短期利益最大化。奥弗曼和贝尔（2004）研究结果表明女性 CEO 在进行决策时，表现出一种和男性 CEO 相似的风格与模式，由此获得社会认可和支持。哈斯兰姆和罗谢茨（2005）的相关研究提出，女性从普通员工升职为 CEO 的整个过程，需要努力弥补性别差异带来的短板，即打破"玻璃天花板效应"的能力和能够胜任 CEO 这份重要工作的丰富实践经历。女性 CEO 为了使企业经营业绩表现更好以获取个人经济利益和社会的认可，将使其决策风格与男性 CEO 相比可能有过之而无不及。这对股价崩盘风险的影响上将不能显著区别于男性 CEO，反而容易加大股价崩盘行为的发生。基于以上分析，提出如下假设。

假设 8－4：女性 CEO 的存在不能降低股价崩盘风险。

纳里卡（2009）利用 2005～2009 年赫尔辛基证券交易所上市企业的数据统计分析发现，女性 CFO 提供了更多可靠的自愿性披露。王霞等（2011）指出 CFO 为女性的公司相较于男性 CFO 所在的公司会计信息质量会更高。江海霞

（2013）明确指出，CFO 为女性的公司，会计稳健性将会得到显著的改善甚至明显的提高。弗朗西斯等（2015）分析发现，相较于 CFO 为男性的企业，CFO 为女性的企业会计稳健性水平会更高，公司总体风险较低。佩尼和瓦哈马（2010）主要研究 CFO 性别对应计盈余质量的直接影响，在控制其他变量对应计项目的影响后，CFO 为女性的企业盈余质量表现得更好，操纵性应计盈余更低。刘毅等（2016）研究结论发现，在 CFO 更换后的第一年，新任 CFO 为男性的企业相比为女性的企业在管理调低当年盈余上表现得比较激进。郑瞳和刘建伟（2012）以中国上市企业为样本，研究 CFO 性别对应计盈余质量的影响，结果表明女性 CFO 在做财务决策时表现出更加谨慎和规避风险，企业的可操纵性应计盈余误差较低，盈余质量也相对较好。基斯根和黄德（2012）研究结果表明，相比于后任男性 CFO，女性 CFO 在利用债务融资和并购活动等决策中往往表现得更为谨慎，体现为较少的债务融资和兼并与收购活动。

女性 CFO 与女性 CEO 相比，呈现出以下典型特征：（1）CFO 的升职路径大多数始于基础的会计核算工作，谨慎性是对会计核算工作的首要要求，所以 CFO 在进行决策时很可能表现得更加谨慎和规避风险，而当 CFO 为女性时，谨慎性可能进一步增强。（2）在公司经营过程中，CFO 可能会直接影响会计行为，致使 CFO 相对于 CEO 而言，承担着更高的法律成本，因此会大幅降低 CFO 财务舞弊的可能性和动机，同时降低信息不对称程度，减少公司隐瞒坏消息的可能，从而缓解股价崩盘风险的发生。（3）CFO 薪资同公司经营业绩的关联度较低，CFO 往往不会因较小经济利益而采取财务舞弊行为，同时考虑到法律成本，CFO 进行舞弊动机也相对较弱。基于以上分析，提出如下假设。

假设 8 - 5：女性 CFO 对股价崩盘风险呈负影响。

8.3.3　不同所有权性质下女性高管对股价崩盘风险的异质性影响

股价崩盘主要由代理问题引起，高层管理人员为了获取自身利益，倾向于隐藏不好的消息，当不好的消息累积到最大值且被识破后集中释放到公开市场，便会引起股价崩盘。许言等（2017）研究不同所有权性质对代理问题产生的影响，发现国有企业的管理层更没有动机去隐藏坏消息。因为国有企业高层管理人员的选拔、考核、晋升机制并不仅仅依据经济指标，除了关心其经营管理绩效，更关心其政治目标，比如政治升迁。伊志宏等（2010）研究发现，非国有企业一般在经理人市场中选聘公司高层管理人员，这使得经理人为了提升业绩而付出更多努力，从而去证明其管理能力并获得高额报酬，因此高管人员具有更强烈的动机去隐瞒或推迟公司内部的负面信息。相较于非国有企业，国有企业更容易获得投融资机会以及政府的支持，并且国企的高层管理人员通常由政府任命，这一性质使得国企的高管进行盈余管理和财务舞弊的可能性降低，从而降低了公司未来的股价崩盘风险。

杨瑞龙等（2013）发现企业的经济绩效对国企高管的职位升迁并没有明显帮助，同时国企更容易受到政府、审计单位、媒体的关注和严格监管。唐松和孙铮（2014）表示为了防止国有资产流失，各级政府部门对国企实施了严格的监管，政府作为实际控制人对国企经营状况、信息披露的管理能力较强。因此，相较于非国有企业，国企高层管理人员信息披露的空间和能力更强。

基于以上分析可知，当公司为国有企业时，高层管理人员隐藏坏消息的动机较弱，同时外部主体的多方关注和监管，企业的信息披露空间和能力得到增强，风险规避水平得到提高，故提出如下假设。

假设 8-6：相对于非国有企业，高管性别对股价崩盘的抑制作用在国有企业中更明显。

8.4　本章小结

基于稳中求进中推进经济高质量发展和守住系统金融风险的经济政策目标，以及企业面临资本市场风险的背景下，引发了对股价崩盘风险形成机制的思考。根据文献回顾发现，股价崩盘风险增加主要是由高管的信息披露管理行为、信息公开透明度和公司投资决策引起的，而性别作为高管的一项重要个人特征，在我国企业财务治理过程中逐渐发展成为一个重要并被广泛关注的科学研究课题。国外学者对女性高管在股价崩盘风险上的研究取得了一些突破性的研究成果，而国内学者在这方面的研究主要是基于高管性别对股价崩盘风险的平均影响，鲜有研究高管团队性别结构对股价崩盘风险的异质性影响，基于此，本章将进一步拓展股价崩盘风险的影响因素。

基于委托代理理论和信息不对称理论，对女性高管与股价崩盘风险的影响机理进行分析并提出研究假设。（1）女性高管的直接影响机制。①相比男性高管，女性高管具有更强的风险规避意识和降低信息不透明的能力，即认为女性高管比例对股价崩盘风险呈负影响（假设8-1）。②性别结构多元化因群体中丰富的知识和经验使公司受益，但也增加团队冲突的可能，故女性高管比例对股价崩盘风险可能存在非线性影响（假设8-2）。③女性高管和男性高管对同一风险的影响和反应存在差异。在股价崩盘风险较低时，相比男性，女性高管的风险规避能力和不过度自信行为更为明显，此时女性相比男性高管更能降低股价崩盘风险；而在高程度股价崩盘风险中，风险已显著存在并被高管关注，此时男女高管对待风险的处理方式和态度不会有明显差异，故认为高管性别差异不会存在显著区别。据此认为，女性高管对不同程度股价崩盘风险具有异质性影响（假设8-3）。（2）女性高管职位类型的作用机制。不同职位高管对企业影响存在差异。①女性CEO为追求经营业绩和社会认可，其决策风险相比男性CEO可能有过之而无不及，故其对股价崩盘风险的影响无异于男性CEO，即女性CEO的存在不能降低股价崩盘风险（假设8-4）。②女性CFO大多之前从事会计核算工作，谨慎和规避风险意识，加之薪资与企业业绩关联度较低，其对股价崩盘风险的影响较大，即女性CFO对股价崩盘风险呈负影响（假设8-5）。（3）所有权性质下的异质性影响。国有企业高管因考核多样化，其隐瞒或者推迟内部负面信息的动机更多，同时严格监管和多方关注，使其具有更强的信息披露能力，故相比非国有企业，高管性别对股价崩盘的抑制作用在国企业中更明显（假设8-6）。

第 9 章

高管性别结构影响企业股价崩盘
风险的实证检验

本章选取 2009～2019 年我国沪深交易所 A 股上市企业作为初始研究样本，研究采用的数据主要包括两个方面：第一部分为高管特征数据；第二部分为股价崩盘风险数据及公司财务数据。借鉴已有文献的研究，我们对初始样本进行如下处理：（1）剔除金融行业公司，因为金融类和非金融类上市企业在财务特征上面存在较大差异。（2）剔除经营或财务状况出现问题的ST 公司。（3）剔除主要变量数据缺失的样本。（4）剔除每年交易周数小于30 周的样本。（5）为消除异常值的影响，对连续变量上下 1% 进行 Winsorize处理。

经过数据的收集、处理及筛选后，一共有 897 个公司 11 年的数据，共得到 9 867 个样本量，面板数据为平衡面板。本章的数据均来自国泰安数据库（CSMAR）和 Wind 据库，我们运用 Stata15 进行数据的分析处理。

9.1 变量选取及预处理

9.1.1 高管的界定

高管团队一般泛指公司高层管理人员中担任重要职务、负责公司经营与管理以及掌握公司内部重要信息的人员，主要包括董事长、总经理（CEO）、财务负责人（CFO）、董事会秘书等重要高管。为了研究女性高管团队对股价崩盘风险的影响，本章以女性高管比例作为解释变量，研究其对股价崩盘风险的影响，女性高管比例（FEMALE）＝女性高管人数/高管总人数。为了进一步研究不同职位类型的女性高管对股价崩盘风险的差异性影响，本章主要选取对公司经营管理产生重大影响的 CEO 和 CFO 两类高管，然后分别研究其对股价崩盘风险影响。参考以往文献，我们借鉴金杰等（2011）和许年行（2012）的方法，其中，CEO 为女性则定义 CEOSEX ＝1，否则 CEOSEX ＝0；CFO 为女性则定义 CFOSEX ＝1，否则 CFOSEX ＝0。

9.1.2 股价崩盘风险的界定和测度

股价崩盘指的是上市公司股票价格偏离正常价格轨迹，通过计算当前股票价格与理论股票价格之间的差值来衡量。参考以往文献，我们借鉴金杰等（2011）和许年行（2012）的方法，用股票负收益偏态系数（NCSKEW）和股票收益率涨跌波动比率（DUVOL）两个指标度量股价崩盘风险，这两个指标主要是在准确计算整个股票市场价格波动的基础上，进一步测度单个企业股价相对于股票市场波动的偏离程度，这种偏离程度包括股价的过低偏离正常程度与过高的偏离正常程度。具体计算过程如下。

第一步：求股票 i 在第 t 周经调整的周特定收益率为 $W_{i,t} = \ln(1 + \varepsilon_{i,t})$，$\varepsilon_{i,t}$ 为模型（9-1）估计的残差项。

$$r_{i,t} = \alpha_i + \beta_{1,t} \times r_{m,t-2} + \beta_{2,i} \times r_{m,t-1} + \beta_{3,i} \times r_{m,t} + \beta_{4,i} \times r_{m,t+1} + \beta_{5,i}$$
$$\times r_{m,t+2} + \varepsilon_{i,t} \tag{9-1}$$

其中，$r_{i,t}$ 代表公司 i 在第 t 周的股票收益率。$r_{m,t-2}$、$r_{m,t-1}$、$r_{m,t}$、$r_{m,t+1}$、$r_{m,t+2}$ 各代表前两期、前一期、当期、后一期、后两期沪深综合市场流通市值加权平均收益率；$\varepsilon_{i,t}$ 代表个股收益率中不能被市场收益率波动所解释的部分。

第二步：将模型（9-1）中计算出的 $\varepsilon_{i,t}$ 代入式（9-2），计算出股票 i 在第 t 周的特定收益率 $W_{i,t}$。

$$W_{i,t} = \ln(1 + \varepsilon_{i,t}) \tag{9-2}$$

第三步：将股票周特定收益率 $W_{i,t}$ 代入式（9-3），计算股票负收益偏态系数 $NCSKEW_{i,t}$。

$$NCSKEW_{it} = -[n(n-1)^{\frac{3}{2}}\sum W_{i,t}^3]/[(n-1)(n-2)(\sum W_{i,t}^2)^{\frac{3}{2}}]$$

$$(9-3)$$

其中，n 代表公司 i 在第 t 年的股票交易周数，NCSKEW 值越大，说明股价崩盘风险越高。

最后，计算股票收益率涨跌波动比率 $DUVOL_{i,t}$。

$$DUVOl_{i,t} = \log\{[(n_u-1)\sum_{Down} W_{i,t}^2]/[(n_d-1)\sum_{Up} W_{i,t}^2]\} \qquad (9-4)$$

其中，n_d（n_u）代表公司 i 股票周收益率低于（高于）当年收益率均值的周数，DUVOL 值越大，股价崩盘风险越高。

9.1.3 控制变量选取

为了研究高管性别对股价崩盘风险的影响，需要控制其他对股价崩盘风险产生影响的变量，参考以往文献，本章选择以下变量作为控制变量。

（1）公司月平均超额股票换手率（DTURN）。为股票 i 第 t+1 年的月平均换手率与股票 i 第 t 年的月平均换手率之差。

（2）公司股票平均周特定收益率（RET）。根据式（9-1）、式（9-2）计算得出，股票在前期累计的收益率越高，其股价更容易发生崩盘。

（3）公司股票周特定收益率的标准差（SIGMA）。根据式（9-1）、式（9-2）计算得到，反映了股价波动幅度，对股价崩盘风险呈正影响。

（4）总资产收益率（ROA）。净利润与平均资产总额的比值，在一定程度上反映了公司在经营时所面临的风险，值越大，特质风险越小。

（5）资产负债率（LEV）。公司年末总负债与年末总资产的比值，体现了公司所面临的潜在风险，值越高，外部投资者对公司的印象越差。上市公司为了稳定市场地位及维护外部声誉通常会对财务报表进行粉饰，导致信息披露的质量下降，坏消息在公司内部积累越多，则越易引起股价崩盘。

（6）账面市值比（MB）。公司账面总资产与股票总市值的比值，用来衡量公司的成长性，其影响着股价波动。

（7）公司规模（Size）。公司年末总资产的自然对数值，规模不同的公司，其所面临的外部环境是不一样的，大规模企业容易受到市场信息的影响，小规模企业主要受其公司层面信息的影响。

（8）公司信息透明度（ABACC）。已有研究表明，操纵性应计利润水平越高，公司信息透明度越低，未来股价发生崩盘风险越大。

首先，利用修正的琼斯模型（德沃等，1995）进行分年度分行业回归，见式（9-5）。然后，将式（9-5）估计出来的回归系数代入式（9-6），计算出操控性应计 DISACC，取其绝对值 ABACC。

$$\frac{TA_{i,t}}{ASSET_{i,t-1}} = a_0 \times \frac{1}{ASSET_{i,t-1}} + b_1 \times \frac{\Delta SALES_{i,t}}{ASSET_{i,t-1}} + b_2 \times \frac{PPE_{i,t}}{ASSET_{i,t-1}} + \varepsilon_{i,t}$$

$$(9-5)$$

$$DISACC_{i,t} = \frac{TA_{i,t}}{ASSET_{i,t-1}} - \left(\widehat{a}_0 \times \frac{1}{ASSET_{i,t-1}} + \widehat{b}_1 \times \right.$$

$$\left. \frac{\Delta SALES_{i,t} - \Delta RECEIVEABLES_{i,t}}{ASSET_{i,t-1}} + \widehat{b}_2 \times \frac{PPE_{i,t}}{ASSET_{i,t-1}} \right) \quad (9-6)$$

其中，TA 为总应计项目，等于净利润减去经营活动产生的净流量；ASSET 为公司期末总资产；$\Delta SALES$ 为营业收入变动值，$\Delta RECEIVEABLES$ 为应收账款增长额；PPE 为固定资产原值。

（9）高管平均年龄（Age）。上市公司当年高管年龄总和与高管人数比值。

（10）两职合一变量（DUAL）。董事长与 CEO 为同一人，DUAL = 1，否则，DUAL = 0，两职合一容易造成董事会监督能力下降，高管隐瞒坏消息的成本下降，加大股价崩盘风险。

（11）所有制类型（SOE）。企业为国有控股企业时取值为 1，否则为 0。

（12）行业变量（Industry）。行业虚拟变量，按照中国证监会 2012 年发布的行业分类报告进行划分。

（13）年度变量（Year）。年度虚拟变量，样本区间为 2009～2019 年，共 11 年，设置 10 个年度虚拟变量。

具体变量定义如表 9-1 所示。

表 9 - 1   变量定义表

变量	变量名称	变量符号	变量定义
被解释变量	负收益偏态系数	NCSKEW	取值越大，股价崩盘风险越大
	收益率涨跌波动比率	DUVOL	取值越大，股价崩盘风险越大
解释变量	CEO 性别	CEOSEX	CEO 为女性，CEOSEX 取 1，否则取 0
	CFO 性别	CFOSEX	CFO 为女性，CFOSEX 取 1，否则取 0
	女性高管比例	FEMALE	女高管人数/总高管人数
控制变量	月平均超额股票换手率	DTURN	第 t + 1 年股票 i 的月平均换手率与第 t 年月平均换手率的差
	股票平均周特定收益率	RET	根据式 (9 - 1)、式 (9 - 2) 计算得到
	股票周特定收益率标准差	SIGMA	根据式 (9 - 1)、式 (9 - 2) 计算得到
	总资产收益率	ROA	净利润/总资产
	资产负债率	LEV	总负债/总资产
	账面市值比	MB	账面总资产/股票总市值
	公司规模	Size	公司年末总资产的自然对数值
	公司信息透明度	ABACC	信息透明度越低，股价崩盘风险越高
	两职合一	DUAL	董事长与 CEO 两职合一，DUAL = 1，否则，DUAL = 0
	高管平均年龄	Age	高管年龄总和/高管总人数
	国有控股企业	SOE	企业为国有控股时取值为 1，否则为 0
	行业变量	Industry	行业虚拟变量
	年度变量	Year	年度虚拟变量

9.1.4 描述性统计分析

为初步了解企业和市场各项指标的情况，首先对全样本数据进行描述性统计分析，然后根据高管不同职位类型进行分样本分析。

为了更好地对虚拟变量和连续变量进行分析，本节将虚拟变量和连续变量分别进行描述性统计。其中，表 9 - 2 为虚拟变量的描述性统计，在 9 867 个观测值中，仅有 537 个观测值为女性 CEO，占总体的比例为 5.5700%，说明我国上市公司 CEO 由女性担任的公司占少数；有 2 741 个观测值为女性 CFO，占比 27.7800%，表明在选取的上市公司样本中，女性担任 CFO 比女性担任

CEO 更为常见；共有 1 648 个观测值为董事长与 CEO 兼任，占样本总量
16.7000%，相对较低；有 6 127 个观测值性质为国有企业，占所有观测值总
数的 62.1000%，说明在选取的样本中，国有企业占据较大比重。

表 9 – 2　　　　　　　　　　　虚拟变量描述性统计

变量符号	变量名称	观测值	观测值 = 1	占样本数（%）
CEOSEX	CEO 性别	9 867	537	5.5700%
CFOSEX	CFO 性别	9 867	2 741	27.7800%
DUAL	两职合一	9 867	1 648	16.7000%
SOE	国有控股企业	9 867	6 127	62.1000%

表 9 – 3 给出了连续变量的描述性统计，从表中可以看出，股票负收益偏
态系数（NCSKEW）和股票收益率涨跌波动比率（DUVOL）的平均值分别为
– 0.3398 和 – 0.2306，中位数分别为 – 0.2911 和 – 0.2262，它们的均值都位
于中位数的左侧，说明选取的样本公司市场收益率分布是左偏的；标准差分别
为 0.6861 和 0.4689，说明公司面临的股价崩盘风险具有较大差异。女性高管
比例（FEMAL）平均值为 0.1656，中位数为 0.1429，说明样本中女性高管人
数占比很低；标准差为 0.1113，进一步说明女性高管比例变动非常小；最小
值为 0，最大值为 0.500，说明有些公司甚至没有女性高管，公司女性高管最
多的仅为公司总高管人数的一半。公司规模（Size）平均值为 22.6208，最小
值和最大值分别为 22.4806 和 26.4490，标准差为 1.3443，说明公司规模差异
较大。资产负债率（LEV）平均值为 0.4849，标准差为 0.4962，说明大多数
样本的资产负债率属于正常状态；最小值为 0.0779，最大值为 0.8549，说明
公司之间的资产负债率差异很大，有些公司承担很大的偿债风险。总资产收益
率（ROA）是衡量企业的盈利能力，平均值为 0.0421，最小值为 – 0.0867，
最大值为 0.1948，说明公司盈利能力之间存在差异。账面市值比（MB）平均
值为 0.6453，最小值为 0，最大值为 1.1817，表明公司之间账面市值比差异较
大。月平均超额换手率（DTURN）用于捕捉投资者信念的异质性，标准差为
0.0290，说明平均超额换手率差异不大。公司信息透明度（ABACC）平均值
为 0.0701，最小值为 0.0010，最大值为 0.4269，说明公司透明度偏低，差异
较大。高管平均年龄（Age）平均值为 50.1270，最小值为 33.5000，最大值为

63.2000，说明上市公司高管平均年龄差距较大。

表 9 - 3　　　　　　　　连续变量的描述性统计

变量符号	变量名称	样本数	平均值	中位数	标准差	最小值	最大值
NCSKEW	负收益偏态系数	9 867	- 0.3398	- 0.2911	0.6861	- 2.3683	1.4505
DUVOL	收益率涨跌波动比率	9 867	- 0.2306	- 0.2262	0.4689	- 1.3738	0.9320
FEMALE	女性高管比率	9 867	0.1656	0.1429	0.1113	0.0000	0.5000
Size	公司规模	9 867	22.6208	22.4806	1.3443	22.4806	26.4490
LEV	资产负债率	9 867	0.4849	0.4962	0.1900	0.0779	0.8549
ROA	总资产收益率	9 867	0.0421	0.0338	0.0444	- 0.0867	0.1948
MB	账面市值比	9 867	0.6453	0.6483	0.2639	0.0000	1.1817
DTURN	月平均超额换手率	9 867	- 0.0041	- 0.0032	0.0290	- 0.0880	0.0781
ABACC	公司信息透明度	9 867	0.0701	0.0473	0.0736	0.0010	0.4269
SIGMA	股票周特定收益率标准差	9 867	0.0435	0.0410	0.0169	0.0152	0.1007
RET	股票平均周特定收益率	9 867	- 0.1077	- 0.0827	0.0897	- 0.5072	- 0.0114
Age	高管平均年龄	9 867	50.1270	50.1333	3.1005	33.5000	63.2000

表 9 - 4 为不同性别高管所在公司股价崩盘风险的描述性统计。其中，PANEL A 中女性 CEO 的 NCSKEW 和 DUVOL 均值均比男性 CEO 的均值大，但均不显著，说明女性 CEO 所在公司的股价崩盘风险并不显著为负。观察 PANEL B 可以发现，女性 CFO 的 NCSKEW 和 DUVOL 均值均小于男性 CFO 的两个股价崩盘风险的度量指标，且均通过了 1% 的显著性水平，说明女性 CFO 存在的公司相比男性 CFO 所在的公司股价崩盘风险更低。

表 9 - 4　　　不同性别高管所在公司的股价崩盘风险描述性统计

PANEL A 不同 CEO 性别股价崩盘风险描述性统计

变量	分组指标	样本数	平均值	平均值之差
NCSKEW	CEOSEX = 1	537	- 0.3150	- 0.0260
	CEOSEX = 0	9 330	- 0.3410	
DUVOL	CEOSEX - 1	537	- 0.2050	- 0.0270
	CEOSEX = 0	9 330	- 0.2320	

PANEL B 不同 CFO 性别股价崩盘风险描述性统计				
变量	分组指标	样本数	平均值	平均值之差
NCSKEW	CFOSEX = 1	2 741	− 0.3720	− 0.0440 ***
	CFOSEX = 0	7 126	− 0.3280	
DUVOL	CFOSEX = 1	2 741	− 0.2520	− 0.0310 ***
	CFOSEX = 0	7 126	− 0.2220	

注：***、**、* 分别表示在 1%、5%、10% 的水平上显著。

9.1.5 相关性分析

本章对所有变量进行 person 相关系数分析，结果见表 9 - 5，从中可以看出负收益偏态系数（NCSKEW）和收益率涨跌波动比率（DUVOL）在 1% 水平上显著为正，相关系数为 0.8762，说明样本选取的度量指标具有较好的一致性。尽管两者相关系数很高，但它们作为被解释变量的衡量指标在不同模型中进行回归，彼此之间不会产生影响。其余变量之间的相关性都很低，由此说明，选取的变量之间不存在严重多重共线性问题，也表明了自变量、因变量以及控制变量可以在后文进行相应的回归分析。女性高管比例（FEMALE）与股价崩盘风险（NCSKEW 和 DUVOL）均呈现负相关，女性高管比例（FEMALE）与收益率涨跌波动比率（DUVOL）在 10% 的置信水平上显著负相关。CEO 性别（CEOSEX）与股价崩盘风险（NCSKEW 和 DUVOL）呈不显著正相关。CFO 性别（CFOSEX）与股价崩盘风险（NCSKEW 和 DUVOL）在 1% 的置信水平上显著负相关。从控制变量来看，公司规模（Size）与 DUVOL 显著负相关；资产负债率（LEV）、账面市值比（MB）、股票周特定收益率标准差（SIGMA）、国有控股企业（SOE）与股价崩盘风险（NCSKEW 和 DUVOL）均显著负相关；月平均超额换手率（DTURN）与 DUVOL 显著正相关；总资产收益率（ROA）、股票平均周特定收益率（RET）与股价崩盘风险（NCSKEW 和 DUVOL）均显著正相关；两职合一（DUAL）、高管平均年龄（Age）、公司信息透明度（ABACC）则与股价崩盘风险没有显著相关关系。

表 9 - 5

相关性分析

变量	SOE	RET	SIGMA	ABACC	DTURN	MB	ROA	LEV	Size	Age	DUAL	CFOSEX	CEOSEX	FEMALE	DUVOL	NCSKEW
NCSKEW	-0.0259 **	0.1592 ***	-0.1414 ***	0.0091	0.0111	-0.0396 ***	0.0654 ***	-0.0315 ***	-0.0135	0.0066	0.0039	-0.0291 ***	0.0090	-0.0124	0.8762 ***	1
DUVOL	-0.0173 *	0.1547 ***	-0.1419 ***	-0.0008	0.0305 **	-0.0205 **	0.0481 ***	-0.0347 ***	-0.0217 **	0.0096	0.0051	-0.0291 ***	0.0130	-0.0195 *	1	
FEMALE	-0.1502 ***	-0.0130	0.0074	0.0300 ***	-0.0049	-0.0625 ***	0.0312 ***	-0.0941 ***	-0.1118 ***	-0.1338 ***	0.0787 ***	0.2174 ***	0.1740 ***	1		
CEOSEX	-0.0385 ***	-0.0009	0.0020	0.0484 ***	-0.0063	-0.0411 ***	0.0206 **	-0.0058	-0.0408 ***	-0.0723 ***	0.0147	0.0317 ***	1			
CFOSEX	-0.0800 ***	-0.0156	0.0093	0.0172 *	0.0083	-0.0281 ***	-0.0010	-0.0636 ***	-0.0648 ***	-0.1092 ***	0.0341 ***	1				
DUAL	-0.1940 ***	-0.0337 ***	0.0394 ***	0.0288 ***	0.0150	-0.0921 ***	0.0344 ***	-0.0770 ***	-0.0943 ***	-0.0827 ***	1					
Age	0.2498 ***	0.1150 ***	-0.1392 ***	-0.1068 ***	0.0754 ***	0.1780 ***	-0.0214 **	0.0461 ***	0.3410 ***	1						
Size	0.1915 ***	0.2269 ***	-0.2740 ***	-0.0776 ***	0.0784 ***	0.6118 ***	-0.0566 ***	0.4595 ***	1							
LEV	0.1284 ***	0.0255 **	-0.0285 **	0.0270 *	0.0146	0.4418 ***	-0.4041 ***	1								
ROA	-0.1141 ***	0.0550 ***	-0.0405 ***	0.1041 ***	-0.0546 ***	-0.3167 ***	1									
MB	0.1849 ***	0.3606 ***	-0.4099 ***	-0.0892 **	0.1885 ***	1										
DTURN	-0.0061	0.3445 ***	-0.3498 ***	-0.0781 ***	1											
ABACC	-0.0486	-0.0712	0.0849 ***	1												
SIGMA	-0.1006 ***	-0.9704 ***	1													
RET	0.0870 ***	1														
SOE	1															

注: ***、 **、 * 分别表示在 1%、 5%、 10%的水平上显著。

9.1.6 平稳性检验

为了避免回归结果出现伪回归现象，本章在进行实证检验之前，先对样本数据进行单位根检验以确定数据的平稳性。本章选取的样本公司数量为 897 家，回归区间为 11 年，考虑到可靠性及准确性，我们采用 HT 检验，单位根检验结果见表 9 - 6，检验结果显示所有变量均在 1% 的显著性水平上通过了单位根检验，因此面板数据是平稳的。

表 9 - 6   单位根检验结果

变量	Z 值检验	P 值	是否平稳
NCSKEW	- 98. 5827	0. 0000	平稳
DUVOL	- 99. 0381	0. 0000	平稳
FEMALE	- 22. 4657	0. 0000	平稳
Age	- 9. 8992	0. 0000	平稳
Size	- 13. 9941	0. 0000	平稳
LEV	- 11. 1555	0. 0000	平稳
ROA	- 43. 8114	0. 0000	平稳
MB	- 44. 1440	0. 0000	平稳
DTURN	- 17. 2002	0. 0000	平稳
ABACC	- 88. 8065	0. 0000	平稳
RET	- 88. 2195	0. 0000	平稳
SIGMA	- 78. 7831	0. 0000	平稳
SOE	- 20. 7257	0. 0000	平稳
DUAL	- 39. 5560	0. 0000	平稳

9.2 均值回归分析

为了研究女性高管比例、CEO 性别、CFO 性别对股价崩盘风险的均值影响，验证假设 8 - 1、假设 8 - 2、假设 8 - 4、假设 8 - 5，本节构建如下均值回归模型：

$$CRASHRISK_{i,t} = \alpha_0 + \beta_1 \times FEMALE_{i,t} + \beta_2 \times ControlVariables_{i,t} + \delta_i + \varepsilon_{i,t}$$

$$(9-7)$$

$$CRASHRISK_{i,t} = \alpha_0 + \beta_1 \times FEMALE2_{i,t} + \beta_2 \times ControlVariables_{i,t} + \delta_i + \varepsilon_{i,t}$$

$$(9-8)$$

$$CRASHRISK_{i,t} = \alpha_0 + \beta_1 \times CFOSEX_{i,t} + \beta_2 \times ControlVariables_{i,t} + \delta_i + \varepsilon_{i,t}$$

$$(9-9)$$

$$CRASHRISK_{i,t} = \alpha_0 + \beta_1 \times CEOSEX_{i,t} + \beta_2 \times ControlVariables_{i,t} + \delta_i + \varepsilon_{i,t}$$

$$(9-10)$$

$$CRASHRISK_{i,t} = \alpha_0 + \beta_1 \times CEOCFO_{i,t} + \beta_2 \times ControlVariables_{i,t} + \delta_i + \varepsilon_{i,t}$$

$$(9-11)$$

$CRASHRISK_{i,t}$ 代表股价崩盘风险；$FEMALE_{i,t}$ 代表公司高管团队中女性高管人数占总高管人数的比值；$FEMALE2_{i,t}$ 代表 $FEMALE_{i,t}$ 的平方项；$CEOSEX_{i,t}$ 表示 CEO 性别；$CFOSEX_{i,t}$ 表示 CFO 性别；$CEOCFO_{i,t}$ 代表 CFO 和 CEO 性别的交互项；$ControlVariables_{i,t}$ 表示所有控制变量的总称。

9.2.1 女性高管的直接影响

表 9 - 7 的列（1）和列（2）检验了女性高管比例（FEMALE）对股价崩盘风险（NCSKEW、DUVOL）的平均影响。从回归结果可以看出，女性高管比例（FEMALE）对股价崩盘风险（NCSKEW、DUVOL）的影响分别在 5% 和 1% 的置信水平上显著为负，表明女性高管比例的提高可以显著降低股价崩盘风险。这可能是因为相比男性高管，女性高管更能降低企业的信息不对称程度和提高规避风险的水平，从而缓和股价的剧烈波动。因此，女性高管比例的提高，更有助于降低股价崩盘风险，验证了假设 8 - 1。

从控制变量的回归结果来看，公司规模（Size）对收益率涨跌波动比率（DUVOL）的影响在 5% 的置信水平上显著为负，规模较小企业容易受到企业层面特质信息的影响，投资者在获取相关信息后更倾向于抛售股票，故公司规模越小，其股价未来崩盘风险越高；负债水平（LEV）对股价崩盘风险

（NESKEW、DUVOL）的影响显著为正，负债水平体现了公司所面临的潜在风险，负债水平越高，外部投资者对公司印象往往越差，为了维护公司外部声誉，上市公司通常会对外财务报表进行粉饰，由此降低会计信息披露的质量，负面消息在公司内部的囤积增加，则易引发股价崩盘；账面市值比（MB）对股价崩盘风险（NESKEW、DUVOL）的影响显著为负，账面市值比衡量公司的成长性，不同公司处于相同的信息环境下，因成长性不同，面临的不确定性也存在差异，一般账面市值比越高的公司，不确定性较低，其股价崩盘风险可能就越低；股票平均周特定收益率（RET）在所有模型中均在1%的置信水平上对股价崩盘风险（NCSKEW、DUVOL）呈显著正影响，说明股票在前期累计的收益率越高，其股价更容易发生崩盘；当年公司股票月平均超额换手率（DTURN）对收益率涨跌波动比率（DUVOL）的影响在10%的置信水平上显著为正，月平均超额换手率用于捕捉投资者信念的异质性，对于一只股票，如果投资者对它投资的信念差异越大，股价未来越可能发生崩盘；公司当年股票周特定收益率的标准差（SIGMA）对股票负收益偏态系数（NCSKEW）的影响在5%的置信水平上显著为正，股票周特定收益率标准差反映了股价波动幅度，股票的周收益率波动越大，其股价暴跌风险越大；国有控股企业（SOE）对股票负收益偏态系数（NCSKEW）的影响在10%的置信水平上显著为负，表明国有企业的股价崩盘风险更低；其余控制变量对股价崩盘风险没有显著影响。

表9-7　　　　　　　　　　女性高管比例对股价崩盘风险的影响

变量	FEMALE		FEMALE^2	
	（1）	（2）	（3）	（4）
	NCSKEW	DUVOL	NCSKEW	DUVOL
FEMALE	- 0. 1329 ** (- 2. 10)	- 0. 1344 *** (- 3. 14)	0. 4176 ** (- 2. 13)	0. 2657 * (1. 87)
FEMALE^2			- 1. 2758 *** (- 2. 93)	- 0. 9271 *** (- 2. 92)
DUAL	- 0. 0119 (- 0. 65)	- 0. 0084 (- 0. 66)	- 0. 0117 (- 0. 64)	- 0. 0082 (- 0. 65)

续表

变量	FEMALE		FEMALE^2	
	(1)	(2)	(3)	(4)
	NCSKEW	DUVOL	NCSKEW	DUVOL
Age	−0.0026 (−1.02)	−0.0009 (−0.52)	−0.0025 (−0.99)	−0.0008 (−0.49)
Size	−0.0018 (−0.21)	−0.0150*** (−2.94)	−0.0010 (−0.12)	−0.0144** (−2.53)
LEV	0.1068** (2.11)	0.0607* (1.85)	0.1030** (2.13)	0.0579* (1.82)
ROA	0.1949 (1.02)	0.0943 (0.71)	0.1958 (1.02)	0.0949 (0.71)
MB	−0.2618*** (−5.87)	−0.1013*** (−3.34)	−0.2623*** (−5.89)	−0.1017*** (−3.36)
DTURN	0.3323 (0.99)	0.3943* (1.78)	0.3349 (0.99)	0.3962* (1.78)
ABACC	0.0785 (−0.83)	0.031 (−0.47)	0.0737 (0.78)	0.0275 (0.42)
SIGMA	3.9402** (2.08)	1.7717 (1.40)	3.9427** (2.10)	1.7735 (1.40)
RET	2.7884*** (7.93)	1.5912*** (6.94)	2.7857*** (7.93)	1.5892*** (6.94)
SOE	−0.0276* (−1.82)	−0.0085 (−0.81)	−0.0277* (−1.85)	−0.0086 (−0.81)
CONS	−0.1421 (−0.67)	0.1436 (−0.98)	−0.2062 (−0.97)	0.0971 (0.66)
Industry	控制	控制	控制	控制
Year	控制	控制	控制	控制
N	9 867	9 867	9 867	9 867
R^2	0.1084	0.1016	0.1091	0.1024

注: ***、**、* 分别表示在1%、5%、10%的水平上显著；括号内为 t 统计量。

9.2.2 女性高管的非线性影响

为了检验女性高管比例对股价崩盘风险是否存在非线性影响，本节在模型中加入了女性高管比例的平方项（FEMALE^2），估计结果见表 9 - 7 的列 （3） 和列 （4）。从回归结果看，女性高管比例的平方项（FEMALE^2）对股价崩盘风险（NCSKEW、DUVOL）的影响均在 1% 的置信水平上显著为负，这表明女性高管比例（FEMALE）与股价崩盘风险（NCSKEW、DUVOL）存在非线性关系，且两者之间呈倒 "U" 型关系，表明只有当女性高管比例超过某一个值时，女性高管比例的提高才可以显著降低股价崩盘风险。女性高管相对男性高管更加谨慎且风险规避程度更强，当女性高管比例较少时，女性高管可能没法发挥女性的这一特性；当女性高管数量增多时，则有利于发挥女性高管的作用，降低股价崩盘风险。回归结果初步验证了假设 8 - 2，即女性高管比例对股价崩盘风险存在非线性影响。

9.2.3 女性高管职位类型的异质性影响

本节区分女性高管的职位类型，研究不同职位类型女性高管对股价崩盘风险的差异性影响，回归结果见表 9 - 8。从模型 （1） 和模型 （2） 可知，女性CEO（CEOSEX）没有通过显著性检验，表明女性 CEO 的存在并不能显著降低股价崩盘风险，假设 8 - 4 得以验证。女性 CEO 不能显著降低股价崩盘风险的原因可能主要有两个：一是相比 CFO，经营业绩对于 CEO 来说更重要，可能直接决定其晋升，一般来说 CEO 会把提高业绩看得尤为重要。而业绩的提高除了通过正常的管理经营活动实现外，CEO 可能会采用比较激进的会计政策甚至对企业进行财务舞弊以获得自身利益，这一做法可能会加剧股价崩盘的风险。二是女性从普通员工到 CEO 的整个过程当中，需要努力弥补性别差异带来的性格短板，女性 CEO 为了使自己经营业绩表现得更好以获取个人经济利益和社会的认可，将致使其做出与男性 CEO 风格相同的决策行为，这样在对股价崩盘风险的影响上将不能显著区别于男性 CEO。因此，女性作为 CEO 可能并不利于股价崩盘风险的降低，反而容易致使股价崩盘行为的发生。模型（3）和模型（4）是检验 CFO 性别（CFOSEX）对股价崩盘风险（NCSKEW、DUVOL）的影响，研究结果表明，CFO 性别（CFOSEX）对股价崩盘风险（NCSKEW、DUVOL）的影响均在 1% 置信水平上显著为负，说明女性 CFO 相比男性 CFO 更能在一定程度上降低股价崩盘风险，假设 8 - 5 得以验证。

表 9 - 8　　　　　　　　　不同女性高管类型均值回归分析结果

变量	CEO		CFO		CEOCFO	
	(1)	(2)	(3)	(4)	(5)	(6)
	NCSKEW	DUVOL	NCSKEW	DUVOL	NCSKEW	DUVOL
CEOCFO					-0.1716 *** (-2.95)	-0.0791 ** (-2.16)
CEOSEX	-0.0141 (-0.47)	0.0022 (0.11)			0.0298 (1.20)	0.0447 (1.27)
CFOSEX			-0.0451 *** (-2.97)	-0.0346 *** (-3.35)	-0.0346 ** (-2.22)	-0.0298 *** (-2.91)
DUAL	-0.0135 (-0.74)	-0.0100 (-0.79)	-0.0131 (-0.71)	-0.0097 (-0.76)	-0.0122 (-0.66)	-0.0093 (-0.73)
Age	-0.0022 (-0.89)	-0.0005 (-0.28)	-0.0028 (-1.10)	-0.0010 (-0.55)	-0.0030 (-1.20)	-0.0010 (-0.59)
Size	-0.0012 (-0.14)	-0.0144 *** (-2.94)	-0.0018 (-0.21)	-0.0149 *** (-2.85)	-0.0019 (-0.23)	-0.0149 *** (-2.93)
LEV	0.1108 ** (2.19)	0.0643 * (1.85)	0.1059 ** (2.19)	0.0609 * (1.85)	0.1062 ** (2.13)	0.0607 * (1.75)
ROA	0.1967 (1.02)	0.0950 (0.71)	0.1902 (0.99)	0.0909 (0.68)	0.1771 (0.92)	0.0843 (0.63)
MB	-0.2623 *** (-5.88)	-0.1013 *** (-3.34)	-0.2592 *** (-5.82)	-0.0994 *** (-3.28)	-0.2607 *** (-5.85)	-0.0997 *** (-3.29)
DTURN	0.3385 (1.00)	0.4033 * (1.82)	0.3350 (0.99)	0.3984 * (1.79)	0.3225 (0.96)	0.3942 * (1.78)
ABACC	0.0780 (0.82)	0.0289 (0.44)	0.0818 (0.86)	0.0331 (0.51)	0.0808 (0.85)	0.0317 (0.48)

续表

变量	CEO		CFO		CEOCFO	
	(1)	(2)	(3)	(4)	(5)	(6)
	NCSKEW	DUVOL	NCSKEW	DUVOL	NCSKEW	DUVOL
SIGMA	4.0423 **	1.8805	3.9317 **	1.7913	3.8355 **	1.7498
	(2.14)	(1.49)	(2.18)	(1.42)	(2.13)	(1.39)
RET	2.8059 ***	1.6087 ***	2.7849 ***	1.5928 ***	2.7702 ***	1.7859 ***
	(7.98)	(7.02)	(7.92)	(6.95)	(7.88)	(6.92)
SOE	− 0.0246	− 0.0054	− 0.0266 *	− 0.0070	− 0.0257 *	− 0.0066
	(− 1.61)	(− 0.51)	(− 1.84)	(− 0.67)	(− 1.78)	(− 0.63)
CONS	− 0.2000	0.0782	− 0.1522	0.1203	− 0.1277	0.1279
	(− 0.96)	(0.54)	(− 0.73)	(0.83)	(− 0.61)	(0.88)
Industry	控制	控制	控制	控制	控制	控制
Year	控制	控制	控制	控制	控制	控制
N	9 867	9 867	9 867	9 867	9 867	9 867
R^2	0.1080	0.1007	0.1088	0.1017	0.1095	0.1020

注：***、**、*分别表示在1%、5%、10%的水平上显著；括号内为 t 统计量。

为了进一步分析，我们在模型（5）和模型（6）中引入 CEO 与 CFO 的交互项（CEOCFO）。从回归结果来看，CEO 与 CFO 同时为女性时（CEOCFO）对股价崩盘风险（NCSKEW、DUVOL）的影响在1%置信水平上均显著为负。当 CEO 与 CFO 同为女性时比仅有 CFO 为女性而 CEO 为男性时，对股价崩盘风险的影响分别降低 − 0.1418 和 − 0.0344，这大约为只有 CFO 为女性时对股价崩盘风险的影响的4.098倍（0.1418/0.0346）和1.154倍（0.0344/0.0298），表明了虽然女性 CEO 对股价崩盘风险没有产生直接的抑制作用，但当 CEO 和 CFO 同为女性时对股价崩盘风险抑制作用比仅有 CFO 为女性时更显著，这可能是因为女性高管越多对股价崩盘风险的抑制作用就更加明显，或者说当 CEO 为女性时，更有利于女性 CFO 作用的发挥，控制变量的结果与前面基本一致。

9.2.4　不同所有权性质的异质性影响

虽然我国市场化改革已取得很大的进步，但国有企业所具有的影响力还比较明显。长期以来，我国地方政府政绩考核的主要指标是经济增长，地方政府通常会干预上市公司经营和公司治理以促进经济发展，最明显的就是地方政府通过任命管理人员对国有企业进行干预，这导致了国企和非国企的内部制度环境存在显著的差异。因此，本节进一步探讨女性高管在不同所有权性质企业中发挥的作用是否存在差异。

表 9 - 9 为不同所有权性质下女性 CFO 对股价崩盘风险的影响。在国有企业样本中，模型（1）和模型（2）的结果表明女性 CFO（CFOSEX）对股价崩盘风险（NCSKEW、DUVOL）的影响分别在 5% 和 1% 的置信水平上显著为负，而在非国有企业样本中，模型（3）和模型（4）的结果表明女性 CFO（CFOSEX）对股价崩盘风险（NCSKEW、DUVOL）为负影响，但没有通过显著性检验。因此，相比非国有企业，女性 CFO 在国有企业中能更能发挥作用，降低股价崩盘风险。

表 9 - 9　　　不同所有权性质下 CFO 性别对股价崩盘风险的影响

变量	国有企业		非国有企业	
	（1）	（2）	（3）	（4）
	NCSKEW	DUVOL	NCSKEW	DUVOL
CFOSEX	- 0.0461 ** (- 2.33)	- 0.0372 *** (- 2.94)	- 0.0256 (- 1.05)	- 0.0201 (- 1.22)
Age	- 0.0044 (- 1.26)	- 0.0023 (- 0.92)	- 0.0014 (- 0.38)	0.0002 (0.06)
Size	- 0.0158 (- 1.53)	- 0.0223 *** (- 3.13)	0.0264 * (1.88)	- 0.0004 (- 0.04)
LEV	0.1410 ** (2.22)	0.0667 (1.51)	0.0487 (0.56)	0.0551 (0.94)
ROA	0.3438 (1.3)	0.0935 (0.51)	0.0970 (0.33)	0.1440 (0.72)
MB	- 0.3160 *** (- 5.47)	- 0.1242 *** (- 3.15)	- 0.2079 *** (- 2.85)	- 0.0854 * (- 1.83)
DTURN	- 0.7535 (- 1.63)	- 0.2484 (- 0.82)	1.6822 *** (3.42)	1.1995 *** (3.69)

续表

变量	国有企业		非国有企业	
	(1)	(2)	(3)	(4)
	NCSKEW	DUVOL	NCSKEW	DUVOL
ABACC	- 0. 0368 (- 0. 3)	- 0. 0055 (- 0. 06)	0. 1535 (1. 03)	0. 0269 (0. 26)
RET	2. 8200 *** (5. 81)	1. 6076 *** (5. 00)	2. 9543 *** (5. 88)	1. 5833 *** (4. 88)
SIGMA	0. 4256 (0. 17)	- 0. 1696 (- 0. 10)	10. 2886 *** (2. 89)	4. 6740 ** (2. 39)
DUAL	- 0. 0101 (- 0. 39)	- 0. 0147 (- 0. 8)	- 0. 0094 (- 0. 52)	0. 0094 (- 0. 52)
CONS	0. 3043 (1. 21)	0. 3411 * (1. 85)	- 1. 0452 *** (- 2. 84)	- 0. 3228 (- 1. 28)
Industry	控制	控制	控制	控制
Year	控制	控制	控制	控制
N	6 062	6 062	3 805	3 805
R^2	0. 1357	0. 126	0. 1007	0. 0939

注：*** 、** 、* 分别表示在 1% 、5% 、10% 的水平上显著；括号内为 t 统计量。

表 9 - 10 为不同所有权性质下女性高管比例对股价崩盘风险的影响。在国有企业样本中，模型（1）和模型（2）表明了女性高管比例（FEMALE）对 NCSKEW 和 DUVOL 的影响均在 5% 置信水平上显著为负，系数分别为 - 0. 1247 和 - 0. 1346；在非国有企业中，模型（3）和模型（4）表明了女性高管比例（FEMALE）对 NCSKEW 和 DUVOL 的影响均在 10% 的置信水平上显著为负，系数分别为 - 0. 0988 和 - 0. 1182，均小于国有企业样本中的系数，说明相比非国有企业，女性高管比例（FEMALE）在国有企业中降低股价崩盘风险的作用更大，由此验证了假设 8 - 6。当企业实际控制人为政府或者国有企业时，高管隐藏坏消息的动机较弱，同时受到政府、第三方审计机构、媒体等外部主体的关注和监管，管理者信息披露的空间和能力更强、风险规避程度更高，由此股价崩盘风险更低。

表 9 - 10　　　　不同所有权性质下女性高管比例对股价崩盘风险的影响

变量	国有企业		非国有企业	
	(1)	(2)	(3)	(4)
	NCSKEW	DUVOL	NCSKEW	DUVOL
FEMALE	- 0. 1247 ** (- 2. 23)	- 0. 1346 ** (- 2. 33)	- 0. 0988 * (- 1. 77)	- 0. 1182 * (- 1. 87)
Age	- 0. 0039 (- 1. 12)	- 0. 0019 (- 0. 78)	- 0. 0016 (- 0. 43)	- 0. 0002 (- 0. 07)
Size	- 0. 0165 (- 1. 61)	- 0. 0230 *** (- 3. 22)	0. 0269 * (1. 82)	- 0. 0003 (- 0. 03)
LEV	0. 1436 ** (2. 26)	0. 0685 (1. 55)	0. 0459 (0. 53)	0. 0510 (0. 87)
ROA	0. 3432 (1. 30)	0. 0904 (0. 49)	0. 1058 (0. 36)	0. 1541 (0. 78)
MB	- 0. 3217 *** (- 5. 57)	- 0. 1294 *** (- 3. 28)	- 0. 2053 *** (- 2. 82)	- 0. 0824 * (- 1. 85)
DTURN	- 0. 7568 (- 1. 64)	- 0. 2515 (- 0. 83)	1. 6754 *** (3. 40)	1. 1886 *** (3. 65)
ABACC	- 0. 0388 (- 0. 31)	- 0. 0066 (- 0. 08)	0. 1519 (1. 02)	0. 0263 (0. 26)
RET	2. 8050 *** (5. 78)	1. 5915 *** (4. 96)	2. 9625 *** (5. 90)	1. 5852 *** (4. 88)
SIGMA	0. 3394 (0. 14)	- 0. 2661 (- 0. 16)	10. 3298 *** (3. 48)	4. 6795 ** (2. 39)
DUAL	- 0. 0081 (- 0. 32)	- 0. 0129 (- 0. 70)	- 0. 0210 (- 0. 79)	- 0. 0083 (- 0. 46)
CONS	0. 3149 (1. 25)	0. 3612 ** (2. 10)	- 1. 0313 *** (- 2. 88)	- 0. 2866 (- 1. 13)
Industry	控制	控制	控制	控制
Year	控制	控制	控制	控制
N	6 062	6 062	3 805	3 805
R^2	0. 1352	0. 1257	0. 1007	0. 0944

注: *** 、 ** 、 * 分别表示在1%、5%、10%的水平上显著;括号内为 t 统计量。

9.2.5　均值回归的稳健性检验

为了增强上述研究结论的稳定性，本节对均值回归模型进行稳健性检验。

（1）将自变量和控制变量滞后一期。结果如表 9 - 11 所示，模型（1）和模型（2）表明 CFO 性别（CFOSEX）对股价崩盘风险（NCSKEW、DUVOL）的影响分别在 1% 和 5% 的置信水平上显著为负，系数分别为 - 0.4438 和 - 0.0263，说明女性 CFO 可以显著降低股价崩盘风险，这与前面结果一致，证明了结果的稳健性。模型（3）和模型（4）结果表明，女性高管比例（FEMALE）对股价崩盘风险（NCSKEW、DUVOL）的影响均在 5% 的置信水平上显著为负，系数分别为 - 0.0994 和 - 0.0925，说明女性高管比例的提高可以显著降低股价崩盘风险的影响，与前面研究结果一致，说明本研究结果通过了稳健性检验。

表 9 - 11　　　　　　自变量和控制变量滞后一期后的稳健性检验

变量	$CFOSEX_t$		$FEMALE_t$	
	（1）	（2）	（3）	（4）
	$NCSKEW_t$	$DUVOL_t$	$NCSKEW_t$	$DUVOL_t$
$CFOSEX_{t-1}$	- 0.4438 *** (- 2.97)	- 0.0263 ** (- 2.40)		
$FEMALE_{t-1}$			- 0.0994 ** (- 2.38)	- 0.0925 ** (- 2.11)
AGE_{t-1}	- 0.0020 (- 0.72)	- 0.0004 (- 0.21)	- 0.0016 (- 0.60)	- 0.0003 (- 0.17)
$Size_{t-1}$	0.0016 (0.18)	- 0.0067 (- 1.07)	0.0018 (0.20)	- 0.0067 (- 1.08)
LEV_{t-1}	0.0571 (1.04)	0.0259 (0.68)	0.0588 (1.07)	0.0260 (0.68)
ROA_{t-1}	0.5315 ** (2.48)	0.2361 ** (2.15)	0.5375 ** (2.51)	0.2397 * (1.85)
MB_{t-1}	- 0.1086 ** (- 2.33)	- 0.0600 * (- 1.90)	- 0.1109 ** (- 2.38)	- 0.0614 * (- 1.95)

变量	CFOSEX$_t$		FEMALE$_t$	
	（1）	（2）	（3）	（4）
	NCSKEW$_t$	DUVOL$_t$	NCSKEW$_t$	DUVOL$_t$
DTURN$_{t-1}$	0.7360 ** （2.12）	0.7383 *** （3.02）	0.7322 ** （2.11）	0.7342 *** （3.00）
ABACC$_{t-1}$	0.0190 （0.18）	−0.0254 （−0.36）	−0.0153 （0.15）	−0.0271 （−0.38）
RET$_{t-1}$	0.1923 （0.53）	−1.034 （−0.43）	0.1990 （0.54）	−0.1041 （−0.43）
SIGMA$_{t-1}$	−0.3181 −0.16	−1.1090 −0.85	−0.2881 −0.15	−1.1178 −0.85
SOE$_{t-1}$	−0.0230 （−1.41）	−0.0035 （−0.31）	−0.0235 （−1.43）	−0.0046 （−0.40）
DUAL$_{t-1}$	−0.0141 （−0.71）	−0.0189 （−1.38）	−0.0131 （−0.66）	−0.0178 （−1.30）
CONS	−0.4409 * （−1.90）	−0.1351 （−0.83）	−0.4481 * （−1.92）	−0.1231 （−0.75）
Industry	控制	控制	控制	控制
Year	控制	控制	控制	控制
N	9 867	9 867	9 867	9 867
R^2	0.0634	0.0681	0.0628	0.0680

注: *** 、 ** 、 *分别表示在1%、5%、10%的水平上显著；括号内为t统计量。

（2）控制公司其他治理因素。为了克服本章在主回归模型中可能因遗漏其他变量而出现的内生性问题，根据现有研究，我们在原有控制变量的基础上进一步控制了公司治理的相关因素。曹丰等（2015）研究发现，当第一大股东持股比例越高时，其越有能力监督管理者，从而降低公司未来股价崩盘风险，所以本节增加第一大股东持股（TOPHOLD）作为控制变量。国内著名学者姚海鑫等（2011）在研究中指出，公司董事会规模越大，其越容易受到内部人控制，降低董事会沟通和协调的效率，增大财务舞弊的可能性，而财务信息舞弊会导致内外部人的信息不对称，加大股价崩盘风险。由此，我们控制了董事会规模（BOARDSIZE）进行稳健性检验。

表9-12为增加董事会规模（BOARDSIZE）和第一大股东持股（TOPHOLD）变量后对CFOSEX和FEMALE进行的稳健性检验，从模型（1）和模型（2）的结果可以看出，女性CFO（CFOSEX）对股价崩盘风险（NCSKEW、DUVOL）的影响均在1%的置信水平上显著为负，系数分别为-0.0455和-0.0346，表明女性CFO（CFOSEX）可以降低股价崩盘风险，与前面结果一致。模型（3）和模型（4）表明女性高管比例（FEMALE）对股价崩盘风险（NCSKEW、DUVOL）的影响分别在5%和1%的置信水平上显著为负，表明女性高管比例越高，股价崩盘风险越大，与前面结果一致。

表9-12　控制公司其他治理变量后的稳健性检验

变量	CFOSEX		FEMALE	
	（1）	（2）	（3）	（4）
	NCSKEW	DUVOL	NCSKEW	DUVOL
CFOSEX	-0.0455 *** (-2.98)	-0.0346 *** (-3.34)		
FEMALE			-0.1415 ** (-2.23)	-0.1395 *** (-3.25)
Age	-0.0028 (-1.12)	-0.0011 (-0.60)	-0.0027 (-1.05)	-0.0010 (-0.58)
Size	-0.0039 (-0.47)	-0.0166 *** (-2.87)	-0.0039 (-0.46)	-0.0166 *** (-2.88)
LEV	0.1248 ** (2.46)	0.0705 ** (2.02)	0.1253 ** (2.47)	0.0700 ** (2.01)
ROA	0.2312 (1.19)	0.0995 (0.74)	0.2358 (1.22)	0.1027 (0.76)
MB	-0.2776 *** (-6.22)	-0.1087 *** (-3.58)	-0.2801 *** (-6.27)	-0.1106 *** (-3.65)
DTURN	0.3139 (0.99)	0.3773 * (1.79)	0.3125 (0.98)	0.3746 * (1.88)
ABACC	0.0848 (0.89)	0.0346 (0.53)	0.0814 (0.86)	0.0323 (0.49)

续表

变量	CFOSEX		FEMALE	
	（1）	（2）	（3）	（4）
	NCSKEW	DUVOL	NCSKEW	DUVOL
RET	0.7581 *** （3.60）	0.5275 *** （3.96）	0.7711 *** （3.67）	0.5363 *** （4.04）
SIGMA	－6.3826 *** （－4.90）	－3.5984 *** （－4.30）	－6.3209 *** （－4.86）	－3.5616 *** （－4.26）
SOE	－0.0257 （－1.63）	－0.0089 （－0.82）	－0.0268 * （－1.85）	－0.0104 （－0.97）
DUAL	－0.0122 （－0.66）	－0.0090 （－0.70）	－0.0110 （－0.60）	－0.0077 （－0.61）
BOARDSIZE	0.0095 （0.31）	0.0074 （0.36）	0.0075 （0.24）	0.0049 （0.23）
TOPHOLD	－0.0004 （－0.81）	0.0001 （0.43）	－0.0004 （－0.81）	0.0001 （0.43）
CONS	0.1371 （0.65）	0.2692 * （1.86）	0.1517 （0.72）	0.2965 ** （2.03）
Industry	控制	控制	控制	控制
Year	控制	控制	控制	控制
N	9 867	9 867	9 867	9 867
R^2	0.1039	0.0988	0.1036	0.0988

注：*** 、** 、* 分别表示在 1% 、5% 、10% 的水平上显著；括号内为 t 统计量。

综上所得，无论是将解释变量和控制变量滞后一期还是添加控制变量，研究结果都没有发生变化，说明女性高管比例的提高和女性 CFO 能显著降低股价崩盘风险的研究结论可靠。

9.2.6　研究结论

首先，本章检验了女性高管对股价崩盘风险的均值影响。研究结果表明，女性高管比例的增加能显著抑制企业股价崩盘风险且两者存在倒"U"型关系，当女性高管比例较低时，女性高管的增加反而助推崩盘风险的上升，仅在女性高管比例超过某一临界值时，女性高管比例的增加才会发挥抑制股价崩盘风险的作用。其次，还检验了不同职位类型女性高管对股价崩盘风险的异质性影响。研究结果表明，女性 CEO 与股价崩盘风险呈负相关，但不显著，即女性 CEO 不能显著降低股价崩盘风险，而女性 CFO 可以显著降低股价崩盘风险。当 CEO 与 CFO 同为女性时比仅有 CFO 为女性而 CEO 为男性时，对股价崩盘风险的抑制作用更强。再次，检验不同所有权性质下女性高管对股价崩盘风险的异质性影响。研究结果表明，相对于非国有企业，CFO 性别、女性高管比例在国有企业中对股价崩盘风险的抑制作用更明显。最后，将解释变量和被解释变量滞后一期以及增加第一大股东持股（TOPHOLD）、董事会规模（BOARDSIZE）作为控制变量进行稳健性检验，结论依然成立。

9.3　门限效应检验

关于高管性别对股价崩盘风险影响的研究，现有学者大多是选取线性模型，但通过相关文献阅读可知，它们两者之间可能并非单一的线性关系。通过前面研究发现女性高管比例的平方项（FEMALE^2）对股价崩盘风险存在显著负影响，说明女性高管比例对股价崩盘风险的影响存在倒 "U" 型的非线性关系，但这一检验仅得出两者之间的非线性关系，无法得知非线性转换的临界值。因此，本节利用面板门限模型进行检验，一方面可以再次验证女性高管比例对股价崩盘风险存在的非线性影响，另一方面可以得出门限值的具体个数以及回归结果，对研究进行更深入细致的分析。

9.3.1　整体的门限效应

本节利用汉森（1999）提出的最小二乘法估计门槛模型。该方法分为两步，一是找出最小残差平方和以及所对应的门槛值，二是用第一步得出的门槛值求出模型中位于不同区间的回归系数。

我们从最基础的单一门槛模型入手，计量模型如下：

$$Y_{i,t} = \beta_1 b_{i,t} I(q_{i,t} \leq y) + \beta_2 b_{i,t} I(q_{i,t} > y) + \beta_3 x_{i,t} + \mu_i + \varepsilon_{i,t} \tag{9-12}$$

其中，$Y_{i,t}$ 表示因变量；$b_{i,t}$ 表示自变量；I 表示指示函数；$q_{i,t}$ 表示门限变量；$x_{i,t}$ 表示控制变量；μ_i 表示个体效应；$\varepsilon_{i,t}$ 表示误差项。当 $q_{i,t} \leq y$ 时，因变量对自变量的估计系数是 β_1，$q_{i,t} > y$ 时，因变量对自变量的估计系数为 β_2，β_3 表示控制变量的估计系数。多个门限模型的构建方法同单一门限模型类似，后续不再进行描述。

依据汉森提出的 LM 检验来考虑门槛效应是否存在，其中 LM 的原假设和备择假设分别为：

$H_0: \beta_1 = \beta_2$ 和 $H_1: \beta_1 \neq \beta_2$

如果 H_0 成立，则说明不存在门槛效应；如果 H_1 成立，则此模型为非线性模型，因此可以采用门槛模型来进行回归。接着，构造 LM 统计量：

$$F = \frac{S_0 - S_1(\hat{y})}{\delta^2(\hat{y})}$$

其中，S_0 代表线性模型下的残差平方和；S_1 代表非线性模型的残差平方和。当 LM 的 H_0 成立时，该模型为线性模型，不存在门槛效应，因此也不存在门槛参数，使得 LM 统计量不服从卡方分布，服从受到干扰参数影响的非标准非相似分布。为了使这种情况得到解决，汉森提出用 Bootstrap 方法来检验其近似分布，在此情况下得到大样本的渐进 P 值。

关于门槛效应的真实性检验，指在存在门槛效应的前提下，来检验门槛值是否准确。汉森提出，因为存在干扰参数，一般用最大似然估计来验证门槛值的准确性。门槛效应的真实性检验一般借助 LR 统计，LR 的原假设和备择假设分别为：

$H_0: y = \hat{y}$ 和 $H_1: y \neq \hat{y}$

构造的似然比（LR）统计量为：

$$LR = \frac{S_1 - S_1(\hat{y})}{\hat{\delta}^2(\hat{y})}$$

其中，$\hat{\delta}^2 = \frac{SSR(\hat{y})}{n(T-1)}$ 为对扰动项方差的一致估计。

汉森认为 $LR(y) > -2\log(1 - \sqrt{1-a})$ 时拒绝原假设，α 是检验的显著性

水平，在5%的显著性水平上 LR 统计量的临界值为 7.35。

本章的均值回归结果表明女性 CEO 对股价崩盘风险没有显著影响，下面将不再对 CEO 性别进行研究。由于门限模型要求门限变量为连续值，因此我们将女性高管比例作为门限变量，也作为解释变量，研究女性高管比例对股价崩盘风险的影响，并检验研究假设 8 - 2，构建模型如下：

$$\text{CRASHRISK}_{i,t} = \beta_1 \text{FEMALE}_{i,t} I(\text{FEMALE}_{i,t} \leq y) + \beta_2 \text{FEMALE}_{i,t}$$
$$I(\text{FEMALE}_{i,t} > y) + \beta_3 \text{ControlVariables}_{i,t} + \mu_i + \varepsilon_{i,t} \quad (9-13)$$

其中，$\text{CRASHRISK}_{i,t}$ 表示股价崩盘风险（NCSKEW、DUVOL）；$\text{FEMALE}_{i,t}$ 表示女性高管比例；$\text{ControlVariables}_{i,t}$ 表示所有控制变量的总称。控制变量和前面一样。

在对门限模型进行回归分析之前，先对女性高管比例（FEMALE）对股价崩盘风险的门限效应做检验。本节运用 Stata 软件和汉森提出的方法检验门限变量。根据 F 统计量和 P 值来判断女性高管比例对股价崩盘风险是否存在非线性关系以及门限值的个数。P 值和临界值均采用 Bootstrap 方法抽样 300 次得出，检验结果如下。

从表 9 - 13 的门限效应检验结果可以看出，女性高管比例的单一门限在 5% 的置信水平上显著，而双重门限和三重门限不显著，表明女性高管比例对股价崩盘风险存在单一门限值，即女性高管比例对股价崩盘风险存在非线性影响。

表 9 - 13　　　　　　　　　　门限效应检验

模型	F 值	P 值	临界值		
			10%	5%	1%
单一门限	24.8700 **	0.0100	14.7555	16.3999	24.7090
双重门限	8.8400	0.3933	13.5251	16.1214	19.7535
三重门限	5.7500	0.9400	24.4796	28.3274	35.2840

注：*** 、 ** 、 * 分别表示在 1%、5%、10% 的水平上显著。

从表 9 - 14 可知，单门限模型的回归结果中估计出的门限值为 0.3200，95% 的置信区间为（0.3079，0.3333）。

表9-14   门限值估计结果

模型	门限估计值	95% 置信区间
单一门限门值	0.3200	[0.3079，0.3333]

图9-1 显示了单门限模型中的门限值和置信区间，其中，门限值是似然比函数 LR 等于 0 时对应的值，LR 值小于 7.35 的临界值（图9-1 中的虚线）形成的区间即为 95% 的置信区间，该置信区间很窄，说明门限估计值较为准确。

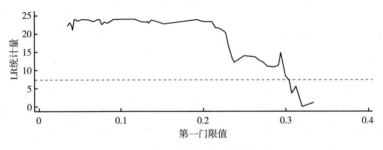

图9-1　第一个门限值和置信区间

依据上述检验得出门限效应后，我们对单一门限模型进行回归，估计结果见表9-15。当女性高管比例较低时（FEMALE < 0.3200），女性高管比例的系数为 0.2884 和 0.1757，均在 95% 的置信水平上显著，说明在该区间女性高管比例对股价崩盘风险的影响显著为正。随着女性高管比例的提高，在高比例时（FEMALE > 0.3200），女性高管比例的系数分别为 -0.1772 和 -0.1405，均在 95% 的置信水平上显著，因此，当女性高管比例大于 0.3200 时，女性高管比例对（FEMALE）股价崩盘风险的影响显著为负，表明随着女性高管比例的提高，可以抑制股价崩盘风险，从而验证了研究假设 8-2。

表9-15   单一门限模型估计结果

变量名称	NCSKEW	DUVOL
Age	0.0078 ** (2.14)	0.0063 ** (2.39)
Size	0.0452 *** (2.98)	0.227 ** (2.19)

续表

变量名称	NCSKEW	DUVOL
LEV	-0.0106 (-0.13)	-0.1845 (-0.32)
ROA	0.0118 (0.05)	-0.0806 (-0.51)
MB	-0.2022 *** (-4.16)	-0.0423 (-1.27)
DTURN	-1.1882 *** (-4.86)	-0.5675 *** (-3.4)
ABACC	0.0971 (0.96)	0.0459 (0.67)
RET	0.3472 * (1.91)	0.2291 * (1.85)
SIGMA	-6.2125 *** (-5.38)	-3.8486 *** (-4.88)
SOE	0.0280 (0.57)	0.0086 (0.25)
DUAL	0.0266 (1.04)	0.0261 (1.50)
FEMALE < 0.3200	0.2884 ** (2.47)	0.1757 ** (2.20)
FEMALE > 0.3200	-0.1772 ** (-2.10)	-0.1405 ** (-2.43)
CONS	-1.3712 *** (-4.17)	-0.8608 *** (-3.83)

注：*** 、** 、* 分别表示在 1%、5%、10% 的水平上显著；括号内为 t 统计量。

9.3.2　不同所有权性质企业的门限效应检验

为了进一步检验女性高管对股价崩盘风险的门限效应在不同所有权性质下是否存在异质性，本节将总样本分为国有企业样本和非国有企业样本，分别检验女性高管对不同所有权性质企业股价崩盘风险的影响。

在对门限模型进行回归之前，先检验国有企业和非国有企业中女性高管比例（FEMALE）对股价崩盘风险的门限效应，检验方法与前面一致。从表 9 – 16的国有企业门限效应检验可以得出，女性高管比例的单一门限在 10% 的置信水平上显著，而双重门限和三重门限不显著，表明在国有企业样本中女性高管比例对股价崩盘风险存在单一门限值，即女性高管比例与股价崩盘风险之间存在着非线性的关系。

表 9 – 16　　　　　　　　　　国有企业门限效应检验

模型	F 值	P 值	临界值		
			10%	5%	1%
单一门限	12. 0900 *	0. 0600	10. 5190	12. 9068	15. 7970
双重门限	9. 0500	0. 1600	10. 1278	12. 0093	17. 6138
三重门限	4. 6800	0. 8467	17. 2341	21. 1782	27. 6148

注：*** 、** 、* 分别表示在 1% 、5% 、10% 的水平上显著。

表 9 – 17 显示，在单门限模型的回归结果中，国有企业样本估计出的单一门限值为 0. 1597，95% 的置信区间为（0. 1510，0. 2222）。

表 9 – 17　　　　　　　　　　国有企业门限值结果

模型	门限估计值	95% 置信区间
单一门限门限值	0. 1579	[0. 1510，0. 2222]

图 9 – 2 显示了国有企业样本的单门限模型中的门限值和置信区间，该置信区间较窄，说明估计出的门限值较为准确。

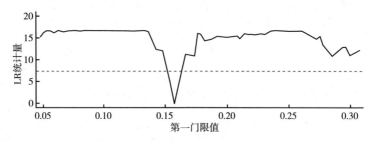

图 9 – 2　国有企业门限值和置信区间

从表9-18的非国有企业门限效应检验可以得出，女性高管比例的单一门限在1%的置信水平上显著，而双重门限和三重门限不显著，表明在非国有企业样本中女性高管比例对股价崩盘风险同样存在单一门限值，即女性高管比例与股价崩盘风险之间存在着非线性的关系。

表9-18 非国有企业门限效应检验

模型	F值	P值	临界值		
			10%	5%	1%
单一门限	22.8800***	0.0000	9.5534	11.3589	14.2603
双重门限	5.0100	0.4733	12.7770	22.1017	37.0968
三重门限	3.5800	0.7200	15.4857	20.9173	30.0425

注：***、**、*分别表示在1%、5%、10%的水平上显著。

表9-19显示，非国有企业样本估计出的单一门限值为0.0714，该值低于国有企业样本中单一门限值（0.1597），其95%的置信区间分别为（0.0667，0.0769）。

表9-19 非国有企业门限值结果

模型	门限估计值	95%置信区间
单一门限门限值	0.0714	[0.0667, 0.0769]

图9-3显示了非国有企业样本中单门限模型的门限值和置信区间，该置信区间较窄，说明估计出的门限值较为准确。

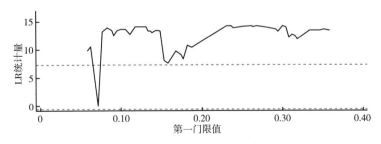

图9-3 非国有企业门限值和置信区间

依据上述得出的门限效应，分别对国有企业和非国有企业样本进行单门限回归，估计结果见表9-20。从回归结果可知，在国有企业样本中，当女

性高管比例较低（FEMALE < 0.1579）时，女性高管比例的系数为 - 0.9984
和 - 0.6345，均在 1% 的置信水平上显著为负，说明在该区间女性高管比例
对股价崩盘风险的影响显著为负；随着女性高管比例的提高，在高比例下
（FEMALE > 0.1579），女性高管比例的系数分别为 - 0.3922 和 - 0.2579，均在
1% 的置信水平上显著为负，说明当女性高管比例大于 0.1579 时，女性高管比
例对股价崩盘风险的影响依旧显著为负。这一系数相比女性高管比例较低时
（FEMALE < 0.1579）系数更小，表明随着女性高管比例的提高，女性高管对
股价崩盘风险的降低作用在变小，这可能是因为当女性高管比例过高时，性别
多元化带来的成本小于收益，反而对股价崩盘风险产生不利的影响，从而对市
场风险的降低作用变得更小。

在非国有企业样本中，当女性高管比例较低时（FEMALE < 0.0714），
女性高管比例的系数为 - 3.4785 和 - 1.9105，均在 1% 的置信水平上显著为
负，说明在该区间女性高管比例对股价崩盘风险的影响显著为负；随着女性
高管比例的提高，在高比例下（FEMALE > 0.0714），女性高管比例的系数
分别为 - 0.4494 和 - 0.2585，均在 1% 的置信水平上显著为负，说明当女性
高管比例大于 0.0714 时，女性高管对股价崩盘风险的影响依然显著为负。这
一系数相比女性高管比例较低时（FEMALE < 0.1579）系数更小，表明随着女
性高管比例的提高，女性高管对股价崩盘风险的降低作用在变小。

表 9 - 20　　　　　　　　　不同所有权性质下门限模型估计结果

变量名称	国有企业		非国有企业	
	NCSKEW	DUVOL	NCSKEW	DUVOL
Age	0.0050 (0.93)	0.0046 (1.27)	0.0139 ** (2.42)	0.0101 *** (2.91)
Size	0.0592 *** (2.89)	0.0292 * (1.94)	0.0369 * (1.84)	0.0130 ** (2.11)
LEV	- 0.0424 (- 0.39)	- 0.0363 (- 0.48)	0.0105 (0.08)	0.0191 (0.22)
ROA	- 0.3568 (- 1.09)	- 0.4348 * (- 1.93)	0.2868 (0.89)	0.2372 (1.09)

续表

变量名称	国有企业		非国有企业	
	NCSKEW	DUVOL	NCSKEW	DUVOL
MB	-0.2887 *** (-4.59)	-0.8703 ** (-2.01)	-0.0545 (-0.70)	0.0280 (0.54)
DTURN	-2.5037 *** (-7.24)	-1.4400 *** (-6.04)	0.2073 (0.54)	0.3707 (1.42)
ABACC	-0.0292 (-0.21)	0.0240 (0.26)	0.2584 * (1.83)	0.0760 (0.75)
RET	1.5400 *** (3.29)	0.6487 ** (2.01)	1.9935 *** (4.16)	0.9180 *** (2.93)
SIGMA	-2.8250 (-1.15)	-3.2277 * (-1.91)	6.6429 ** (2.31)	1.9420 (1.00)
DUAL	0.0059 (0.17)	-0.0003 (-0.01)	0.0470 (1.23)	0.0540 ** (2.08)
FEMALE<0.1579	-0.9984 *** (-3.31)	-0.6345 *** (-3.05)		
FEMALE>0.1579	-0.3922 *** (-3.10)	-0.2579 *** (-2.96)		
FEMALE<0.0714			-3.4785 *** (-4.76)	-1.9105 *** (-3.86)
FEMALE>0.0714			-0.4494 *** (-3.02)	-0.2585 *** (-2.87)
CONS	-1.3664 *** (-2.99)	-0.7917 ** (-2.44)	-1.7845 *** (-3.83)	-0.9727 *** (-3.09)

注：***、**、*分别表示在1%、5%、10%的水平上显著；括号内为t统计量。

9.3.3　门限回归的稳健性检验

本节增加董事会规模（BOARDSIZE）、第一大股东持股（TOPHOLD）等公司治理变量作为控制变量进行稳健性检验，结果如表9-21所示。由检验结果可知，在1%的显著水平上拒绝了无门槛的原假设，表明存在单一门限，继续检验可知在1%的显著性水平上拒绝存在双门限和三门限。因此，采用单门限模型进行稳健性检验，检验结果和前面一致。

表9-21   门限效应稳健性检验

模型	F值	P值	临界值		
			10%	5%	1%
单一门限	25.5700***	0.0033	14.5118	17.4029	22.5575
双重门限	9.2000	0.3633	14.4854	15.8973	18.9604
三重门限	6.5500	0.9667	26.9290	29.2600	33.7584

注：***、**、*分别表示在1%、5%、10%的水平上显著。

从表9-22可知，在单门限模型的回归结果中估计出的门限值为0.3200，95%的置信区间为 [0.3079，0.3333]。

表9-22   门限值估计稳健性结果

模型	门限估计值	95%置信区间
单一门限门限值	0.3200	[0.3079，0.3333]

图9-4显示了单门限模型中的门限值和置信区间，该置信区间很窄，说明门限估计值较为准确。

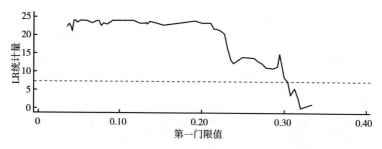

图9-4 第一个门限值和置信区间稳健性检验

表9-23的回归结果表明，当女性高管比例较低时（FEMALE < 0.3200），女性高管比例的系数为0.2859和0.1737，均在95%的置信水平上显著为正，说明在该区间女性高管比例对股价崩盘风险的影响显著为正；随着女性高管比例的提高，在高比例下（FEMALE > 0.3200）女性高管比例的系数分别为 -0.1776和-0.1403，均在95%的置信水平上显著为负，与前面结果一致，

表明研究结果具有稳健的。

表 9 - 23 单一门限模型稳健性估计结果

变量名称	NCSKEW	DUVOL
Age	0.0079 ** (2.12)	0.0064 ** (2.42)
Size	0.0457 *** (2.99)	0.2350 ** (2.25)
LEV	− 0.0147 (− 0.17)	− 0.0241 (− 0.42)
ROA	0.0032 (0.01)	− 0.0933 (− 0.59)
MB	− 0.2044 *** (− 4.18)	− 0.0450 (− 1.35)
DTURN	− 1.1838 *** (− 4.84)	− 0.5623 *** (− 3.36)
ABACC	0.0944 (0.94)	0.0436 (0.63)
RET	0.3476 * (1.91)	0.2281 * (1.84)
SIGMA	− 6.2222 *** (− 5.38)	− 3.8663 *** (− 4.89)
SOE	0.0300 (0.61)	0.0108 (0.32)
DUAL	0.02510 (0.98)	0.0250 (1.43)
FEMALE < 0.3200	0.2859 ** (2.44)	0.1737 ** (2.17)
FEMALE > 0.3200	− 0.1776 ** (− 2.10)	− 0.1403 ** (− 2.43)
TOPHOLD	0.0006 (0.45)	0.0007 (0.82)

变量名称	NCSKEW	DUVOL
BOARDSIZE	-0.4031 (-0.83)	-0.0273 (-0.82)
CONS	-1.3152 *** (-3.67)	-0.8608 *** (-3.83)

注: *** 、** 、* 分别表示在1%、5%、10%的水平上显著;括号内为 t 统计量。

9.3.4 研究结论

本章利用面板门限模型检验女性高管比例（FEMALE）对股价崩盘风险是否存在门限效应。首先，进行门限模型的设定及检验，检验结果表明女性高管比例（FEMALE）对股价崩盘风险存在单一门限效应，门限值为 0.3200。当女性高管比例低于 0.3200 时对股价崩盘风险具有显著正影响，当女性高管比例大于 0.3200 时对股价崩盘风险的影响显著为负，即女性高管比例达到某一临界值时，女性比例的增加有利于降低股价崩盘风险。其次，检验女性高管比例对不同所有权性质企业股价崩盘风险的异质性影响。研究结果表明，不论是国有企业还是非国有企业，女性高管比例对股价崩盘风险均存在单一门限效应，当低于门限值时，女性高管比例（FEMALE）对股价崩盘风险的影响显著为负；当超过门限值时，两者之间还是呈显著负影响，但是这一负影响在减弱，且国有企业的门限值大于非国有企业的门限值。最后，加入董事会规模（BOARDSIZE）、第一大股东持股（TOPHOLD）等公司治理变量作为控制变量进行稳健性检验，验证了研究结果的可靠性。

9.4 分位数回归分析

前面已经证实了女性高管比例对股价崩盘风险的均值影响，为了进一步研究女性高管比例对不同程度股价崩盘风险的异质性影响。本章利用分位数回归模型检验 CFO 性别（CFOSEX）、女性高管比例（FEMALE）在不同分位点上对股价崩盘风险的影响，模型设置的分位数为 0.1～0.9。

分位数回归最开始是由凯恩克和巴西特（1978）年提出来的，其重点在于分析解释变量对于被解释变量不同分位数水平上的边际效应，而不仅局限于反映平均影响。分位数回归中各个分位数上的回归系数是通过最小化残差加权绝对值之和得到的，它全面描述了被解释变量整个条件分布，挖掘出了更多有价值的信息。经典的均值回归模型仅预测解释变量与被解释变量之间的平均影响。因此，本章利用分位数回归模型检验女性 CFO、女性高管比例在不同分位点上对股价崩盘风险的影响，可以挖掘出两者之间更多的信息，分位数模型如下：

$$Q_{CRASHRISK_{it}}(\tau \mid FEMALE_{it}) = \beta_0(\tau) + \beta_1(\tau)FEMALE_{it} + \varepsilon_{it} \quad (9-14)$$

$$Q_{CRASHRISK_{it}}(\tau \mid CFOSEX_{it}) = \beta_0(\tau) + \beta_1(\tau)CFOSEX_{it} + \varepsilon_{it} \quad (9-15)$$

其中，$Q_{CRASHRISK_{it}}(\tau \mid FEMALE_{it})$ 表示股价崩盘风险 $CRASHRISK_{it}$ 的第 τ 分位点条件分位数；$FEMALE_{it}$ 表示女性高管比例；$CFOSEX_{it}$ 代表 CFO 性别；β_0 表示常数项，β_1 表示自变量的未知系数；ε_{it} 表示随机干扰项；τ 表示分位数回归模型的分位点。

9.4.1 女性高管对不同程度股价崩盘风险的异质性影响

表 9-24 和表 9-25 分别检验女性高管比例（FEMALE）对股票负收益偏态系数（NCSKEW）和股票收益率涨跌波动比率（DUVOL）在不同分位数下的影响。从表 9-24 可以看出女性高管比例（FEMALE）对股票负收益偏态系数（NCSKEW）的影响在各个分位数上均为负值，但仅在 0.1、0.2 和 0.3 分位数上显著，表明女性高管比例（FEMALE）对低程度的股价崩盘风险具有显著的抑制作用，而对于中高程度的股价崩盘风险并没有显著的抑制作用。这一结果也进一步证实在股价崩盘风险较低时，女性高管谨慎和保守的特征相比男性更加突出和敏感，从而有利于抑制股价波动风险。当股价崩盘风险较高时，风险已经很明显，女性高管这一特征相比男性高管就难以凸显出来，此时，男性高管和女性高管并没有表现出特别明显的差异。因此，女性高管对低程度股价崩盘风险具有显著的负向作用，而对于较高程度的股价崩盘风险抑制作用反而不明显。

表 9 – 24 　　　　　　　　女性高管比例对 NCSKEW 分位数回归结果

变量	分位数								
	0.1	0.2	0.3	0.4	0.5	0.6	0.7	0.8	0.9
FEMALE	-0.1818 *** (-2.91)	-0.3382 ** (-2.19)	-0.1849 *** (-2.89)	-0.0979 (-0.92)	-0.0723 (-0.68)	-0.1047 (-1.17)	-0.0833 (-0.85)	-0.0436 (-1.36)	-0.0246 (-1.14)
Age	-0.0006 (-0.05)	-0.0020 (-0.24)	0.0014 (0.21)	0.0020 (0.41)	0.0041 (0.68)	0.0043 (0.84)	0.0051 (0.79)	0.0006 (0.09)	-0.0050 (-0.5)
Size	0.0393 (0.43)	0.1080 ** (2.58)	-0.0085 (-0.15)	0.0011 (0.03)	-0.0043 (-0.13)	-0.0136 (-0.35)	-0.0050 (-0.10)	0.0136 (0.29)	0.0203 (0.36)
LEV	0.2291 (0.77)	0.1297 (0.98)	0.1511 (0.93)	0.1355 (1.02)	0.1510 (1.51)	0.0883 (0.94)	0.1948 (1.37)	0.0459 (0.34)	0.0659 (0.38)
ROA	0.8799 * (1.87)	0.5007 (1.22)	0.7083 ** (2.05)	0.6389 ** (2.06)	0.5911 ** (2.05)	0.5095 (1.45)	0.2192 (0.72)	-0.0590 (-0.17)	-0.1809 (-0.42)
MB	-0.5208 *** (-5.13)	-0.4410 *** (-4.02)	-0.3420 *** (-3.52)	-0.2316 *** (-2.89)	-0.1350 (-1.41)	-0.1085 (-1.07)	-0.0275 (-0.35)	-0.0408 (-0.48)	-0.0868 (-0.63)
DTURN	-2.2166 * (-1.84)	-1.6527 ** (-2.45)	-0.6385 (-1.07)	-0.3774 (-0.80)	0.2631 (0.45)	0.8439 * (1.72)	0.6682 (1.47)	1.3340 * (1.82)	2.4065 *** (3.34)
ABACC	0.2003 (0.96)	0.1932 (1.10)	0.0369 (0.26)	-0.0004 (0.00)	0.0682 (0.43)	-0.0473 (-0.45)	-0.0052 (-0.05)	-0.0050 (-0.04)	0.0962 (0.53)
SIGMA	-12.6157 ** (-2.58)	-10.7811 *** (-3.35)	-7.5293 *** (-2.88)	-5.8474 ** (-2.41)	-3.9779 (-1.50)	-3.5444 (-1.40)	-2.6364 * (-1.91)	-0.1898 (-0.10)	3.6377 (1.57)
RET	1.6460 ** (2.14)	1.3418 ** (2.29)	1.0894 ** (2.13)	1.1887 *** (2.86)	0.9746 ** (2.36)	0.4639 (0.87)	0.4107 *** (2.92)	0.6410 *** (4.64)	0.9569 *** (6.17)
SOE	-0.0176 (-0.14)	0.0023 (0.02)	0.1128 (1.38)	0.0157 (0.28)	-0.0217 (-0.37)	-0.0305 (-0.56)	-0.0328 (-0.64)	-0.0396 (-0.61)	-0.0551 (-0.81)
DUAL	-0.0348 (-0.54)	0.0024 (0.05)	0.0272 (0.86)	0.0148 (0.45)	0.0145 (0.47)	0.0217 (0.80)	-0.0020 (-0.07)	0.0084 (0.23)	0.0103 (0.23)

注：*** 、 ** 、 * 分别表示在 1%、5%、10% 的水平上显著；括号内为 t 统计量。

从表 9 – 25 可以看出，女性高管比例（FEMALE）对股票收益率涨跌波动比率（DUVOL）的影响在各个分位数上均为负值，但仅在 0.1、0.2 和 0.3 分位数上显著，与女性高管比例（FEMALE）对股票负收益偏态系数（NCSKEW）的影响一致，表明女性高管比例（FEMALE）对低程度的股价崩盘风险具有显著的负影响，而对于中高程度的股价崩盘风险没有显著的负影响。

表 9 – 25　　　　　　　　女性高管比例对 DUVOL 分位数回归结果

变量	分位数								
	0.1	0.2	0.3	0.4	0.5	0.6	0.7	0.8	0.9
FEMALE	− 0. 2761 ***	− 0. 1759 **	− 0. 1334 *	− 0. 0710	− 0. 0883	− 0. 0713	− 0. 0850	− 0. 0963	− 0. 0396
	(− 2. 84)	(− 2. 17)	(− 1. 84)	(− 0. 87)	(− 0. 81)	(− 0. 98)	(− 1. 11)	(− 1. 02)	(− 0. 34)
Age	0. 0022	− 0. 0002	0. 0034	0. 0020	0. 0001	0. 0021	0. 0014	0. 0010	− 0. 0021
	(0. 41)	(− 0. 06)	(0. 62)	(0. 32)	(0. 03)	(0. 53)	(0. 35)	(0. 15)	(− 0. 23)
Size	0. 0121	− 0. 0201	− 0. 0005	− 0. 0110	− 0. 0089	− 0. 0135	− 0. 0085	− 0. 0021	− 0. 0097
	(0. 30)	(− 0. 65)	(− 0. 01)	(− 0. 11)	(− 0. 25)	(− 0. 49)	(− 0. 40)	(− 0. 06)	(− 0. 19)
LEV	0. 0208	0. 1364 *	0. 0698	0. 1279	0. 0754	0. 1278	0. 0766	0. 0662	− 0. 0216
	(0. 18)	(1. 88)	(0. 50)	(0. 54)	(0. 65)	(1. 43)	(0. 95)	(0. 69)	(− 0. 14)
ROA	0. 2491	0. 3805	0. 2155	0. 3952	0. 2539	0. 3460	0. 1362	− 0. 0450	− 0. 2592
	(0. 64)	(1. 37)	(0. 82)	(1. 17)	(1. 08)	(1. 56)	(0. 56)	(− 0. 15)	(− 0. 55)
MB	− 0. 1009	− 0. 1274 *	− 0. 0902	− 0. 0486	− 0. 0578	− 0. 0303	0. 0338	− 0. 1568	− 0. 1041
	(− 1. 10)	(− 1. 87)	(− 1. 54)	(− 0. 76)	(− 0. 75)	(− 0. 48)	(0. 42)	(− 1. 43)	(− 1. 31)
DTURN	− 0. 8598 **	− 0. 4534	− 0. 1944	0. 2050	0. 2783	0. 4284	0. 8157 *	0. 6937	1. 2327 *
	(− 2. 22)	(− 0. 95)	(− 0. 47)	(0. 56)	(0. 82)	(1. 18)	(1. 79)	(1. 44)	(1. 83)
ABACC	0. 1241	0. 0895	0. 0179	0. 0225	− 0. 0278	− 0. 0681	0. 0164	− 0. 0256	0. 0974
	(0. 80)	(0. 83)	(0. 20)	(0. 23)	(− 0. 24)	(− 0. 76)	(0. 16)	(− 0. 24)	(0. 89)
SIGMA	− 6. 9826 ***	− 7. 6448 ***	− 5. 7786 ***	− 3. 9968 **	− 3. 2704 **	− 2. 4522 **	− 2. 1751	− 1. 2630	0. 8887
	(− 3. 10)	(− 6. 19)	(− 2. 97)	(− 2. 50)	(− 2. 18)	(− 2. 41)	(− 1. 05)	(− 0. 93)	(0. 28)
RET	0. 3968	0. 3437 *	0. 1516	0. 2992	0. 3835	0. 4007 ***	0. 3579	0. 4617 ***	0. 6453
	(1. 33)	(1. 80)	(0. 45)	(1. 09)	(1. 52)	(2. 74)	(0. 93)	(3. 37)	(0. 82)
SOE	0. 0406	0. 0054	− 0. 0170	− 0. 0139	− 0. 0213	− 0. 0021	− 0. 0060	− 0. 0290	− 0. 0192
	(0. 71)	(0. 12)	(− 0. 38)	(− 0. 18)	(− 0. 29)	(− 0. 04)	(− 0. 11)	(− 0. 70)	(− 0. 34)
DUAL	− 0. 0009	0. 0128	− 0. 0062	0. 0036	0. 0144	0. 0311	0. 0201	0. 0278	0. 0110
	(− 0. 02)	(0. 49)	(− 0. 20)	(0. 08)	(0. 57)	(1. 44)	(0. 90)	(1. 03)	(0. 33)

　　注：*** 、** 、* 分别表示在1%、5%、10%的水平上显著；括号内为 t 统计量。

9.4.2 CFO 性别对不同程度股价崩盘风险的异质性影响

表 9 - 26 和表 9 - 27 分别检验 CFO 性别（CFOSEX）对股票负收益偏态系数（NCSKEW）和股票收益率涨跌波动比率（DUVOL）在不同分位数下的影响。其中，表 9 - 26 检验 CFO 性别对 NCSKEW 的异质性影响，从回归结果可知，CFO 性别对股票负收益偏态系数（NCSKEW）的影响在 0.1 ~ 0.4 分位数上均显著为负，并且 0.1 ~ 0.4 分位数的系数分别为 - 0.1030、- 0.0852、- 0.0508、- 0.0386，系数基本是依次递减的，而在其余分位数也为负影响，但不显著，说明女性 CFO 对较低程度的股价崩盘风险有显著负影响，对中高程度的崩盘风险没有显著的负影响，并且随着崩盘风险的增加系数不断减小。

表 9 - 26 CFO 性别对 NCSKEW 分位数回归结果

变量	分位数								
	0.1	0.2	0.3	0.4	0.5	0.6	0.7	0.8	0.9
CFOSEX	- 0.1030 ***	- 0.0852 ***	- 0.0508 **	- 0.0386 *	- 0.0312	- 0.0167	- 0.0178	- 0.0163	- 0.0201
	(- 2.88)	(- 3.36)	(- 2.38)	(- 1.85)	(- 1.52)	(- 1.00)	(- 1.30)	(- 1.00)	(- 0.90)
Age	- 0.0009	0.0026	0.0015	0.0018	0.0017	0.0034	0.0019	0.0021	0.0004
	(- 0.16)	(0.57)	(0.35)	(0.51)	(0.48)	(0.93)	(0.44)	(0.49)	(0.11)
Size	- 0.0047	0.0029	- 0.0055	0.0002	- 0.0007	- 0.0130	- 0.0090	0.0002	0.0014
	(- 0.26)	(0.19)	(- 0.39)	(0.02)	(- 0.06)	(- 1.23)	(- 0.81)	(0.01)	(0.10)
LEV	0.1476	0.1121	0.1757 **	0.1637 **	0.0818	0.0633	0.0683	0.0472	- 0.0478
	(1.15)	(1.65)	(2.05)	(2.42)	(1.20)	(0.95)	(1.24)	(0.76)	(- 0.51)
ROA	0.7273 *	0.5374 *	0.6473 **	0.6034 **	0.4774 *	0.5033 *	0.1545	0.0627	- 0.2315
	(1.81)	(1.75)	(2.10)	(2.22)	(1.92)	(1.91)	(0.58)	(0.29)	(- 0.70)
MB	- 0.3841 ***	- 0.3889 ***	- 0.3172 ***	- 0.2952 ***	- 0.2024 ***	- 0.1262 **	- 0.1991 ***	- 0.1763 ***	- 0.0538
	(- 2.95)	(- 4.00)	(- 3.67)	(- 4.30)	(- 3.12)	(- 2.14)	(- 3.54)	(- 3.50)	(- 0.67)
DTURN	- 1.9254 *	- 1.2029	- 0.0582	0.0465	0.3410	0.0838	0.4419	0.7950	1.5578
	(- 1.85)	(- 1.31)	(- 0.11)	(0.08)	(0.89)	(0.23)	(1.15)	(1.12)	(1.11)
ABACC	0.1769	0.2159	0.0838	- 0.0131	0.0560	- 0.0502	0.0000	- 0.0908	- 0.0587
	(1.06)	(1.47)	(0.97)	(- 0.13)	(0.48)	(- 0.45)	(0.00)	(- 0.65)	(- 0.27)

续表

变量	分位数								
	0.1	0.2	0.3	0.4	0.5	0.6	0.7	0.8	0.9
SIGMA	− 5. 4083 (− 1. 35)	− 0. 1103 (− 0. 02)	0. 0256 (0. 01)	− 0. 5865 (− 0. 22)	1. 2867 (0. 47)	3. 3842 (− 0. 45)	4. 4547 (1. 43)	6. 0499 * (1. 85)	5. 3870 ** (2. 06)
RET	2. 4875 *** (3. 99)	2. 9404 *** (3. 43)	2. 0888 *** (3. 72)	1. 9226 *** (3. 78)	1. 9234 *** (4. 11)	2. 0489 *** (3. 08)	1. 9310 *** (3. 22)	2. 1640 *** (3. 82)	3. 3537 *** (4. 89)
SOE	− 0. 0401 (− 1. 19)	− 0. 0274 (− 0. 79)	− 0. 0286 (− 1. 03)	− 0. 0118 (− 0. 59)	− 0. 0100 (− 0. 46)	− 0. 0181 (− 0. 83)	− 0. 0307 (− 1. 36)	− 0. 0444 * (− 1. 94)	− 0. 0571 ** (− 2. 53)
DUAL	− 0. 0484 (− 1. 42)	− 0. 0162 (− 0. 47)	0. 0144 (0. 62)	0. 0151 (0. 74)	0. 0097 (0. 44)	− 0. 0090 (− 0. 36)	− 0. 0016 (− 0. 06)	0. 0133 (0. 39)	0. 0078 (0. 20)

注：*** 、** 、* 分别表示在1% 、5% 、10% 的水平上显著；括号内为 t 统计量。

表 9 – 27 是 CFO 性别（CFOSEX）对 DUVOL 的异质性影响。从表中结果可以看出，CFO 性别（CFOSEX）对 DUVOL 的影响在 0. 1 ~ 0. 5 以及 0. 7 ~ 0. 8 分位数上显著为负，在 0. 6 和 0. 9 分位数上不显著。总的来说，女性 CEO 对低程度股价崩盘风险的影响程度更大，对高程度股价风险影响系数相对较小，甚至不显著。

表 9 – 27   **CFO 性别对 DUVOL 分位数回归结果**

变量	分位数								
	0.1	0.2	0.3	0.4	0.5	0.6	0.7	0.8	0.9
CFOSEX	− 0. 0587 *** (− 4. 14)	− 0. 0397 *** (− 2. 87)	− 0. 0277 * (− 1. 87)	− 0. 0261 ** (− 2. 59)	− 0. 0380 ** (− 2. 55)	− 0. 0181 (− 1. 52)	− 0. 0337 *** (− 3. 03)	− 0. 0245 * (− 1. 78)	− 0. 0302 (− 1. 64)
Age	0. 0005 (0. 16)	0. 0006 (0. 21)	0. 0035 (1. 05)	0. 0030 (1. 20)	− 0. 0005 (− 0. 17)	0. 0036 (1. 42)	− 0. 0010 (− 0. 36)	− 0. 0002 (− 0. 07)	− 0. 0035 (− 1. 01)
Size	− 0. 0183 (− 1. 48)	− 0. 0184 * (− 1. 88)	− 0. 0083 (− 0. 81)	− 0. 0134 (− 1. 40)	− 0. 0120 (− 1. 25)	− 0. 0141 * (− 1. 86)	− 0. 0069 (− 0. 83)	− 0. 0049 (− 0. 57)	− 0. 0079 (− 1. 04)
LEV	0. 0078 (0. 13)	0. 0793 * (1. 85)	0. 0578 (1. 26)	0. 0659 (1. 39)	0. 0684 (1. 58)	0. 0881 (1. 46)	0. 0114 (0. 22)	0. 0004 (0. 01)	− 0. 0363 (− 0. 66)
ROA	0. 1648 (0. 81)	0. 3351 * (1. 93)	0. 2859 (1. 54)	0. 3502 * (1. 90)	0. 1910 (0. 75)	0. 2910 (1. 52)	0. 1167 (0. 69)	0. 0271 (0. 14)	− 0. 3089 * (− 1. 77)

续表

变量	分位数								
	0.1	0.2	0.3	0.4	0.5	0.6	0.7	0.8	0.9
MB	-0.1352 *	-0.1632 ***	-0.1449 ***	-0.1114 ***	-0.1367 ***	-0.1032 **	-0.1260 ***	-0.1366 **	-0.0922 *
	(-1.88)	(-2.97)	(-3.34)	(-2.92)	(-2.97)	(-2.15)	(-2.90)	(-2.40)	(-1.93)
DTURN	0.0494	-0.3506	-0.1370	0.4696	-0.0590	0.6240 *	0.7763 **	0.9736 *	0.3351
	(0.08)	(-0.92)	(-0.24)	(1.42)	(-0.19)	(1.67)	(2.23)	(1.85)	(0.53)
ABACC	0.0449	0.0942	0.0355	-0.0232	-0.0388	-0.0728	0.0260	-0.0423	-0.0097
	(0.34)	(0.86)	(0.38)	(-0.37)	(-0.39)	(-0.92)	(0.25)	(-0.51)	(-0.09)
SIGMA	-2.2978	-5.6271 ***	-1.6006	-0.8036	-1.3906	0.8320	0.5547	2.7765	7.4906 ***
	(-0.88)	(-2.98)	(-0.70)	(-0.40)	(-0.59)	(0.40)	(0.25)	(1.10)	(2.95)
RET	1.1848 ***	0.6276	1.2163 ***	1.1196 ***	1.0317 **	1.2638 ***	1.0026 **	1.4067 ***	1.9922 ***
	(2.90)	(1.60)	(2.88)	(3.19)	(2.09)	(2.97)	(2.20)	(2.85)	(4.13)
SOE	-0.0062	-0.0173	-0.0092	-0.0059	-0.0130	-0.0055	-0.0073	-0.0320	-0.0225
	(-0.29)	(-0.85)	(-0.51)	(-0.40)	(-0.70)	(-0.39)	(-0.46)	(-1.38)	(-1.20)
DUAL	-0.0089	-0.0047	-0.0048	0.0064	0.0043	0.0114	0.0148	0.0126	0.0095
	(-0.45)	(-0.27)	(-0.24)	(0.34)	(0.21)	(0.58)	(0.72)	(0.68)	(0.40)

注：***、**、* 分别表示在 1%、5%、10% 的水平上显著；括号内为 t 统计量。

9.4.3 所有权性质下高管性别结构对不同程度股价崩盘风险的异质性影响

为了检验不同所有权性质下女性高管对不同程度股价崩盘风险的差异性影响，本节将样本分为国有企业和非国有企业，分别检验 CFO 性别（CFOSEX）、女性高管比例（FEMALE）在不同分位点下对股价崩盘风险的影响。

9.4.3.1 不同所有权性质下女性高管比例对不同程度股价崩盘风险的异质性影响

表 9-28 为国有企业样本中女性高管比例（FEMALE）对股票负收益偏态系数（NCSKEW）在不同分位数上的影响。回归结果显示，女性高管比例

（FEMALE）在 0.1、0.2、0.3 分位数上对 NCSKEW 呈显著负影响，在 0.4 ~ 0.9 的分位数上均不显著。这表明了在国有企业样本中女性高管比例（FEMALE）对较低程度股价崩盘风险具有显著的抑制作用，对中高程度的股价崩盘风险有抑制性，但不显著。

表 9 - 28　　　国有企业女性高管比例对 NCSKEW 的分位数回归结果

变量	分位数								
	0.1	0.2	0.3	0.4	0.5	0.6	0.7	0.8	0.9
FEMALE	-0.5141 ** (-2.10)	-0.4129 * (-1.85)	-0.4321 ** (-2.21)	-0.1793 (-1.59)	-0.1189 (-1.15)	-0.1368 (-1.32)	-0.1119 (-0.96)	-0.1553 (-1.32)	-0.2467 (-0.94)
Age	0.3269 (1.08)	-0.0004 (-1.04)	-0.0032 (-1.03)	0.0003 (1.04)	-0.0024 (-1.29)	-0.0116 (-1.52)	0.0021 (1.21)	-0.0006 (-1.08)	-0.0152 (-1.05)
Size	5.8160 (1.05)	0.1386 (1.22)	-0.0343 (-1.02)	0.0127 (1.22)	-0.0049 (-1.12)	-0.0425 (-0.84)	-0.0277 (-1.60)	-0.0140 (-1.18)	0.0044 (1.05)
LEV	0.4833 (1.01)	0.1483 (0.66)	0.1748 (1.09)	0.1512 (1.10)	0.1097 (0.78)	0.1588 (0.77)	0.0904 (0.65)	0.0736 (1.50)	0.1478 (1.51)
ROA	3.5188 (1.12)	0.7895 (0.90)	0.9183 (1.53)	0.7920 * (1.87)	0.6246 (1.48)	0.5975 (1.17)	0.0637 (1.13)	0.1318 (1.35)	0.1857 (1.37)
MB	-0.3082 (-0.03)	-0.4630 *** (-2.91)	-0.3503 (-1.44)	-0.2093 ** (-2.36)	-0.1497 * (-1.85)	-0.0551 (-0.51)	-0.1215 (-0.96)	-0.1691 (-1.55)	0.0721 (1.42)
DTURN	-3.4515 (-1.01)	-2.0174 (-1.41)	-1.1204 (-0.20)	-0.5670 (-0.85)	0.1539 (0.22)	-0.1119 (-0.13)	-0.2170 (-0.26)	0.9868 (1.08)	1.8933 (1.59)
ABACC	0.2773 (1.02)	0.1283 (1.30)	-0.0172 (-1.03)	-0.0728 (-1.05)	-0.0712 (-1.38)	-0.1330 (-0.78)	-0.0937 (-0.78)	-0.2716 * (-1.89)	-0.2293 (-1.02)
SIGMA	-11.1010 (-1.02)	-4.0002 * (-1.85)	-3.6167 (-1.07)	-3.0169 * (-1.85)	-0.4016 (-1.11)	0.5116 (1.17)	3.5190 (1.23)	7.6873 * (1.78)	11.7347 ** (2.32)
RET	1.9785 (1.02)	3.1620 *** (2.88)	2.7410 (1.39)	2.1943 *** (3.37)	2.3169 *** (3.22)	1.7942 *** (3.00)	2.2518 *** (3.48)	2.7520 *** (3.13)	3.1026 *** (3.44)
DUAL	-1.2742 (-1.26)	0.0377 (0.58)	0.0467 (1.18)	0.0407 (1.19)	0.0050 (1.14)	0.0285 (0.81)	-0.0077 (1.23)	-0.0166 (-1.36)	-0.0158 (-1.24)

注：*** 、** 、* 分别表示在 1%、5%、10% 的水平上显著；括号内为 t 统计量。

表 9 - 29 为国有企业样本中女性高管比例（FEMALE）对收益率涨跌波动比率（DUVOL）在不同分位点上的异质性影响。回归结果显示，女性高管比

例（FEMALE）对收益率涨跌波动比率（DUVOL）在 0.1、0.2、0.3 分位点上具有显著负影响，系数分别为 - 0.3073、- 0.1703、- 0.1521，说明女性高管比例能有效缓解低程度股价崩盘风险，但随着崩盘风险的提高，女性高管的缓解效应在减弱。在 0.4 ~ 0.9 分位数上，女性高管比例对股价崩盘风险的影响仍具有负影响，但几乎不显著。因此，女性高管比例对股价崩盘风险的抑制作用主要体现在低程度股价波动风险。

表 9 - 29　　国有企业女性高管比例对 DUVOL 的分位数回归结果

变量	分位数								
	0.1	0.2	0.3	0.4	0.5	0.6	0.7	0.8	0.9
FEMALE	- 0.3073 ** (- 2.47)	- 0.1703 * (- 1.86)	- 0.1521 * (- 1.85)	- 0.0563 (- 0.65)	- 0.0672 (- 0.68)	- 0.0019 (- 0.03)	- 0.0962 (- 1.59)	- 0.1009 (- 1.22)	- 0.2207 * (- 1.91)
Age	0.0000 (1.01)	- 0.0003 (- 1.08)	0.0022 (1.51)	- 0.0015 (- 0.46)	- 0.0001 (- 1.03)	- 0.0002 (- 1.05)	- 0.0011 (- 1.33)	0.0013 (1.37)	0.0076 * (1.82)
Size	- 0.0272 (- 1.64)	- 0.0288 ** (- 2.37)	- 0.0142 (- 1.20)	- 0.0168 (- 1.40)	- 0.0242 (- 1.40)	- 0.0256 *** (- 2.88)	- 0.0184 ** (- 2.24)	- 0.0142 (- 1.29)	- 0.0171 (- 1.55)
LEV	0.0521 (0.58)	0.1328 ** (2.16)	0.1507 *** (2.96)	0.1082 * (1.79)	0.1025 (1.21)	0.1448 ** (2.08)	0.0952 (1.61)	- 0.0140 (- 1.18)	- 0.0221 (- 1.27)
ROA	0.3050 (0.77)	0.4557 (1.10)	0.2191 (0.94)	0.3177 (1.50)	0.3365 (1.16)	0.2503 (1.12)	0.1167 (0.54)	- 0.0258 (- 1.09)	- 0.1236 (- 1.36)
MB	- 0.1276 (- 1.27)	- 0.1314 * (- 1.95)	- 0.1770 *** (- 4.07)	- 0.1318 *** (- 2.87)	- 0.0800 (- 1.18)	- 0.1039 ** (- 2.43)	- 0.1310 *** (- 2.98)	- 0.1560 ** (- 2.24)	- 0.1465 * (- 1.96)
DTURN	- 1.5118 ** (- 2.03)	- 1.1843 ** (- 2.12)	- 1.0451 * (- 1.88)	- 0.2900 (- 0.58)	- 0.5856 (- 0.87)	- 0.6827 (- 1.59)	- 0.1859 (- 1.38)	0.8846 (1.18)	0.2861 (1.31)
ABACC	0.1232 (0.95)	0.0464 (0.35)	0.0169 (1.16)	- 0.0163 (- 1.18)	- 0.1188 (- 1.02)	- 0.1213 (- 0.95)	- 0.0499 (- 1.35)	- 0.1106 (- 0.98)	- 0.1475 (- 0.84)
SIGMA	- 7.9170 *** (- 2.94)	- 5.1713 ** (- 2.03)	- 4.7842 * (- 1.81)	- 1.7232 * (- 1.86)	- 1.6607 (- 1.50)	0.2503 (1.13)	1.3300 (1.63)	1.0536 (1.37)	5.8122 (1.59)
RET	0.4340 (0.88)	0.8796 * (1.92)	0.8855 ** (2.01)	1.2360 *** (2.78)	1.0659 (1.63)	1.6927 *** (4.58)	1.5432 *** (3.65)	1.1942 ** (2.08)	1.9858 ** (2.37)
DUAL	- 0.0021 (- 1.07)	- 0.0031 (- 1.17)	- 0.0034 (- 1.18)	- 0.0094 (- 1.54)	- 0.0101 (- 1.33)	0.0161 (1.63)	0.0108 (1.58)	0.0098 (1.41)	0.0144 (1.39)

注：***、**、* 分别表示在 1%、5%、10% 的水平上显著；括号内为 t 统计量。

表9-30和表9-31为非国有企业样本中女性高管比例（FEMALE）对股票负收益偏态系数（NCSKEW）和股票收益率涨跌波动比率（DUVOL）在不同分位数的差异性影响。研究结果表明，女性高管比例对股价崩盘风险的影响在各个分位点上基本为负值，但显著性存在差异，在分位数0.1~0.3间存在显著负相关关系，在其他分位点上基本不显著，这与国有企业的估计结果基本一致。

表9-30　　非国有企业女性高管比例对 NCSKEW 的分位数回归结果

变量	分位数								
	0.1	0.2	0.3	0.4	0.5	0.6	0.7	0.8	0.9
FEMALE	-0.4028 * (-1.89)	-0.3603 ** (-2.51)	-0.3384 ** (-2.64)	-0.1768 (-0.79)	-0.1872 (-1.04)	-0.1650 (-0.87)	-0.2028 (-1.12)	0.1576 (1.54)	0.1576 (1.46)
Age	0.0015 (1.12)	0.0102 (0.75)	0.0089 (0.86)	0.0127 (1.29)	0.0121 * (1.85)	0.0128 (1.49)	0.0039 (1.47)	0.0036 (1.21)	-0.0020 (-1.15)
Size	0.0419 (1.34)	0.0343 (1.30)	0.1126 (0.82)	0.0932 (1.01)	0.0381 (0.84)	0.0122 (1.17)	0.0052 (1.07)	0.0169 (1.16)	0.0007 (1.01)
LEV	0.0688 (1.18)	0.0292 (1.11)	0.1996 (1.52)	0.0942 (1.45)	0.1063 (1.52)	0.1673 * (1.88)	0.1670 * (1.94)	-0.0534 (-1.17)	-0.0044 (-1.02)
ROA	0.6093 (0.68)	0.5905 * (1.91)	0.6134 (0.91)	0.5590 (1.15)	0.6348 * (1.81)	0.5449 (1.14)	0.3154 * (1.85)	-0.2183 (-1.34)	-0.4097 (-1.60)
MB	-0.3388 * (-1.80)	-0.3034 * (-1.91)	-0.2306 (-1.34)	-0.2243 * (-1.84)	-0.1473 * (-1.91)	-0.0474 (-1.47)	-0.0092 (-1.09)	-0.0566 (-1.47)	0.2981 * (1.86)
DTURN	-0.3264 (-1.30)	0.7020 (1.41)	0.5610 (0.60)	0.9634 (1.03)	1.2722 ** (2.31)	1.1315 (1.47)	1.1224 (1.42)	1.5722 (1.40)	2.6868 (1.47)
ABACC	0.1368 (1.31)	0.3074 (1.14)	0.1726 (0.66)	0.1234 * (1.83)	0.1094 * (1.96)	0.0914 (0.58)	0.1638 * (1.84)	0.3522 ** (2.19)	0.1075 (1.26)
SIGMA	8.9210 (1.12)	-1.4000 (-1.19)	0.7743 (1.16)	2.7928 (0.71)	6.0915 (1.43)	7.3078 (1.54)	5.6838 (1.40)	12.5280 ** (2.40)	25.2684 *** (4.09)
RET	4.2751 *** (3.40)	2.4368 * (1.84)	1.8617 ** (2.50)	1.9873 *** (3.04)	2.1481 *** (2.99)	2.2739 *** (3.10)	1.4486 ** (2.38)	2.4643 *** (2.88)	3.6774 *** (3.60)
DUAL	-0.0441 (-1.39)	-0.0222 (-1.30)	0.0021 (1.04)	0.0344 (0.67)	0.0240 (0.50)	-0.0004 (-1.01)	0.0152 (1.38)	0.0488 (1.06)	0.0399 (1.48)

注：***、**、* 分别表示在1%、5%、10%的水平上显著；括号内为 t 统计量。

表9-31　　非国有企业女性高管比例对 DUVOL 的分位数回归结果

变量	分位数								
	0.1	0.2	0.3	0.4	0.5	0.6	0.7	0.8	0.9
FEMALE	-0.2323 * (-1.83)	-0.1666 ** (-2.02)	-0.1514 * (-1.86)	-0.1070 (-0.83)	-0.1457 (-0.67)	-0.1970 (-1.45)	-0.1705 (-1.09)	-0.1246 (-0.62)	0.1154 (1.39)
Age	0.0039 (1.54)	0.0010 (1.15)	0.0077 (0.93)	0.0096 (1.22)	0.0114 (1.64)	0.0082 (1.36)	0.0069 (0.86)	0.0051 (1.50)	-0.0093 (-0.71)
Size	0.0083 (1.12)	0.0095 (1.20)	0.0027 (1.05)	0.0082 (1.21)	0.0156 (0.51)	0.0176 (1.42)	0.0101 (1.25)	0.0160 (1.23)	-0.0002 (0.77)
LEV	-0.0263 (-1.16)	0.0297 (1.21)	0.0658 (1.36)	0.0608 (1.40)	0.0384 (1.30)	0.0326 (1.27)	0.0965 (0.60)	0.1004 (0.51)	-0.0501 (-1.28)
ROA	0.0422 (1.10)	0.4060 (1.13)	0.7913 ** (2.16)	0.6622 * (1.87)	0.4231 (1.04)	0.3526 (1.17)	0.3504 (0.96)	-0.0663 (-1.13)	0.0309 (1.05)
MB	-0.0388 (-1.29)	-0.0992 (-0.72)	-0.1184 (-0.94)	-0.1163 (-1.42)	-0.1240 (-0.97)	-0.1279 (-1.38)	0.0574 (1.58)	0.1307 (0.96)	0.0013 (1.01)
DTURN	0.0973 (1.13)	0.5751 (0.97)	0.6219 (0.90)	0.7334 (1.12)	0.7671 (1.53)	1.4215 ** (2.27)	1.2334 (1.52)	1.4687 (1.44)	1.5806 * (1.83)
ABACC	0.0752 (1.32)	0.1025 (0.48)	-0.0025 (-1.02)	0.0529 (1.40)	-0.0236 (-0.16)	-0.0392 (-0.35)	0.0426 (0.23)	0.1305 (0.75)	0.1357 (0.95)
SIGMA	1.9476 (1.44)	-3.1043 (-0.99)	-1.6012 (-1.53)	1.6919 (0.56)	2.2536 (0.68)	2.1625 (0.70)	3.3435 (1.00)	6.2705 * (1.71)	11.0845 ** (2.31)
RET	1.4046 ** (2.23)	0.7194 (1.16)	0.6227 (1.06)	1.0790 ** (2.27)	0.9990 ** (2.04)	0.8802 ** (2.17)	0.9620 * (1.82)	1.4400 ** (2.30)	2.2235 *** (2.95)
DUAL	0.0051 (1.10)	-0.0025 (-1.06)	-0.0085 (-1.21)	0.0122 (1.39)	0.0042 (1.11)	0.0280 (0.88)	0.0282 (0.88)	0.0161 (1.40)	0.0221 (1.46)

注：***、**、* 分别表示在1%、5%、10%的水平上显著；括号内为 t 统计量。

　　将国有企业和非国有企业的结果对比分析可知，在国有企业样本中（见表9-28），女性高管比例（FEMALE）在0.1、0.2、0.3分位数上对股票负收益偏态系数（NCSEKE）的影响系数分别为 -0.5141、-0.4129、-0.4321；在非国有企业样本中（表9-28），女性高管比例（FEMALE）对股票负收益偏态系数（NCSEKE）的影响在0.1、0.2、0.3分位数上的系数分别为 -0.4028、-0.3603、-0.3384。对比分析发现，在0.1、0.2、0.3分位数上，国有企业的系数均大于非国有企业，说明在同一分位数上，相比非国有企业，女性高管比例的提高对股价崩盘风险的抑制作用在国有企业中表现更明显。同样，女性高管比例（FEMALE）对不同所有权性质企业的收益率涨跌波动比率（DUVOL）的影响系数，其结果仍与上述一致。

9.4.3.2 不同所有权性质下 CFO 性别对不同程度股价崩盘风险的异质性影响

表 9 - 32 和表 9 - 33 为国有企业样本中 CFO 性别分别对股票负收益偏态系数（NCSKEW）和股票收益率涨跌波动比率（DUVOL）影响的分位数回归结果。从表 9 - 30 的回归结果可以看出，CFO 性别对股票负收益偏态系数（NCSKEW）的影响仅在 0.1、0.2、0.3 分位数上显著为负，在其他分位点上不存在显著负影响。表明在国有企业样本中，女性 CFO 仅对低程度股价崩盘风险具有显著负影响，对中高程度估计崩盘风险不具有显著负影响。

表 9 - 32　　　　国有企业 CFO 性别对 NCSKEW 的分位数回归结果

变量	分位数								
	0.1	0.2	0.3	0.4	0.5	0.6	0.7	0.8	0.9
CFOSEX	− 0.0967 ***	− 0.0992 ***	− 0.0911 ***	− 0.0316	− 0.0255	− 0.0091	0.0062	− 0.0037	− 0.0292
	(− 2.87)	(− 3.12)	(− 4.51)	(− 1.28)	(− 1.16)	(− 0.46)	(0.29)	(− 0.21)	(− 1.07)
Age	− 0.0164 **	− 0.0124 **	0.0016	− 0.0017	0.0066	0.0047	0.0045	− 0.0004	0.0079
	(− 2.36)	(− 2.10)	(0.28)	(− 0.37)	(1.43)	(1.17)	(1.00)	(− 0.10)	(1.15)
Size	− 0.0139	− 0.0087	− 0.0183	− 0.0111	− 0.0143	− 0.0284 ***	− 0.0107	− 0.0145	− 0.0191
	(− 0.60)	(− 0.46)	(− 1.32)	(− 0.92)	(− 1.30)	(− 2.93)	(− 0.78)	(− 1.12)	(− 0.91)
LEV	0.2300	0.1460 *	0.1678 **	0.2075 **	0.1142	0.1434 *	0.0578	0.1001	0.0756
	(1.62)	(1.85)	(2.22)	(2.55)	(1.39)	(1.87)	(0.78)	(1.44)	(0.49)
ROA	0.7178	0.5550	0.8102 ***	0.7867 **	0.5804 *	0.5615	− 0.0066	0.2302	0.1494
	(1.34)	(1.21)	(2.94)	(2.44)	(1.91)	(1.54)	(− 0.02)	(0.89)	(0.23)
MB	− 0.5622 ***	− 0.4787 ***	− 0.3317 ***	− 0.3242 ***	− 0.2368 ***	− 0.2021 ***	− 0.2352 ***	− 0.1510 **	− 0.1252
	(− 4.62)	(− 5.47)	(− 4.56)	(− 4.27)	(− 3.12)	(− 3.04)	(− 3.33)	(− 2.16)	(− 1.04)
DTURN	− 3.8411 ***	− 3.0532 ***	− 1.8843 ***	− 1.1649	− 0.4943	− 0.3707	− 0.6667	0.4868	0.9604
	(− 4.04)	(− 3.15)	(− 2.87)	(− 1.63)	(− 1.04)	(− 0.78)	(− 1.49)	(0.76)	(0.51)

变量	分位数								
	0.1	0.2	0.3	0.4	0.5	0.6	0.7	0.8	0.9
ABACC	0.2998 (1.25)	0.1074 (0.71)	0.0455 (0.32)	−0.0837 (−0.61)	−0.0740 (−0.49)	−0.1688 (−1.17)	−0.1397 (−1.15)	−0.2781 (−1.61)	−0.0658 (−0.22)
SIGMA	−11.0374 ** (−2.14)	−3.3661 (−0.63)	−4.6881 (−1.18)	−2.9745 (−0.85)	−0.3206 (−0.11)	0.0839 (0.03)	4.0919 (1.21)	7.2707 ** (2.03)	12.0010 *** (3.26)
RET	1.8308 ** (2.20)	3.0955 *** (2.89)	1.6093 ** (2.14)	1.7948 *** (2.92)	1.9340 *** (3.45)	1.8004 *** (3.14)	2.4377 *** (3.30)	2.6474 *** (3.66)	3.4973 *** (5.27)
DUAL	−0.0503 (−0.87)	0.0165 (0.41)	0.0369 (1.42)	0.0289 (1.30)	0.0110 (0.50)	−0.0098 (−0.38)	−0.0133 (−0.50)	−0.0100 (−0.30)	−0.0139 (−0.19)

注：*** 、** 、* 分别表示在 1% 、5% 、10% 的水平上显著；括号内为 t 统计量。

从表 9 - 33 的回归结果可以看出，CFO 性别（CFOSEX）对股票收益率涨跌波动比率（DUVOL）的影响在 0.1、0.2、0.3 分位数上也显著为负，这表明 CFO 性别对较低程度的股价崩盘风险有显著负影响，但其在 0.5 和 0.7 分位数上也显著为负，这可能是因为用 DUVOL 衡量的股价崩盘风险本身比用 NCSKEW 衡量的股价崩盘风险相对较低，因此 DUVOL 处在较高分位点上的数值相对 NCSKEW 的同一分位点来说其风险是更低的，这也说明了为什么 CFO 性别对较高分位点上的股票收益率涨跌波动比率（DUVOL）的影响显著为负。

表 9 - 33　　　　国有企业 CFO 性别对 DUVOL 的分位数回归结果

变量	分位数								
	0.1	0.2	0.3	0.4	0.5	0.6	0.7	0.8	0.9
CFOSEX	−0.0806 *** (−4.20)	−0.0530 *** (−2.88)	−0.0396 ** (−2.41)	−0.0206 (−1.30)	−0.0360 *** (−3.09)	−0.0158 (−0.88)	−0.0332 ** (−2.51)	−0.0266 (−1.41)	−0.0153 (−0.80)
Age	−0.0015 (−0.36)	0.0002 (0.05)	0.0008 (0.19)	0.0002 (0.06)	−0.0011 (−0.37)	0.0015 (0.39)	0.0013 (0.42)	0.0016 (0.49)	0.0069 (1.59)
Size	−0.0219 (−1.64)	−0.0209 * (−1.87)	−0.0134 (−1.07)	−0.0184 (−1.51)	−0.0217 *** (−2.86)	−0.0277 ** (−2.51)	−0.0160 * (−1.91)	−0.0158 (−1.39)	−0.0218 * (−1.88)
LEV	0.0543 (0.57)	0.1501 ** (2.18)	0.1408 *** (2.88)	0.1137 * (1.94)	0.1340 *** (2.89)	0.1086 (1.49)	0.0820 (1.29)	0.0074 (0.10)	0.0261 (0.28)

变量	分位数								
	0.1	0.2	0.3	0.4	0.5	0.6	0.7	0.8	0.9
ROA	0.3962 (1.04)	0.3265 (1.14)	0.2599 (1.17)	0.3299 (1.42)	0.1884 (0.90)	0.2234 (0.84)	0.1299 (0.58)	-0.0115 (-0.04)	-0.1632 (-0.34)
MB	-0.1261 * (-1.86)	-0.1617 ** (-2.32)	-0.1628 *** (-3.62)	-0.1098 ** (-2.18)	-0.1269 *** (-2.99)	-0.1172 ** (-2.05)	-0.1451 *** (-3.41)	-0.1447 ** (-2.04)	-0.1411 * (-1.79)
DTURN	-1.8935 *** (-2.99)	-1.1459 * (-1.83)	-1.0678 ** (-2.10)	-0.2909 (-0.65)	-0.4278 (-1.18)	-0.0434 (-0.08)	-0.2953 (-0.72)	0.7960 (0.86)	-0.2142 (-0.21)
ABACC	0.0613 (0.58)	0.1095 (0.90)	0.0685 (0.71)	-0.0210 (-0.24)	-0.0755 (-0.56)	-0.1197 (-0.94)	-0.0101 (-0.08)	-0.0351 (-0.34)	-0.1518 (-0.81)
SIGMA	-6.7190 ** (-2.47)	-4.8419 * (-1.87)	-3.7482 (-1.30)	-1.6042 (-0.63)	-1.4180 (-0.55)	0.1693 (0.09)	1.0525 (0.50)	1.1826 (0.43)	6.5486 ** (2.05)
RET	0.5954 (1.36)	0.9293 ** (2.05)	1.0650 ** (2.23)	1.1636 *** (2.87)	1.1578 ** (2.30)	1.4194 *** (3.46)	1.4697 *** (3.40)	1.2210 ** (2.18)	2.2356 *** (3.05)
DUAL	0.0048 (0.17)	-0.0003 (-0.01)	-0.0066 (-0.34)	-0.0108 (-0.60)	0.0015 (0.09)	0.0100 (0.38)	0.0154 (0.85)	0.0065 (0.27)	0.0114 (0.31)

注：*** 、 ** 、 * 分别表示在1%、5%、10%的水平上显著；括号内为 t 统计量。

表9-34和表9-35分别为非国有企业样本中 CFO 性别（CFOSEX）对股票负收益偏态系数（NCSKEW）和股票收益率涨跌波动比率（DUVOL）影响的分位数回归结果。从回归结果可知，CFO 性别对股票负收益偏态系数（NC-SKEW）和股票收益率涨跌波动比率（DUVOL）在各个分位点上均不显著，说明相比于非国有企业，CFO 性别对股价崩盘风险的影响（NCSKEW、DUVOL）在国有企业样本中影响更显著。

表9-34　　　非国有企业 CFO 性别对 NCSKEW 的分位数回归结果

变量	分位数								
	0.1	0.2	0.3	0.4	0.5	0.6	0.7	0.8	0.9
CFOSEX	-0.0424 (-0.80)	-0.0296 (-0.79)	-0.0269 (-0.74)	-0.0224 (-0.72)	-0.0204 (-0.60)	-0.0186 (-0.57)	-0.0343 (-0.95)	-0.0102 (-0.30)	0.0147 (0.34)
Age	0.0016 (0.20)	0.0056 (0.99)	0.0033 (0.62)	0.0027 (0.61)	0.0028 (0.66)	-0.0008 (-0.14)	0.0021 (0.38)	-0.0002 (-0.03)	-0.0028 (-0.44)

变量	分位数								
	0.1	0.2	0.3	0.4	0.5	0.6	0.7	0.8	0.9
Size	0.0493 (1.30)	0.0311 (1.28)	0.0172 (0.65)	0.0151 (0.56)	0.0110 (0.71)	-0.0007 (-0.03)	0.0079 (0.33)	0.0102 (0.46)	-0.0206 (-0.62)
LEV	0.0711 (0.31)	0.0743 (0.49)	0.0958 (0.70)	0.1102 (1.01)	0.1296 * (2.00)	0.1216 (1.21)	0.0808 (0.86)	-0.0086 (-0.07)	0.0421 (0.24)
ROA	0.8488 (1.26)	0.3975 (1.05)	0.5586 (1.16)	0.7358 (1.52)	0.6136 (1.58)	0.4240 (0.99)	0.3131 (0.87)	-0.2263 (-0.65)	-0.3278 (-0.61)
MB	-0.2902 (-1.62)	-0.3053 *** (-2.86)	-0.2196 (-1.49)	-0.2318 * (-1.85)	-0.1638 * (-1.80)	-0.1627 (-1.57)	-0.1632 * (-1.87)	-0.1044 (-0.96)	0.1723 (1.27)
DTURN	-1.0079 (-0.63)	0.8633 (0.65)	1.3461 * (1.84)	0.3098 (0.48)	1.4918 ** (2.36)	1.5547 * (1.92)	1.7831 *** (2.97)	1.3744 (1.12)	2.9282 (1.58)
ABACC	0.0343 (0.14)	0.3528 (1.30)	0.1859 (1.11)	0.2259 * (1.91)	0.1500 (0.84)	0.1379 (0.91)	0.1487 (0.86)	0.3052 * (1.84)	0.1079 (0.57)
SIGMA	12.0399 ** (2.56)	4.9536 (0.56)	1.4482 (0.34)	4.2739 (1.27)	5.3342 (1.28)	6.9201 (1.53)	5.3942 (1.23)	12.3289 ** (2.23)	24.2034 *** (4.26)
RET	4.7257 *** (6.05)	3.0492 (1.62)	1.6386 ** (2.42)	1.9974 *** (3.26)	1.9651 ** (2.38)	1.8695 ** (2.04)	1.5818 ** (2.34)	2.2377 ** (2.37)	3.5887 *** (4.18)
DUAL	-0.0234 (-0.49)	-0.0297 (-0.80)	0.0089 (0.28)	-0.0096 (-0.28)	0.0103 (0.32)	-0.0039 (-0.10)	0.0052 (0.15)	0.0269 (0.56)	0.0387 (0.70)

注: *** 、 ** 、 * 分别表示在 1% 、5% 、10% 的水平上显著；括号内为 t 统计量。

表 9 - 35　　非国有企业 CFO 性别对 DUVOL 的分位数回归结果

变量	分位数								
	0.1	0.2	0.3	0.4	0.5	0.6	0.7	0.8	0.9
CFOSEX	-0.0238 (-1.00)	-0.0246 (-1.12)	-0.0146 (-0.50)	-0.0094 (-0.29)	-0.0210 (-0.65)	-0.0050 (-0.27)	-0.0040 (-0.18)	-0.0207 (-0.84)	-0.0189 (-0.62)
Age	0.0038 (1.02)	0.0054 * (1.88)	0.0076 (1.50)	0.0065 * (1.84)	0.0045 (0.92)	0.0034 (0.93)	-0.0026 (-0.74)	0.0010 (0.23)	-0.0021 (-0.35)
Size	0.0060 (0.34)	0.0112 (0.69)	-0.0052 (-0.29)	-0.0022 (-0.11)	0.0045 (0.25)	0.0121 (0.68)	0.0106 (0.46)	0.0234 (1.00)	-0.0036 (-0.22)

续表

变量	分位数								
	0.1	0.2	0.3	0.4	0.5	0.6	0.7	0.8	0.9
LEV	-0.0563 (-0.58)	0.0582 (0.76)	0.0805 (1.02)	0.0773 (0.89)	0.0669 (0.66)	0.0467 (0.60)	0.0248 (0.26)	0.0068 (0.08)	-0.0447 (-0.42)
ROA	-0.1506 (-0.67)	0.3017 (1.17)	0.3345 (1.01)	0.4638 (1.47)	0.3841 (0.56)	0.3332 (1.02)	0.2223 (0.68)	-0.0720 (-0.20)	-0.2298 (-0.58)
MB	-0.1101 (-1.25)	-0.1702** (-2.11)	-0.1141 (-1.18)	-0.1175 (-1.49)	-0.1260* (-1.16)	-0.1447* (-1.88)	-0.1230 (-1.14)	-0.1111 (-0.98)	0.0105 (0.11)
DTURN	0.1409 (0.32)	1.3253*** (2.93)	1.4507** (2.45)	0.7453 (1.37)	0.8251 (0.91)	0.7573*** (2.91)	1.7619*** (3.95)	1.3021 (1.46)	1.3594 (1.39)
ABACC	0.1656 (0.62)	0.1201 (0.89)	0.0173 (0.13)	0.0363 (0.33)	0.0697 (0.76)	0.0144 (0.14)	0.0513 (0.36)	0.0928 (0.72)	0.1117 (0.83)
SIGMA	1.4645 (0.36)	-2.6687 (-0.71)	-1.7164 (-0.45)	1.3261 (0.36)	2.3132 (0.47)	2.2781 (0.68)	3.8449 (1.26)	5.2190 (1.40)	9.2733*** (2.89)
RET	1.3306** (2.49)	0.6098 (0.90)	0.7284 (1.03)	1.0805 (1.62)	1.0757 (1.20)	1.1623* (1.93)	1.1250* (1.91)	1.2878** (2.10)	1.8494*** (2.86)
DUAL	-0.0098 (-0.35)	0.0001 (1.00)	-0.0129 (-0.45)	0.0090 (0.31)	0.0102 (0.37)	0.0064 (0.23)	0.0198 (0.59)	0.0166 (0.52)	0.0093 (0.25)

注：***、**、*分别表示在1%、5%、10%的水平上显著；括号内为 t 统计量。

9.4.4　分位数回归的稳健性检验

9.4.4.1　女性高管比例影响股价崩盘风险的分位数稳健性检验

表 9 - 36 为女性高管比例（FEMALE）对负收益偏态系数（NCSKEW）的分位数稳健性检验。回归结果表明，女性高管比例（FEMALE）对负收益偏态系数（NCSKEW）的影响在 0.1、0.2 和 0.3 分位数显著为负，检验结果与前面一致，表明通过稳健性检验。

表 9 – 36   女性高管比例影响 NCSKEW 的分位数稳健性检验

变量	分位数								
	0.1	0.2	0.3	0.4	0.5	0.6	0.7	0.8	0.9
FEMALE	−0.1847 ***	−0.2947 **	−0.2057 *	−0.0915	−0.0790	−0.0959	−0.1110	−0.0115	0.0292
	(−2.93)	(−2.18)	(−1.88)	(−0.81)	(−0.57)	(−1.04)	(−1.15)	(−0.10)	(0.18)
Age	0.0002	0.0025	0.0053	0.0052	0.0044	0.0063	0.0072	0.0013	−0.0015
	(0.02)	(0.27)	(0.82)	(0.84)	(0.54)	(1.30)	(1.38)	(0.19)	(−0.24)
Size	0.0403	0.1049	−0.0036	0.0037	−0.0047	−0.0070	0.0026	0.0074	0.0784
	(0.55)	(1.57)	(−0.10)	(0.08)	(−0.11)	(−0.19)	(0.06)	(0.17)	(1.30)
LEV	0.2281	0.1157	0.1593	0.1406	0.1117	0.0768	0.0746	0.1288	−0.0121
	(0.94)	(0.75)	(1.16)	(1.01)	(1.00)	(0.70)	(0.56)	(0.86)	(−0.05)
ROA	0.8571 *	0.5454	0.6924 **	0.6668 **	0.5993 *	0.5238	0.2480	0.0288	−0.0468
	(1.85)	(1.27)	(2.15)	(2.04)	(1.80)	(1.63)	(0.65)	(0.09)	(−0.10)
MB	−0.5238 ***	−0.4316 ***	−0.2921 ***	−0.1911 **	−0.1109 **	−0.0971	−0.2158 **	−0.2039 **	−0.1044
	(−5.52)	(−4.10)	(−3.26)	(−2.37)	(−1.15)	(−1.03)	(−2.53)	(−2.17)	(−0.60)
DTURN	−2.5311 ***	−1.5974 **	−0.7068	−0.3717	0.2264 **	0.6242	0.9537 **	1.1850	1.2103
	(−2.89)	(−2.37)	(−1.35)	(−0.92)	(0.38)	(1.56)	(2.08)	(1.56)	(1.18)
ABACC	0.1906	0.2172	0.0765	−0.0105	0.0627	−0.0328	−0.0141	0.0308	0.0661
	(0.99)	(1.16)	(0.63)	(−0.09)	(0.37)	(−0.27)	(−0.13)	(0.21)	(0.34)
SIGMA	−13.0534 ***	−10.3054 ***	−7.8801 ***	−5.9563 **	−4.0655 *	−3.3968	−2.7229	−0.1150	4.4060 **
	(−2.99)	(−2.89)	(−2.91)	(−2.40)	(−1.84)	(−1.26)	(−1.56)	(−0.05)	(2.26)
RET	1.6179 **	1.3857 **	1.0699 *	1.1260 **	0.9621 **	0.4965	0.4144	0.6509 ***	0.9324 ***
	(2.16)	(2.23)	(1.94)	(2.48)	(2.43)	(0.91)	(1.58)	(2.98)	(6.00)
SOE	0.0508	0.0220	0.0537	−0.0069	−0.0198	−0.0260	−0.0191	−0.0253	−0.0376
	(0.52)	(0.25)	(0.63)	(−0.10)	(−0.32)	(−0.43)	(−0.35)	(−0.34)	(−0.41)
DUAL	−0.0346	0.0127	0.0284	0.0218	0.0224	0.0083	0.0075	0.0068	0.0094
	(−0.57)	(0.27)	(0.86)	(0.72)	(0.70)	(0.29)	(0.29)	(0.18)	(0.20)
TOPHOLD	0.0000	−0.0010	0.0019	0.0019	−0.0004	−0.0010	0.0028 **	0.0025 *	−0.0005
	(0.02)	(−0.42)	(1.10)	(1.31)	(−0.21)	(−0.67)	(2.02)	(1.74)	(−0.21)
BOARDSIZE	0.1264	0.0273	0.0243	0.0139	−0.0029	−0.0072	−0.0128	−0.0289	−0.0257
	(0.64)	(0.42)	(0.23)	(0.31)	(−0.04)	(−0.11)	(−0.22)	(−0.49)	(−0.43)

注：*** 、** 、* 分别表示在 1%、5%、10% 的水平上显著；括号内为 t 统计量。

表 9 - 37 为女性高管比例（FEMALE）对收益率涨跌波动比率（DUVOL）的分位数回归稳健性检验。回归结果表明，女性高管比例（FEMALE）对收益率涨跌波动比率（DUVOL）的影响在 0.1、0.2、0.3 分位数上显著为负，且随着分位数的提高系数变小，检验结果与前面一致，表明通过稳健性检验。

表 9 - 37　　　　　女性高管比例影响 DUVOL 的分位数稳健性检验

变量	分位数								
	0.1	0.2	0.3	0.4	0.5	0.6	0.7	0.8	0.9
FEMALE	- 0.2519 **	- 0.1648 **	- 0.1434 *	- 0.0808	- 0.1009	- 0.0755	- 0.0715	- 0.0595	0.0194
	(- 2.58)	(- 2.06)	(- 1.89)	(- 1.05)	(- 1.01)	(- 1.03)	(- 0.97)	(- 0.65)	(0.16)
Age	0.0046	0.0017	0.0037	0.0046	0.0037	0.0059	0.0027	0.0013	0.0018
	(0.96)	(0.46)	(0.63)	(0.76)	(0.73)	(1.51)	(0.63)	(0.25)	(0.21)
Size	- 0.0188	- 0.0175	- 0.0072	- 0.0091	0.0029	- 0.0098	0.0007	0.0040	- 0.0074
	(- 0.57)	(- 0.47)	(- 0.22)	(- 0.20)	(0.05)	(- 0.36)	(0.04)	(0.17)	(- 0.12)
LEV	0.0267	0.0763	0.0681	0.0663	0.0745	0.0849	0.0278	0.0047	- 0.0312
	(0.20)	(0.82)	(0.65)	(0.55)	(0.55)	(1.08)	(0.30)	(0.05)	(- 0.17)
ROA	0.2551	0.3991	0.2340	0.4218	0.2842	0.3553 *	0.1649	0.0185	- 0.2539
	(0.76)	(1.44)	(0.84)	(1.57)	(1.01)	(1.85)	(0.68)	(0.06)	(- 0.46)
MB	- 0.1377	- 0.0883	- 0.1004 *	- 0.0216	- 0.0055	- 0.1061 *	- 0.1426 **	- 0.0698	- 0.1040
	(- 1.12)	(- 1.11)	(- 1.80)	(- 0.34)	(- 0.04)	(- 1.88)	(- 2.12)	(- 0.72)	(- 1.29)
DTURN	- 0.3357	- 0.6071	- 0.5480	0.3917	0.1276	0.4359	1.0392 **	1.0507 **	1.1531 *
	(- 0.84)	(- 1.44)	(- 1.32)	(1.04)	(0.19)	(1.32)	(2.56)	(2.03)	(1.86)
ABACC	0.1108	0.0903	0.0325	0.0134	- 0.0240	- 0.0753	0.0069	0.0595	0.0574
	(0.70)	(0.84)	(0.39)	(0.15)	(- 0.15)	(- 0.94)	(0.07)	(0.52)	(0.47)
SIGMA	- 6.5305 ***	- 7.7225 **	- 5.8220 ***	- 3.8932 **	- 3.2199	- 2.2909 **	- 2.4453 **	- 0.5892	0.8021
	(- 2.94)	(- 6.62)	(- 3.10)	(- 2.28)	(- 1.22)	(- 2.21)	(- 2.27)	(- 0.34)	(0.22)
RET	0.3842	0.3646 **	0.1436	0.3042	0.3793	0.4203 ***	0.2862 **	0.2163	0.6407
	(1.19)	(2.40)	(0.40)	(1.10)	(0.98)	(3.17)	(2.05)	(0.74)	(0.78)
SOE	0.0106	0.0127	- 0.0119	- 0.0117	- 0.0131	0.0025	0.0038	- 0.0059	- 0.0190
	(0.18)	(0.26)	(- 0.25)	(- 0.24)	(- 0.32)	(0.05)	(0.09)	(- 0.15)	(- 0.32)
DUAL	0.0031	0.0046	- 0.0076	0.0060	0.0125	0.0134	0.0189	0.0070	0.0164
	(0.07)	(0.17)	(- 0.27)	(0.23)	(0.46)	(0.62)	(0.83)	(0.25)	(0.46)

变量	分位数								
	0.1	0.2	0.3	0.4	0.5	0.6	0.7	0.8	0.9
TOPHOLD	0.0019 (1.37)	0.0000 (0.03)	0.0013 (1.01)	0.0015 (1.05)	0.0012 (1.04)	0.0019 * (1.73)	0.0026 * (1.93)	0.0033 ** (2.25)	0.0005 (0.40)
BOARDSIZE	0.0318 (0.50)	-0.0109 (-0.16)	-0.0188 (-0.47)	-0.0193 (-0.50)	-0.0027 (-0.03)	0.0347 (0.45)	-0.0016 (-0.06)	-0.0217 (-0.21)	-0.0025 (-0.04)

注：***、**、*分别表示在1%、5%、10%的水平上显著；括号内为 t 统计量。

9.4.4.2 CFO 性别影响股价崩盘风险的分位数稳健性检验

表 9 - 38 为 CFO 性别（CFOSEX）对负收益偏态系数（NCSKEW）影响的稳健性检验。回归结果表明，CFO 性别对负收益偏态系数（NCSKEW）的影响在 0.1 ~ 0.4 分位数上显著为负，在其他分位数上则不显著，0.1 ~ 0.4 分位点上的系数分别为 - 0.1003、- 0.0860、- 0.0563、- 0.0384，系数呈递减趋势，表明女性 CFO 对低程度股价崩盘风险的影响显著为负，对中高程度股价崩盘风险的影响不显著。这与前面结果一致，表明结果通过了稳健性检验。

表 9 - 38　　　　　　CFO 性别影响 NCSKEW 的分位数稳健性检验

变量	分位数								
	0.1	0.2	0.3	0.4	0.5	0.6	0.7	0.8	0.9
CFOSEX	-0.1003 *** (-2.97)	-0.0860 *** (-3.27)	-0.0563 *** (-2.87)	-0.0384 * (-1.85)	-0.0302 (-1.37)	-0.0150 (-0.90)	-0.0157 (-1.14)	0.0017 (0.11)	-0.0125 (-0.53)
Age	-0.0014 (-0.22)	0.0032 (0.77)	0.0008 (0.19)	0.0024 (0.67)	0.0033 (0.84)	0.0058 (1.50)	0.0057 (1.41)	0.0022 (0.52)	0.0040 (0.86)
Size	-0.0025 (-0.11)	0.0009 (0.06)	-0.0057 (-0.45)	0.0011 (0.09)	-0.0022 (-0.20)	-0.0087 (-0.82)	0.0013 (0.10)	0.0069 (0.56)	0.0114 (0.71)
LEV	0.1524 (1.28)	0.1273 * (1.87)	0.1615 * (1.89)	0.1606 ** (2.43)	0.0479 (0.71)	0.0646 (0.95)	0.0502 (0.79)	0.0487 (0.77)	-0.0566 (-0.51)
ROA	0.7913 * (1.81)	0.5207 (1.43)	0.7401 ** (2.25)	0.5976 ** (2.22)	0.5094 ** (2.05)	0.5352 * (1.83)	0.1385 (0.45)	0.0402 (0.19)	-0.1941 (-0.51)
MB	-0.3963 *** (-3.01)	-0.4097 *** (-3.99)	-0.3120 *** (-3.80)	-0.2964 *** (-4.18)	-0.1944 *** (-3.00)	-0.1473 ** (-2.26)	-0.2036 *** (-3.64)	-0.1930 *** (-3.51)	-0.0612 (-0.78)

续表

变量	分位数								
	0.1	0.2	0.3	0.4	0.5	0.6	0.7	0.8	0.9
DTURN	−1.9191 *	−1.1789	−0.2093	0.0831	0.4911	0.1408	0.5857 *	1.1840 *	1.6147
	(−1.86)	(−1.31)	(−0.36)	(0.18)	(1.18)	(0.38)	(1.84)	(1.92)	(1.57)
ABACC	0.1678	0.2309	0.0852	0.0009	0.0533	−0.0445	−0.0279	−0.0685	−0.0654
	(0.97)	(1.40)	(0.91)	(0.01)	(0.46)	(−0.41)	(−0.27)	(−0.50)	(−0.37)
SIGMA	−5.0098	0.8335	−0.5476	−1.1919	1.2855	3.1785	4.0969	6.8034 **	4.7546 ***
	(−1.24)	(0.19)	(−0.17)	(−0.37)	(0.48)	(0.85)	(1.37)	(2.05)	(4.08)
RET	2.5360 ***	3.0104 ***	1.9903 ***	1.7718 ***	1.9203 ***	2.0804 ***	1.8376 ***	2.2955 ***	3.1628 ***
	(3.83)	(3.69)	(3.50)	(2.88)	(4.37)	(2.89)	(3.01)	(4.09)	(5.29)
SOE	−0.0063	−0.0258	−0.0154	−0.0191	−0.0174	−0.0221	−0.0192	−0.0296	−0.0464 **
	(−0.17)	(−0.79)	(−0.55)	(−0.97)	(−0.79)	(−1.04)	(−0.84)	(−1.12)	(−2.04)
DUAL	−0.0518	−0.0035	0.0245	0.0203	0.0073	−0.0101	0.0009	0.0073	0.0064
	(−1.44)	(−0.11)	(1.13)	(0.96)	(0.35)	(−0.43)	(0.03)	(0.21)	(0.17)
TOPHOLD	−0.0002	−0.0002	−0.0010	−0.0004	−0.0002	−0.0006	−0.0008	−0.0003	−0.0011
	(−0.22)	(−0.23)	(−1.66)	(−0.69)	(−0.36)	(−0.89)	(−1.46)	(−0.39)	(−1.17)
BOARDSIZE	0.0097	0.0622 *	0.0628 *	0.0304	0.0108	−0.0124	−0.0331	−0.0157	−0.0201
	(0.13)	(1.73)	(1.35)	(0.67)	(0.31)	(−0.35)	(−0.75)	(−0.48)	(−0.40)

注： *** 、 ** 、 * 分别表示在1%、5%、10%的水平上显著；括号内为t统计量。

表 9 - 39 为 CFO 性别（CFOSEX）对收益率涨跌波动比率（DUVOL）影响的分位数回归稳健性检验。回归结果表明，CFO 性别对收益率涨跌波动比率（DUVOL）的影响在 0.1、0.2、0.3、0.5、0.7、0.8 分位数上显著为负，在其他分位数上则不显著，这一结果与前面基本一致，表明结果通过了稳健性检验。

表 9 - 39 　　　　CFO 性别影响 DUVOL 的分位数稳健性检验

变量	分位数								
	0.1	0.2	0.3	0.4	0.5	0.6	0.7	0.8	0.9
CFOSEX	−0.0625 ***	−0.0403 ***	−0.0253 *	−0.0250	−0.0367 ***	−0.0173	−0.0283 **	−0.0233 *	−0.0249
	(−4.04)	(−2.97)	(−1.82)	(−1.51)	(−2.93)	(−1.45)	(−2.48)	(−1.88)	(−1.33)
Age	0.0016	0.0023	0.0035	0.0039	0.0046	0.0023	0.0014	0.0013	0.0016
	(0.48)	(0.74)	(1.07)	(1.54)	(1.25)	(0.88)	(0.49)	(0.42)	(0.39)

变量	分位数								
	0.1	0.2	0.3	0.4	0.5	0.6	0.7	0.8	0.9
Size	-0.0163 (-1.40)	-0.0173 (-1.61)	-0.0082 (-0.81)	-0.0110 (-1.25)	-0.0103 (-0.76)	-0.0134 (-1.56)	-0.0031 (-0.34)	-0.0003 (-0.03)	-0.0025 (-0.32)
LEV	0.0198 (0.35)	0.0843 * (1.91)	0.0579 (1.23)	0.0753 (1.57)	0.0691 (1.18)	0.0622 (1.10)	0.0152 (0.31)	-0.0058 (-0.09)	-0.0264 (-0.47)
ROA	0.1645 (0.84)	0.3433 * (1.93)	0.2869 * (1.86)	0.3410 * (1.86)	0.2178 (1.04)	0.2911 (1.48)	0.1481 (0.89)	0.0521 (0.24)	-0.3377 * (-1.83)
MB	-0.1317 ** (-2.02)	-0.1485 *** (-2.95)	-0.1396 *** (-3.30)	-0.1137 *** (-2.89)	-0.1163 ** (-2.41)	-0.1043 ** (-2.16)	-0.1347 *** (-3.02)	-0.1335 ** (-2.12)	-0.1180 ** (-2.44)
DTURN	-0.8413 (-1.39)	-0.3612 (-0.87)	-0.1960 (-0.38)	0.1792 (0.46)	-0.0592 (-0.18)	0.5559 (1.49)	0.6624 * (1.76)	1.1116 * (1.88)	0.1524 (0.26)
ABACC	0.0583 (0.53)	0.0991 (0.86)	0.0293 (0.32)	-0.0240 (-0.38)	-0.0305 (-0.30)	-0.0700 (-0.92)	0.0018 (0.02)	-0.0446 (-0.46)	0.0027 (0.02)
SIGMA	-2.3139 (-0.85)	-5.6843 *** (-2.99)	-1.8754 (-0.81)	-0.4729 (-0.23)	-1.3354 (-0.63)	0.7788 (0.36)	0.5478 (0.23)	2.9369 (1.01)	7.1704 *** (2.93)
RET	1.1672 *** (2.87)	0.6053 (1.47)	1.2042 *** (2.92)	1.1413 *** (3.01)	1.0137 ** (2.47)	1.2440 *** (3.04)	0.9084 * (1.91)	1.3029 ** (2.34)	1.9761 *** (3.94)
SOE	-0.0399 * (-1.81)	-0.0179 (-0.90)	-0.0110 (-0.61)	-0.0121 (-0.78)	-0.0155 (-0.92)	-0.0027 (-0.19)	0.0002 (0.01)	-0.0141 (-0.58)	-0.0110 (-0.62)
DUAL	-0.0143 (-0.71)	-0.0059 (-0.31)	-0.0042 (-0.22)	0.0052 (0.28)	0.0074 (0.37)	0.0118 (0.62)	0.0123 (0.62)	0.0132 (0.71)	0.0053 (0.21)
TOPHOLD	0.0007 (1.25)	0.0001 (0.18)	0.0001 (0.26)	0.0000 (-0.11)	-0.0003 (-0.54)	0.0001 (0.15)	-0.0011 ** (-2.02)	-0.0006 (-1.19)	0.0000 (-0.02)
BOARDSIZE	0.0050 (0.10)	-0.0049 (-0.12)	-0.0060 (-0.23)	0.0043 (0.18)	0.0218 (0.56)	0.0065 (0.26)	-0.0073 (-0.28)	-0.0237 (-0.64)	-0.0268 (-0.89)

注：*** 、 ** 、 * 分别表示在 1% 、5% 、10% 的水平上显著；括号内为 t 统计量。

9.4.5 研究结论

首先，本章利用分位数回归模型，检验女性高管比例（FEMALE）、CFO 性别（CFOSEX）在不同分位点上对股价崩盘风险的异质性影响。结果表明女性高管比例、女性 CFO 对低分位数（0.1、0.2、0.3）的股价崩盘风险具有显著负影响，对中高分位数不具有显著影响。其次，检验女性高管比例（FEMALE）和 CFO 性别在不同所有权企业中对不同分位股价崩盘风险的异质性影响。研究结果表明，女性高管比例（FEMALE）对股票负收益偏态系数（NCSKEW）和股票收益率涨跌波动比率（DUVOL）的负影响，不论在国有企业还是非国有企业样本中，都在 0.1、0.2、0.3 分位数上显著为负，并且国有企业样本中的系数均大于非国有企业样本中的系数；而女性 CFO 对股价崩盘风险的风险在国有企业样本中也在 0.1、0.2、0.3 分位数上显著为负，但是在非国有企业样本中均不显著为负。这表明了在相同分位点上，相较于非国有企业，女性高管比例（FEMALE）、女性 CFO 对股价崩盘风险的抑制作用在国有企业中表现更明显。最后，进行稳健性检验，验证了回归结果具有稳健性。

9.5 本章小结

本章以 2009～2019 年我国沪深 A 股上市企业作为研究样本，首先，利用均值回归模型检验女性高管比例、高管职位类型对股价崩盘风险的直接影响，并检验是否存在非线性影响关系，以及不同所有权性质企业的异质性。其次，利用面板门限模型检验是否存在门限值。最后，利用分位数回归模型检验不同所有权性质的异质性和股价崩盘风险在不同分位数水平上的边际效应。

实证结果表明：（1）存在直接影响效应和异质性影响。①女性高管比例的提高能显著降低股价崩盘风险，并且女性高管比例与股价崩盘风险存在倒"U"型关系。②在准确区分女性高管职位类型后，发现女性 CEO 对股价崩盘风险的影响不显著，而女性 CFO 则能显著降低股价崩盘风险；当 CEO 和 CFO 同为女性时比仅有 CFO 为女性时对股价崩盘风险的抑制作用更明显。③在区分企业不同所有权性质后，发现相比于非国有企业，女性 CFO 和女性高管比例对股价崩盘风险的负影响在国有企业样本中更明显。（2）存在门限效应。①利用单一面板门限模型发现女性高管比例存在单一面板门限效应，当女性高管比例低于 0.3200 时不能显著影响股价崩盘风险，当女性高管比例高于 0.3200 时，能显著抑制股价崩盘风险。②在区分企业不同所有权性质后，发现女性高管比例在国有企业和非国有企业样本中均存在单一门限效应。（3）存在股价崩盘风险的分位数边际效应。①利用面板分位数回归模型得出女性高管比例的提高、女性 CFO 对较低程度股价崩盘风险具有显著负影响，对中高程度股价崩盘风险不具有显著负影响。②在相同分位点上，相比于非国有企业，女性高管比例、女性 CFO 对股价崩盘风险的抑制作用在国有企业中表现更明显。

第 10 章

研究结论和政策建议

10.1 研究结论

本书在研究企业风险形成和治理机制过程中，从企业面临的"投资风险、财务风险和市场风险"三个脉络展开全面而细致的研究和探索，同时结合现有学者的研究现状和当前经济社会关注的重点问题，从多维度探索企业不同风险的形成原因和治理措施，现将企业三大风险的研究结论归纳如下。

10.1.1 投资风险视角：政府治理下金融错配对企业非效率投资影响的研究结论

关于企业投资风险形成和治理机制的探索，我们以 2008～2019 年中国沪深 A 股上市公司为研究对象。首先，运用面板数据模型分析中国现存的金融错配对企业非效率投资的影响，并基于所有权性质和企业规模研究金融错配对企业非效率投资的异质性影响。其次，利用中介效应模型的逐步法和 Bootstrap 法，检验债务融资在金融错配与企业非效率投资间的中介效应，以及债务融资这一中介效应在不同所有权企业和不同规模企业中是否依然存在。最后，从政府干预度、金融市场化和法治水平三个维度研究政府治理对金融错配与企业非效率投资的关系的调节作用，以及政府治理调节效应在不同所有权企业和不同规模企业中的差异，最终得到以下结论。

（1）金融错配对企业投资效率具有显著抑制作用，造成企业过度投资和投资不足显著增加，相比投资不足，金融错配对企业过度投资的影响程度更大。从所有权性质来看，金融错配导致国有企业过度投资、民营企业投资不足现象严重，相对于民营企业，金融错配对国有企业非效率投资的影响程度更大，这也进一步证实了基于融资体制的金融错配，非但没能提高国有企业资本回报率和投资效率，也阻碍了民营企业的发展。从企业规模来看，金融错配导致大规模企业过度投资、小规模企业投资不足程度加深，相比小规模企业，金融错配对大规模企业非效率投资的影响程度更大。

（2）债务融资在金融错配与企业非效率投资中起到中介作用，即金融资源配置的非市场化通过扭曲债务融资的市场治理属性降低企业的投资效率，并且这一效应在过度投资的情境下更为显著。从所有权性质来看，债务融资的中介效应在国有企业中显著存在，在民营企业中不存在。从企业规模来看，债务融资的中介效应主要表现在大规模企业的过度投资和小规模企业的投资不足。

（3）政府通过减少企业干预度、加快金融市场化和完善法治环境等治理手段能够有效调节金融错配对企业非效率投资的影响，在政府治理水平较高的区域，金融错配对企业过度投资和投资不足的影响程度均得到缓解。从所有权性质来看，政府治理的调节效应在国有企业和民营企业中存在差异，相比国有企业，政府治理对金融错配与企业非效率投资关系的调节效应在民营企业中更明显。从企业规模来看，政府治理的调节效应在不同规模企业中同样存在显著差异，相比大规模企业，政府治理对金融错配与企业非效率投资关系的调节效应在小规模企业中更明显。

10.1.2　财务风险视角：经济政策不确定性对企业财务脆弱性影响的研究结论

近年来，中国各经济部门内部一些隐蔽的金融风险逐渐暴露。为防止其进一步演变为系统性金融风险，在当前发展阶段应当给予高度重视，并妥善处置和防范化解。中国非金融企业部门的债务作为风险的潜在来源之一，在发达经济体量化宽松的政策背景下迅速增长，其中外币计价债务的增长是一个容易被忽视的问题。高杠杆率企业更容易受到不利冲击，反映出了企业的财务脆弱性。从企业视角看，财务脆弱性的累积动因来自企业的经营决策，管理者制定战略决定时会受到宏观因素的影响。当政府制定和调整政策来干预经济时，宏观环境的不确定意味着对政策的调整更为频繁，而政策波动造成的不确定性往往在分析企业决策行为时容易被人们忽略。尤其是近年来，在前所未有的高度经济政策不确定下，企业脆弱性势必会通过其相关的决策行为受到影响。因此，我们以中国沪深两市上市公司 2002～2020 年的季度数据为样本，运用理论分析与实证检验相结合的方法研究经济政策不确定性对企业财务脆弱性的影响，研究结论如下。

（1）全样本回归结果表明，经济政策不确定的增加有利于缓解企业财务脆弱性。但分阶段回归结果显示，金融危机期间及后续年份中经济政策不确定性对企业财务脆弱性的缓解作用相对减弱，特别是近年来政策不确定性高涨和波动加剧，反而增加了企业脆弱性。虽然这一结论在统计学上不显著，但在一定程度上却符合经济事实，表明了当经济政策不确定性较高时，企业决策难度加剧，可能因借款或展期行为致使脆弱性积聚。在替换核心变量、改用年度数据以及使用美国的 EPU 指数作为工具变量进行稳健性检验时，研究结论依然稳健。

（2）经济政策不确定性在不同企业特征中对财务脆弱性的影响存在异质性。对比分析中发现，经济政策不确定的增加对规模较小、国有制以及参与海外市场企业的财务脆弱性具有更大的缓解作用。其一，小规模企业在信贷市场上容易因较弱的溢价能力被大企业挤出，反而不易在经济政策波动的冲击下累积脆弱性。其二，国有企业因与政府存在密切联系，使其更容易受政策倾斜与引导，受到更大的政策影响，国企在信贷市场上占据议价优势，相对于非国企更能应对不确定的冲击。其三，海外市场特征的企业，具有海外的低溢价融资渠道，同时企业持有外币债务的动机主要以主动的风险管理与经营产生的自然对冲有关，因此，政策波动更有可能扩大投机持有外债的本土企业的风险敞口。

（3）利用中介效应模型检验发现，经济政策不确定对企业财务脆弱性的缓解效应主要通过债务融资成本与债务融资期限两个中介变量进行传导的，外汇风险的中介效应不存在。其中，债务融资成本的提高是造成脆弱性降低的主要中介效应，虽然经济政策不确定将导致银行提高短期贷款的发放，进而提高企业脆弱程度，但这一效应被债务融资成本的中介效应所吸收，体现为遮掩效应。控制所有制结构后，发现国企在信贷市场上更受银行偏好，具备一定议价权，其融资成本相对较低；而规模较大的企业只能被动接受银行的利率溢价与信贷配给，表明相对于大规模企业，银行更信赖国有企业的信用背书。

10.1.3 市场风险视角：高管性别结构对股价崩盘风险影响的研究结论

关于企业市场风险形成机制的探索，我们选择 2009～2019 年沪深 A 股上市公司作为研究样本。首先，利用均值回归模型检验女性高管比例对企业财务脆弱性的直接影响，以及高管职位类型和不同所有权性质企业产生的异质性；其次，利用门限效应模型对全样本和不同所有权性质企业进行门限值检验；最后，利用分位数回归模型检验女性高管比例、CFO 性别对不同程度股价崩盘风险的异质性影响，以及基于不同企业特征的差异性。实证研究结果如下。

（1）女性高管对股价崩盘风险的均值影响。研究发现，①女性高管比例的提高能显著降低股价崩盘风险，且与股价崩盘风险存在倒 "U" 型的非线性关系。②高管职位类型对股价崩盘风险存在异质性。女性 CEO 的存在不能降低股价崩盘风险；女性 CFO 能显著降低股价崩盘风险；当 CEO 和 CFO 同时为女性时，女性 CFO 对股价崩盘风险的抑制作用变得更显著。③女性高管在不同所有权企业中对股价崩盘风险存在差异。相对于非国有企业，CFO 性别、女性高管比例在国有企业中对股价崩盘风险的抑制作用更明显。④稳健性检验表明回归结果可靠。

（2）门限效应检验。利用面板门限模型检验女性高管比例对股价崩盘风险是否存在门限值，从而准确得出女性高管在哪个区间范围内能有效降低股价崩盘风险。研究发现，①女性高管比例对股价崩盘风险存在单一门限值，当女性高管比例较低时（FEMALE < 0.3200），女性高管比例与股价崩盘风险在 95% 的置信水平上显著正影响；当女性高管比例较高时（FEMALE > 0.3200），女性高管比例与股价崩盘风险在 95% 的置信水平上显著负影响。这表明女性高管比例低于 0.3200 时不能降低股价崩盘风险，当高于 0.3200 时，随着女性高管比例的增加有利于降低股价波动风险。②不同所有权性质企业的门限值存在差异。不论国有企业还是非国有企业，女性高管比例对股价崩盘风险均存在单一门限效应，且国有企业的门限值大于非国有企业的门限值。③稳健性检验支持了门限效应的回归结果。

（3）分位数回归。研究结果发现，①女性高管比例和 CFO 性别对股价崩盘风险的影响在低分数上显著为负，随着股价崩盘风险分位数的提高，回归系数逐步递减；在高分位数上具有负向影响，但不显著。这说明女性高管比例、女性 CFO 对低程度的股价崩盘风险具有显著的抑制作用，而对于中高程度的股价崩盘风险没有显著的抑制作用，并且随着股价崩盘风险的提高，其对股价崩盘风险的作用越不明显。②高管性别结构在不同所有权企业中对不同程度股价崩盘风险的影响存在异质性。相比较于非国有企业，女性高管比例、女性 CFO 对股价崩盘风险的抑制作用在国有企业中表现更明显。③稳健性检验表明研究结论具有稳健性。

10.2 政策建议

基于上述研究结论，我们从政府层面和企业层面分别提出相应的政策建议与行为启示，以期为金融资源配置扭曲下的企业投资偏差、企业脆弱性风险和高管性别结构差异下股价崩盘风险的防范与化解提供建议和思路。

10.2.1 政府层面

（1）加强宏观审慎监管，明确政策立场。政府启用政策工具直至其发挥效力很可能存在着滞后效应，而政策时滞是其不确定性的主要来源之一。虽然企业在当期受到不确定性的影响可能推迟决策，但这并不意味着企业在权衡之后做出的决策就一定准确。如果推迟决策后，政策不确定性尚未回落，企业是否还会继续延迟决策有待商榷，但却很有可能迫于解决流动性问题而被迫接受溢价与短期贷款，提高展期风险，积聚脆弱性。政府在部署宏观审慎措施时应考虑到实施层面的滞后性，尽早决策，同时也应提高监管政策的透明度，就未来的政策立场提供更为明确的指引，确保微观部门形成相对一致准确的政策预期。

（2）减少政府干预，加快市场化改革。政府作为经济管理和调控的主体，要明确政府职责，处理好政府干预和市场机制的关系，坚持市场在资源配置中的决定性作用，逐步推动市场经济体制的完善。首先，政府应加强资本市场不公平竞争的监管，严格控制地方政府为支持国有企业发展而过度干预银行的信贷决策。其次，需要进一步完善政绩考核机制，将经济增长单一指标转化为多元化发展指标，同时增加财政预算公开力度，提高政府通过财政干预企业的成本，保证地方政府预算发挥"硬约束"，实现地方政府的自我约束，减少企业被动投资的偏差。再次，政府应稳步推进注册制改革，完善常态化退市机制，减少"僵尸企业"存在对资源过度侵占和对整个市场金融资源配置效率的拖累，让优胜劣汰的市场机制发挥作用。最后，政府应完善社会信用体系的建设，加快信用信息共享步伐，约束债务人的逆向选择和道德风险，缓解信息不对称造成企业融资成本的增加。

（3）完善法治建设，为企业经营活动提供有效的法治环境。较高的法治水平可以规范企业的信息披露，降低内部管理人道德风险和资金供给者因信息不对称所要求更高的风险补偿，缓解企业面临的融资约束和资本成本的上升，从而使得企业拥有更多的现金流进行项目投资。同时，地方政府对企业财产和合同权益保护水平的提高，可以降低企业投资环境面临的不确定性，激励企业家采集投资所需的公司专有信息进行创造性活动，而非过度依赖公开市场信息采取模仿性投资行为。此外，良好的所有权保护，可以激励企业投入更多的资金进行技术研发，减少现金盈余产生的过度投资，提高企业内部资金配置效率。

（4）加强信息披露监管，出台配套机制。最新的《上市公司信息披露管理办法》取消了对上市公司季度报告的强制性披露要求，这减轻了上市公司的信息披露成本，增加了规则灵活度与针对性，但对其信息质量要求提出了更大的挑战，也加大了企业对外的信息不对称。因此，应配套出台完善有效的资本市场自律机制，同时，从企业持有外债的视角出发，也应该增加企业对外币债务、外币资产及外汇衍生品等的披露要求。

（5）把握当前风险，妥善处置出清。重点关注规模较大、甚至具有系统重要性的企业，关注这些企业及其所处的行业与其他风险行业及关联行业，特别是经营受阻的行业及其中的关联交易企业。从中长期来看，妥善处置可能的违约风险，防止处置过程中出现违约潮。

（6）深化国企改革，激励民营企业发展。加快推进国有企业混合所有制改革，通过企业重组、引入非国有经济成分激发国有企业管理者的积极性，完善企业法人治理结构，降低管理层的自利行为和企业委托代理成本，提高国有企业的经营投资效率。同时，不断促进民营企业发展的积极性，通过评判企业的市场发展潜力和对经济增长贡献等指标，实施精准化的补贴政策，激励金融部门对重点产业的支持，缓解金融市场发展不完善等带来的"融资难、融资贵"等问题，有利于企业的长期发展和推动地方经济的均衡增长。在竞争日益激烈的市场环境下，民营企业自身在保证较高生产效率的前提下，要不断优化公司治理结构，增强管理层的制衡机制，提高企业管理能力和生产运营能力，从而推动企业投资效率的提高。

（7）优化金融体系结构，建立多层次资本市场。金融资源作为实体经济的血脉，能否在实体经济中畅通流动取决于金融市场的发展水平。由于金融体系不完善，金融资源配置过程中中小企业、民营企业融资难、融资贵等问题突出，要从根本上解决这些问题，需要通过优化金融结构贯通金融资源对中小民营企业的支持渠道。首先，应降低民营银行准入门槛，引导中小银行和非国有银行合理合规发展，形成金融体系多元化发展，推动国有银行信贷决策遵行效益和市场导向，为成长性高、盈利强且有发展前景的企业提供融资机会，缓解制度性错配对企业投资效率造成的损失。同时，仅依靠增设金融机构和扩大业务范围等粗放的金融发展模式并不能真正解决资源配置与企业生产效率不匹配的非均衡状态，还需加快金融产品创新、改善金融服务、提高精准融资效率，以满足客户不同需求。另外，高度依赖间接融资也使得企业时常陷入财务困境，不断完善股票市场和债券市场，创造条件提高直接融资比重，降低企业对银行间接融资的依赖性，让更多优质企业通过直接融资渠道解决融资难问题。

（8）拓展外债市场，宽准入与严监管并行。由于我国具有海外市场的企业能够运用外币债务进行积极的风险对冲与自然对冲，因此可以适当放宽外债融资市场的准入条件，促进衍生品市场的广度、深度以及流动性发展。同时，应加强外债融资监管，遏制投机动机下过度借入外债的行为，避免汇率波动暴露风险敞口造成损失。

10.2.2　企业层面

（1）加强内部制度建设，提高信息披露质量。当前我国上市公司内控体系建设仍存在形式主义等问题，公司内部人员可以轻而易举地操纵信息，而因信息不对称和信息披露不完善所隐藏的坏消息囤积，会增加企业融资成本和融资困境，引发企业财务脆弱性，进而影响企业投资决策行为，同时也会增加股价崩盘爆发的风险。为防范和降低企业风险事件的发生和积聚，公司应该加强内部制度建设，建立严格的内控体系，提高操纵信息的机会成本，防止内部人员为自身利益操纵信息的机会主义行为，同时改善公司的信息披露质量，降低信息不对称，减轻大量坏消息囤积带来的企业风险。

（2）优化高管团队性别结构，改善内部治理水平。基于研究结果发现不同职位类型、不同程度股价崩盘风险、不同所有权性质企业的女性高管对股价崩盘风险具有异质性影响，因此企业应完善人才聘用制度，建立合理的晋升制度，优化高管团队的人数比例结构，而非简单地多聘用女性高管来达到降低股价崩盘风险的作用。同时，在鼓励女性高管加入企业时，还要让女性高管充分发挥自己的优势，根据不同职位类型、不同所有权性质以及不同程度风险，依据本企业的自身特点优化高管团队性别结构，构建多元化高管梯队，从而在一定程度上降低股价崩盘风险，实现企业稳定发展。

（3）完善内部股权结构，强化股东监管作用。在股权制衡缺乏和一股独大的背景下，非国有企业股权结构不合理现象仍然严峻。一方面，控股股东掏空企业的行为直接损害了中小股东的利益。另一方面，不完善的股权结构导致内部治理混乱和监控机制失效，缺乏严格监督和考核机制的高管，更有可能因自身利益和职业升迁而损害企业利益，增加企业投融资风险，故需要优化股权结构，改善内部治理水平，降低企业风险发生。

（4）密切关注政策波动，制定前瞻性战略指引。研究结果发现在经济政策不确定性较低时，企业谨慎的投资行为，更能作出明智决策提高企业经营效率，但随着不确定性高涨和波动加剧，可能使得企业难以作出准确判断，出现投资偏差和失误，影响企业正常现金流，进而导致财务状况恶化。因此，管理层人员应更加关注当前的经济环境和政策走向，提高对外部市场环境波动的敏感性，对已经出台的政策迅速作出反应，制定具有前瞻指引的决策，缓解经济政策不确定性带来的财务风险。

参考文献

[1] 李佳霖，董嘉昌，张倩肖．经济政策不确定性、融资约束与企业投资 [J]．统计与信息论坛，2019 (10)：73 - 83.

[2] 苟文均，袁鹰，漆鑫．债务杠杆与系统性风险传染机制——基于 CCA 模型的分析 [J]．金融研究，2016 (3)：74 - 91.

[3] 王宜峰，王淑慧，刘雨婷．股价崩盘风险、融资约束与企业投资 [J]．投资研究，2018 (10)：103 - 121.

[4] 邵挺．金融错配、所有制结构与资本回报率：来自 1999～2007 年我国工业企业的研究 [J]．金融研究，2010 (9)：51 - 68.

[5] 焦豪，焦捷，刘瑞明．政府质量、公司治理结构与投资决策——基于世界银行企业调查数据的经验研究 [J]．管理世界，2017 (10)：66 - 78.

[6] 林毅夫，李志赟．政策性负担、道德风险与预算软约束 [J]．经济研究，2004 (2)：17 - 27.

[7] 熊美珍，孙德华．新常态下我国金融资源错配、影响及纠错机制 [J]．改革与战略，2017 (12)：105 - 107 + 156.

[8] 卢峰，姚洋．金融压抑下的法治、金融发展和经济增长 [J]．中国社会科学，2004 (1)：42 - 55 + 206.

[9] 梁媛，杨朝舜．我国金融资源错配的测度分析 [J]．商业经济研究，2019 (15)：164 - 168.

[10] 杨丰来，黄永航．企业治理结构、信息不对称与中小企业融资 [J]．金融研究，2006 (5)：159 - 166.

[11] 鞠市委．我国金融资源错配及其影响研究 [J]．技术经济与管理研究，2016 (7)：80 - 87.

[12] 伦晓波，杨竹莘，李欣. 所有制、对外直接投资与融资约束：基于金融资源错配视角的实证分析 [J]. 世界经济研究，2018 (6)：83 – 93.

[13] 简泽，徐扬，吕大国，等. 中国跨企业的资本配置扭曲：金融摩擦还是信贷配置的制度偏向 [J]. 中国工业经济，2018 (11)：24 – 41.

[14] 邢志平，靳来群. 政府干预的金融资源错配效应研究——以中国国有经济部门与民营经济部门为例的分析 [J]. 上海经济研究，2016 (4)：23 – 31 +68.

[15] 王欣，曹慧平. 金融错配对中国制造业全要素生产率影响研究 [J]. 财贸研究，2009 (9)：43 – 53.

[16] 张庆君，张娜娜，李春霞. 市场摩擦、金融错配与要素生产率变动 [J]. 商业研究，2016 (6)：30 – 36.

[17] 于泽，陆怡舟，王闻达. 货币政策执行模式、金融错配与我国企业投资约束 [J]. 管理世界，2015 (9)：52 – 64.

[18] 张庆君，李萌. 金融发展、信贷错配与企业资本配置效率 [J]. 金融经济学研究，2018 (4)：3 – 13.

[19] 曾艳. 环境会计信息披露、金融资源错配与企业经济绩效 [J]. 财会通讯，2018 (36)：60 – 64.

[20] 江伟. 金融发展、银行贷款与公司投资 [J]. 金融研究，2011 (4)：113 – 128.

[21] 汪辉. 上市公司债务融资、公司治理与市场价值 [J]. 经济研究，2003 (8)：28 – 35.

[22] 于东智. 资本结构、债权治理与公司绩效：一项经验分析 [J]. 中国工业经济，2003 (1)：87 – 94.

[23] 周煜皓，张盛勇. 金融错配、资产专用性与资本结构 [J]. 会计研究，2014 (8)：75 – 80.

[24] 周齐武，维达·N. 中国企业中“恶性增资”现象的广泛性、影响、原因及对策探讨 [J]. 中国会计与财务研究，2000 (1)：1 – 20.

[25] 刘放. 金融发展、金融资产配置与企业投资效率 [J]. 财务月刊，2019 (18)：145 – 152.

[26] 马国臣，李鑫，孙静. 中国制造业上市公司投资——现金流高敏感

性实证研究 [J]. 中国工业经济, 2008 (10): 109 – 118.

[27] 郭丽虹, 马文杰. 融资约束与企业投资 – 现金流量敏感度的再检验: 来自中国上市公司的证据 [J]. 世界经济, 2009 (2): 77 – 87.

[28] 袁玲, 杨兴全. 股权集中、股权制衡与过度投资 [J]. 河北经贸大学学报, 2008 (5): 39 – 43.

[29] 汪平, 孙士霞. 自由现金流量、股权结构与我国上市公司过度投资问题研究 [J]. 当代财经, 2009 (4): 123 – 128.

[30] 代文, 易于苣. 股权结构、管理者过度自信与企业非效率投资 [J]. 商业会计, 2016 (2): 51 – 54.

[31] 曹小秋, 赵振艳, 沈欣蓓. 股权激励、内部控制质量与资本配置效率 [J]. 会计之友, 2018 (18): 17 – 21.

[32] 谢家智, 刘思亚和李后建. 政治关联、融资约束与企业研发投入 [J]. 财经研究, 2014 (8): 81 – 93.

[33] 谢平, 陆磊, 资源配置和产出效应: 金融腐败的宏观经济成本 [J]. 经济研究, 2003 (11): 3 – 13.

[34] 温军, 冯根福, 刘志勇. 异质债务、企业规模与 R&D 投入 [J]. 金融研究, 2011 (1): 167 – 181.

[35] 王旭. 债权治理、创新激励二元性与企业创新绩效——关系型债权人视角下的实证检验 [J]. 科研管理, 2017 (3): 1 – 10.

[36] 邱兆祥, 许坤. 财政主导下的高货币存量资源错配问题研究 [J]. 经济学动态, 2014 (8): 55 – 62.

[37] 鲁晓东. 金融资源错配阻碍了中国的经济增长吗 [J]. 金融研究, 2008 (4): 55 – 68.

[38] 文雪婷, 汪德华. 中国宏观投资效率的变化趋势及地方政府性债务的影响——基于地级市融资平台数据的分析 [J]. 投资研究, 2017 (1): 4 – 22.

[39] 庄圳生. 企业投资无效率实证研究——基于 Richardson 投资期望模型 [J]. 财会通讯, 2013 (30): 83 – 85.

[40] 陈良华, 吴凡, 王豪峻. 银行债务融资对创新投资效率的影响——

基于沪深 A 股科技企业的经验证据 [J]. 东南大学学报（哲学社会科学版），2019（5）：34 – 44 + 146.

[41] 温忠麟，叶宝娟. 中介效应分析：方法和模型发展 [J]. 心理科学进展，2014（5）：731 – 745.

[42] 陈德球，李思飞，钟昀珈. 政府质量、投资与资本配置效率 [J]. 世界经济，2012（3）：89 – 110.

[43] 陈德球，陈运森. 政府治理、终极所有权与公司投资同步性 [J]. 管理评论，2013（1）：139 – 148.

[44] 方军雄. 市场化进程与资本配置效率的改善 [J]. 经济研究，2006（5）：50 – 61.

[45] 王少飞，周国良，孙铮. 政府公共治理、财政透明与企业投资效率 [J]. 审计研究，2011（4）：58 – 67.

[46] 李青原，李江冰，江春，Kevin X D. 金融发展与地区实体经济资本配置效率——来自省级工业行业数据的证据 [J]. 经济学（季刊），2013（2）：527 – 548.

[47] 陈国进，陈睿，杨翱，赵向琴. 金融发展与资本错配：来自中国省级层面与行业层面的经验分析 [J]. 当代财经，2019（6）：59 – 71.

[48] 祁怀锦，李晖，刘艳霞. 政府治理、国有企业混合所有制改革与资本配置效率 [J]. 改革，2019（7）：40 – 51.

[49] 杨子晖，陈雨恬，林师涵. 系统性金融风险文献综述：现状、发展与展望 [J]. 金融研究，2022（1）：185 – 217.

[50] 谭小芬，李源. 新兴市场国家非金融企业债务：现状、成因、风险与对策 [J]. 国际经济评论，2018（5）：61 – 77 + 5.

[51] 郭飞，游绘新，郭慧敏. 为什么使用外币债务？——中国上市公司的实证证据 [J]. 金融研究，2018（3）：137 – 154.

[52] 张晓晶，刘磊. 2020 年度宏观杠杆率 [R]. NIFD 季报：国家金融与发展实验室，2021.

[53] 向古月，周先平，刘仁芳. 经济政策不确定性、债务短期化与财务脆弱性 [J]. 统计与决策，2020（20）：131 – 135.

[54] 汪金祥，吴世农，刘燕娟，黄之莎. 贷款利率市场化对企业财务脆弱性的影响研究 [J]. 金融监管研究，2021（10）：97-114.

[55] 吴世农，陈韫妍，吴育辉，等. 企业融资模式、金融市场安全性及其变动特征 [J]. 中国工业经济，2021（8）：37-55.

[56] 张荔. 论过度的金融自由化对金融体系脆弱性的助推作用 [J]. 经济评论，2001（1）：125-128.

[57] 赵振全，于震，刘淼. 金融加速器效应在中国存在吗？[J]. 经济研究，2007（6）：27-38.

[58] 贾倩，孔祥，孙铮. 政策不确定性与企业投资行为——基于省级地方官员变更的实证检验 [J]. 财经研究，2013（2）：81-91.

[59] 杨海生，陈少凌，罗党论，等. 政策不稳定性与经济增长——来自中国地方官员变更的经验证据 [J]. 管理世界，2014（9）：13-28.

[60] 许志伟，王文甫. 经济政策不确定性对宏观经济的影响——基于实证与理论的动态分析 [J]. 经济学（季刊），2019（1）：23-50.

[61] 饶品贵，岳衡，姜国华. 经济政策不确定性与企业投资行为研究 [J]. 世界经济，2017（2）：27-51.

[62] 李凤羽，杨墨竹. 经济政策不确定性会抑制企业投资吗？——基于中国经济政策不确定指数的实证研究 [J]. 金融研究，2015（4）：115-129.

[63] 陈国进，王少谦. 经济政策不确定性如何影响企业投资行为 [J]. 财贸经济，2016（5）：5-21.

[64] 楚有为. 公司战略与金融资产配置——基于经济政策不确定性的证据 [J]. 会计与经济研究，2019（3）：108-126.

[65] 彭俞超，韩珣，李建军. 经济政策不确定性与企业金融化 [J]. 中国工业经济，2018，35（1）：137-155.

[66] 郝威亚，魏玮，温军. 经济政策不确定性如何影响企业创新？——实物期权理论作用机制的视角 [J]. 经济管理，2016（10）：40-54.

[67] 顾夏铭，陈勇民，潘士远. 经济政策不确定性与创新——基于我国上市公司的实证分析 [J]. 经济研究，2018（2）：109-123.

[68] 陈胜蓝，刘晓玲. 经济政策不确定性与公司商业信用供给 [J]. 金

融研究，2018（5）：172 – 190.

[69] 宋全云，李晓，钱龙. 经济政策不确定性与企业贷款成本 [J]. 金融研究，2019（7）：57 – 75.

[70] 张成思，刘贯春. 中国实业部门投融资决策机制研究——基于经济政策不确定性和融资约束异质性视角 [J]. 经济研究，2018（12）：51 – 67.

[71] 宫汝凯，徐悦星，王大中. 经济政策不确定性与企业杠杆率 [J]. 金融研究，2019（10）：59 – 78.

[72] 王朝阳，张雪兰，包慧娜. 经济政策不确定性与企业资本结构动态调整及稳杠杆 [J]. 中国工业经济，2018（12）：134 – 151.

[73] 王红建，李青原，邢斐. 经济政策不确定性、现金持有水平及其市场价值 [J]. 金融研究，2014（9）：53 – 68.

[74] 綦建红，尹达，刘慧. 经济政策不确定性如何影响企业出口决策？——基于出口频率的视角 [J]. 金融研究，2020（5）：95 – 113.

[75] 白俊，孙云云，刘倩. 经济政策不确定性与委托贷款供给：“明哲保身”还是“行崄侥幸”[J]. 金融经济学研究，2020（6）：107 – 126.

[76] 申宇，任美旭，赵静梅. 经济政策不确定性与银行贷款损失准备计提 [J]. 中国工业经济，2020（4）：154 – 173.

[77] 张洪辉，平帆，章琳一. 经济政策不确定性与内部人寻租：来自内部人交易超额收益的证据 [J]. 会计研究，2020（6）：147 – 157.

[78] 李佳，闵悦，王晓. 经济政策不确定性、资产证券化与银行风险承担 [J]. 金融经济学研究，2021（1）：77 – 93.

[79] 王碧珺，谭语嫣，余淼杰，等. 融资约束是否抑制了中国民营企业对外直接投资 [J]. 世界经济，2015（12）：54 – 78.

[80] 原盼盼，郭飞. 外币债务融资与企业外汇风险水平 [J]. 现代财经（天津财经大学学报），2020（6）：63 – 79.

[81] 蒋琰. 权益成本，债务成本与公司治理：影响差异性研究 [J]. 管理世界，2009（11）：144 – 155.

[82] 白云霞，邱穆青，李伟. 投融资期限错配及其制度解释——来自中美两国金融市场的比较 [J]. 中国工业经济，2016（7）：23 – 39.

[83] 李增福，陈俊杰，连玉君，等．经济政策不确定性与企业短债长用 [J]．管理世界，2022（1）：77 – 89 + 143 + 90 – 101．

[84] 戴静，刘贯春，许传华，等．金融部门人力资本配置与实体企业金融资产投资 [J]．财贸经济，2020（4）：35 – 49．

[85] 刘贯春，叶永卫．经济政策不确定性与实体企业"短贷长投" [J]．统计研究，2022（3）：69 – 82．

[86] 钟凯，程小可，张伟华．货币政策适度水平与企业"短贷长投"之谜 [J]．管理世界，2016（3）：87 – 98 + 114 + 188．

[87] 郭飞，原盼盼，游绘新．企业外币债务使用研究回顾与展望——基于动机与经济后果的视角 [J]．郑州航空工业管理学院学报，2017（3）：105 – 112．

[88] 谭小芬，张文婧．经济政策不确定性影响企业投资的渠道分析 [J]．世界经济，2017（12）：3 – 26．

[89] 温忠麟，张雷，侯杰泰，等．中介效应检验程序及其应用 [J]．心理学报，2004（5）：614 – 620．

[90] 万国超，张渝，朱琳．股价崩盘风险会影响债务融资成本吗？ [J]．财会通讯，2023（4）：72 – 75．

[91] 路军．女性高管抑制上市公司违规了吗？——来自中国资本市场的经验证据 [J]．中国经济问题，2015（5）：66 – 81．

[92] 周泽将，刘中燕，胡瑞．CEO vs CFO：女性高管能否抑制财务舞弊行为 [J]．上海财经大学学报，2016（1）：50 – 63．

[93] 林长泉，毛新述，刘凯璇．董秘性别与信息披露质量——来自沪深A 股市场的经验证据 [J]．金融研究，2016（9）：193 – 206．

[94] 生洪宇，李华．高管团队异质性、多元化经营战略与股价崩盘风险——基于盈余管理和过度投资路径的研究 [J]．财会月刊，2017（35）：3 – 9．

[95] 李小荣，刘行．CEO vs CFO：性别与股价崩盘风险 [J]．世界经济，2012（12）：102 – 129．

[96] 周军．独立董事性别、地理位置与股价崩盘——基于会计专业独董

的视角 [J]. 中南财经政法大学学报, 2019 (3): 35 - 45.

[97] 刘洋. 会计信息透明度与股价崩盘风险关系实证研究 [J]. 现代商贸工业, 2015 (22): 146 - 148.

[98] 江轩宇. 会计信息可比性与股价崩盘风险 [J]. 投资研究, 2015 (12): 97 - 111.

[99] 黄新建, 王一惠, 赵伟. 管理者特征、过度自信与股价崩盘风险——基于上市公司的经验证据 [J]. 会计之友, 2015 (20): 76 - 82.

[100] 周兰, 张玥. 管理者能力与股价崩盘风险 [J]. 系统工程, 2019 (4): 117 - 128.

[101] 杜剑, 于芝麦. 学术型独立董事的声誉与比例对公司股价崩盘风险的影响 [J]. 改革, 2019 (3): 118 - 127.

[102] 叶康涛, 曹丰, 王化成. 内部控制信息披露能够降低股价崩盘风险吗? [J]. 金融研究, 2015 (2): 192 - 206.

[103] 施先旺, 刘会芹. 企业战略差异对股价崩盘风险的影响 [J]. 会计之友, 2019 (8): 83 - 88.

[104] 许年行, 于上尧, 伊志宏. 机构投资者羊群行为与股价崩盘风险 [J]. 管理世界, 2013 (7): 31 - 43.

[105] 曹丰, 鲁冰, 李争光, 等. 机构投资者降低了股价崩盘风险吗? [J]. 会计研究, 2015 (11): 55 - 61.

[106] 吴晓晖, 郭晓冬, 乔政. 机构投资者抱团与股价崩盘风险 [J]. 中国工业经济, 2019 (2): 117 - 135.

[107] 许年行, 江轩宇, 伊志宏, 等. 分析师利益冲突、乐观偏差与股价崩盘风险 [J]. 经济研究, 2012 (7): 127 - 140.

[108] 吴偎立, 张峥, 彭伊立. 分析师特征、市场状态与股价信息含量 [J]. 经济与管理评论, 2015 (4): 135 - 147.

[109] 褚剑, 方军雄. 政府审计的外部治理效应: 基于股价崩盘风险的研究 [J]. 财经研究, 2017 (4): 133 - 145.

[110] 耀友福, 胡宁, 周兰. 审计师变更、事务所转制与股价崩盘风险 [J]. 审计研究, 2017 (3): 97 - 104.

[111] 黄宏斌，尚文华. 审计师性别、审计质量与股价崩盘风险 [J]. 中央财经大学学报，2019 (1)：80 - 97.

[112] 江轩宇. 税收征管、税收激进与股价崩盘风险 [J]. 南开管理评论，2013 (5)：152 - 160.

[113] 李江辉. 制度环境对股价崩盘风险的影响研究 [J]. 宏观经济研究，2018 (12)：133 - 144.

[114] 刘宝华，罗宏，周微，等. 社会信任与股价崩盘风险 [J]. 财贸经济，2016 (9)：53 - 66.

[115] 赵静，黄敬昌，刘峰. 高铁开通与股价崩盘风险 [J]. 管理世界，2018 (1)：157 - 168.

[116] 李梦雨，李志辉. 市场操纵与股价崩盘风险——基于投资者情绪的路径分析 [J]. 国际金融研究，2019 (4)：87 - 96.

[117] 李培功，肖珉. CEO 任期与企业资本投资 [J]. 金融研究，2012 (2)：127 - 141.

[118] 江海霞. 女性高管对会计稳健性的影响——基于我国上市公司的实证研究 [D]. 北京：北京第二外国语学院，2013.

[119] 郑瞳，刘建伟. CFO 性别与应计盈余质量研究：来自中国上市公司的证据 [J]. 广西财经大学学报，2012 (1)：73 - 79.

[120] 陈钦源，许年行，许言，等. 高管任期与公司坏消息的隐藏 [J]. 金融研究，2017 (12)：174 - 190.

[121] 姜付秀，秦义虎，伊志宏. 产品市场竞争、公司治理与信息披露质量 [J]. 管理世界，2010 (1)：133 - 141 + 161 + 188.

[122] 王元，聂辉华，杨瑞龙. "准官员"的晋升机制来自中国央企的证据 [J]. 管理世界，2013 (3)：23 - 33.

[123] 孙铮，唐松. 政治关联、高管薪酬与企业未来经营绩效 [J]. 管理世界，2014 (5)：93 - 105 + 187.

[124] Kim J, Li Y, Zhang L. Corporate Tax Avoidance and Stock Price Crash Risk: Firmlevel Analysis [J]. Journal of Financial Economics, 2011 (3)：639 - 662.

[125] Hansen B. Thresholde effects in non-dynamic panels: Estimation, testing, and inference [J]. Journal of econometrics, 1999 (2): 345 – 368.

[126] Koenker R. , G. Bassett, Regression quantiles. Econometrica [J]. Journal of the Econometric Society, 1978 (1): 33 – 55.

[127] Barajas A, Choi W, Gan Z, et al. Loose Financial Conditions, Rising Leverage, and Risks to Macro-financial Stability [R]. Global Financial Stability Report, April 2021: Preempting a Legacy of Vulnerabilities: IMF, 2021: 35 – 50.

[128] Klenow H P J. Misallocation and Manufacturing TFP in China and India [J]. The Quarterly Journal of Economics, 2009 (4): 1403 – 1448.

[129] David J M, Hopenhayn H A, Venkateswaran V. Information, Misallocation and Aggregate Productivity [J]. Meeting Papers, 2014 (2): 943 – 1005.

[130] Jensen M C. Agency Costs of Free Cash Flow, Corporate Finance and Takeovers. The American Economic Review [J]. 1986 (2): 323 – 329.

[131] Jensen M C. The Modern Industrial Revolution, Exit and the Failure of Internal Control Systems [J]. The Journal of Finance, 1993 (3): 831 – 880.

[132] Narayanan M. Managerial Incentives for Short-Term Results [J]. The Journal of Finance, 1985 (5): 1469 – 1484.

[133] Harrison P D, Harrell A. Impact of Adverse Selection on Managers Project Evaluation Decisions [J]. Academy of Management Journal, 1993 (3): 635 – 643.

[134] Angelis D D. On the importance of internal control systems in the capital allocation decision: evidence from sox [J]. Social Science Electronic Publishing, 2011 (11).

[135] Wurgler J. Financial Markets and the Allocation of Capital [J]. Journal of Financial Economics, 2000 (1): 187 – 214.

[136] Bates T W. Asset sales, investment opportunities and the use of proceeds [J]. Journal of Finance, 2005 (1): 105 – 135.

[137] Zhou W. Political Connections and Entrepreneurial Investment: Evi-

dencefrom China's Transition Economy [J]. Journal of Business Venturing, 2013, 28 (2): 299 – 315.

[138] Williamson O. Corporate Finance and Corporate Governance [J]. The Journal of Finance, 1988 (3): 567 – 591.

[139] Richardson S. Over-investment of free cash flow [J]. Review of Accounting Studies, 2006 (2 – 3): 159 – 189.

[140] Fan J, Wei K, Xu X. Corporate finance and governance in emerging markets: A selective review and an agenda for future research [J]. Journal of Corporate Finance, 2011 (2): 207 – 214.

[141] William E, Ross L. Africa's Growth Tragedy: Policies and Ethnic Divisions [J]. Quarterly Journal of Economics, 1997 (4): 1203 – 1250.

[142] King R G, Levine R. Finance and Growth: Schumpeter Might Be Right [R]. Policy Research Working Paper, 1993.

[143] Levine R. Financial Development and Economic Growth: Views and Agenda [J]. Journal of Economic Literature, 1997 (2): 688 – 726.

[144] Rafael R L, Florencio L, et al. Agency problems and dividend policies around the world [J]. Journal of Finance, 2000 (1): 1 – 34.

[145] Borio C, McCanley R, McGuire P. FX Swaps and Forwards: Missing Global Debt? [R]. BIS Quarterly Review, 2017.

[146] Gulen H, Ion M. Policy Uncertainty and Corporate Investment [J]. The Review of Financial Studies, 2016 (3): 523 – 564.

[147] Jones M, Čihák M, Al-Eyd A, et al. Three Scenarios for Financial Stability [R]. Global Financial Stability Report, October 2015: Vulnerabilities, Legacies, and Policy Challenges: IMF, 2015: 1 – 48.

[148] Minsky H P. Can It Happen Again?: Essays on Instability and Finance [M]. New York: Routledge, 2016: 1 – 11.

[149] Minsky H P. Stabilizing an Unstable Economy [M]. New York: McGraw-Hill, 2008.

[150] Fisher I. The Debt-deflation Theory of Great Depressions [J]. Econo-

metrica: Journal of the Econometric Society, 1933 (4): 337 – 357.

[151] De Paula L F R, Alves Jr A J. External Financial Fragility and the 1998 – 1999 Brazilian Currency Crisis [J]. Journal of Post Keynesian Economics, 2000 (4): 589 – 617.

[152] Schroeder S. Defining and Detecting Financial Fragility: New Zealand's Experience [J]. International Journal of Social Economics, 2009 (3): 287 – 307.

[153] Tymoigne E. Detecting Ponzi Finance: An Evolutionary Approach to the Measure of Financial Fragility [A]. New York: Levy Economics Institute of Bard College, 2010.

[154] Torres Filho E T, Martins N M, Miaguti C Y. Minsky's Financial Fragility: An Empirical Analysis of Electricity Distribution Firms in Brazil (2007 – 2015) [J]. Journal of Post Keynesian Economics, 2019 (1): 144 – 168.

[155] Nishi H. An Empirical Contribution to Minsky's Financial Fragility: Evidence from Non-Financial Sectors in Japan [J]. Cambridge Journal of Economics, 2019 (3): 585 – 622.

[156] Pedrosa Í. Firms' Leverage Ratio and the Financial Instability Hypothesis: An Empirical Investigation for the US Economy (1970 – 2014) [J]. Cambridge Journal of Economics, 2019 (6): 1499 – 1523.

[157] Kregel J A. Margins of Safety and Weight of the Argument in Generating Financial Fragility [J]. Journal of Economic Issues, 1997 (2): 543 – 548.

[158] Berger A N, Udell G F. The Institutional Memory Hypothesis and the Procyclicality of Bank Lending Behavior [J]. Journal of Financial Intermediation, 2004 (4): 458 – 495.

[159] Diamond D W, Dybvig P H. Bank Runs, Deposit Insurance, And Liquidity [J]. Journal of Political Economy, 1983 (3): 401 – 419.

[160] Allen F, Gale D. Optimal Financial Crises [J]. The Journal of Finance, 1998 (4): 1245 – 1284.

[161] Allen F, Gale D. Liquidity, Asset Prices and Systemic Risk [C]. Basel:

BIS, 2002.

[162] Mishkin F S. The Dangers of Exchange Rate Pegging in Emerging Market Countries [J]. International Finance, 1998 (1): 81 – 101.

[163] Gertler M, Bernanke B. Banking and Macroeconomic Equilibrium [M]. New York: Cambridge University Press, 1987.

[164] Eichengreen B, Hausmann R. Exchange Rates and Financial Fragility [A]. Federal Reserve Bank of Kansas City: Economic Policy Symposium, 1999: 329 – 368.

[165] Demirgüç – Kunt A, Detragiache E. The Determinants of Banking Crises in Developing and Developed Countries [J]. IMF Staff Papers, 1998 (1): 81 – 109.

[166] Bernanke B, Gertler M. Financial Fragility and Economic Performance [J]. The Quarterly Journal of Economics, 1990 (1): 87 – 114.

[167] Bernanke B S, Gertler M, Gilchrist S. The Financial Accelerator in a Quantitative Business Cycle Framework [J]. Handbook of Macroeconomics, 1999 (1): 1341 – 1393.

[168] Bordo M D, Meissner C M. The Role of Foreign Currency Debt in Financial Crises: 1880 – 1913 vs. 1972 – 1997 [J]. Journal of Banking and Finance, 2006 (12): 3299 – 3329.

[169] Calvo G A, Mendoza E G. Capital-markets Crises and Economic Collapse in Emerging Markets: An Informational-frictions Approach [J]. American Economic Review, 2000 (2): 59 – 64.

[170] Avdjiev S, Chui M, Shin H S. Non-financial Corporations from Emerging Market Economies and Capital Flows [R]. BIS Quarterly Review, 2014.

[171] Avdjiev S, Takáts E. Cross-border Bank Lending During the Taper Tantrum: The Role of Emerging Market Fundamentals [R]. BIS Quarterly Review, 2014.

[172] Alfaro L, Asis G, Chari A, et al. Corporate Debt, Firm Size and Financial Fragility in Emerging Markets [J]. Journal of International Economics,

2019 (118): 1 – 19.

[173] Bruno V, Shin H S. Currency Depreciation and Emerging Market Corporate Distress [J]. Management Science, 2020 (5): 1935 – 1961.

[174] Al-Thaqeb S A, Algharabali B G. Economic Policy Uncertainty: A Literature Review [J]. The Journal of Economic Asymmetries, 2019 (20): e00133.

[175] Ozili P K. Economic Policy Uncertainty in Banking: A Literature Review [M]. Handbook of Research on Financial Management During Economic Downturn and Recovery: Teixeira N M, Lisboa I, 2021: 275 – 290.

[176] Baker S R, Bloom N, Davis S J. Measuring Economic Policy Uncertainty [J]. The Quarterly Journal of Economics, 2016, 131 (4): 1593 – 1636.

[177] Manela A, Moreira A. News Implied Volatility and Disaster Concerns [J]. Journal of Financial Economics, 2017 (1): 137 – 162.

[178] Julio B, Yook Y. Political Uncertainty and Corporate Investment Cycles [J]. The Journal of Finance, 2012 (1): 45 – 83.

[179] Huang Y, Luk P. Measuring Economic Policy Uncertainty in China [J]. China Economic Review, 2020 (59): 101367.

[180] Davis S J, Liu D, Sheng X. Economic Policy Uncertainty in China Since 1949: The View from Mainland Newspapers [EB/OL]. https://policyuncertainty. com, 2019 – 08 – 21.

[181] Bernanke B S. Irreversibility, Uncertainty, And Cyclical Investment [J]. The Quarterly Journal of Economics, 1983 (1): 85 – 106.

[182] Bloom N. The Impact of Uncertainty Shocks [J]. Econometrica, 2009 (3): 623 – 685.

[183] Bhattacharya U, Hsu P H, Tian X, et al. What Affects Innovation More: Policy or Policy Uncertainty? [J]. Journal of Financial and Quantitative Analysis, 2017 (5): 1869 – 1901.

[184] Bonaime A, Gulen H, Ion M. Does Policy Uncertainty Affect Mergers and Acquisitions? [J]. Journal of Financial Economics, 2018 (3): 531 – 558.

[185] Pastor L, Veronesi P. Uncertainty About Government Policy and Stock

Prices [J]. The Journal of Finance, 2012 (4): 1219 – 1264.

[186] Çolak G, Durnev A, Qian Y. Political Uncertainty and IPO Activity: Evidence from US gubernatorial elections [J]. Journal of Financial and Quantitative Analysis, 2017 (6): 2523 – 2564.

[187] Francis B B, Hasan I, Zhu Y. Political Uncertainty and Bank Loan Contracting [J]. Journal of Empirical Finance, 2014 (29): 281 – 286.

[188] Waisman M, Ye P, Zhu Y. The Effect of Political Uncertainty on the Cost of Corporate Debt [J]. Journal of Financial Stability, 2015 (16): 106 – 117.

[189] Zhang G, Han J, Pan Z, et al. Economic Policy Uncertainty and Capital Structure Choice: Evidence from China [J]. Economic Systems, 2015 (3): 439 – 457.

[190] Bloom N, Bond S, Van Reenen J. Uncertainty and Investment Dynamics [J]. The Review of Economic Studies, 2007 (2): 391 – 415.

[191] Myers S C. Determinants of Corporate Borrowing [J]. Journal of Financial Economics, 1977 (2): 147 – 175.

[192] Pindyck R. Irreversibility, Uncertainty, and Investment [J]. Journal of Economic Literature, 1991 (3): 1110 – 1148.

[193] Akerlof G A. The Market for "Lemons": Quality Uncertainty and the Market Mechanism [J]. The Quarterly Journal of Economics, 1970 (3): 488 – 500.

[194] Spence M. Job Market Signaling [J]. The Quarterly Journal of Economics, 1973 (3): 355 – 374.

[195] Rothschild M, Stiglitz J. Equilibrium in Competitive Insurance Markets: An Essay on the Economics of Imperfect Information [J]. The Quarterly Journal of Economics, 1976 (4): 629 – 649.

[196] Pastor L, Veronesi P. Political Uncertainty and Risk Premia [J]. Journal of Financial Economics, 2013 (3): 520 – 545.

[197] Wu G L. Capital Misallocation in China: Financial Frictions or Policy

Distortions? [J]. Journal of Development Economics, 2018 (130): 203 – 223.

[198] He Z, Xiong W. Rollover Risk and Credit Risk [J]. The Journal of Finance, 2012 (2): 391 – 430.

[199] Rodrik D. Policy Uncertainty and Private Investment in Developing Countries [J]. Journal of Development Economics, 1991 (2): 229 – 242.

[200] Kim J, Wang Z, Zhang L. CEO Overconfidence and Stock Price Crash Risk [J]. Contemporary Accounting Research, 2016 (4): 1720 – 1749.

[201] Jurkus A F, Park J C, Woodard L S. Women in Top Management and Agency Costs [J]. Journal of Business Research, 2011 (2): 180 – 186.

[202] Byoun S, Chang K, Kim Y S. Does Corporate Board Diversity Affect Corporate Payout Policy? [J]. Asia-Pacific Journal of Financial Studies, 2016 (1): 48 – 101.

[203] Faccio M, Marchica M, Mura R. CEO gender, corporate risk-taking, and the efficiency of capital allocation [J]. Journal of Corporate Finance, 2016 (1): 193 – 209.

[204] Kim C F, Wang K, Zhang L. Readability of 10 – K Reports and Stock Price Crash Risk [J]. Contemporary Accounting Research, 2019 (2): 1184 – 1216.

[205] Kim J, Zhang L. Accounting Conservatism and Stock Price Crash Risk: Firm-Level Evidence [J]. Contemporary Accounting Research, 2016 (1): 412 – 441.

[206] Kim J, Li Y, Zhang L. CFOs versus CEOs: Equity incentives and crashes [J]. Journal of Financial Economics, 2011 (3): 713 – 730.

[207] Xu N, Li X, Yuan Q, et al. Excess perks and stock price crash risk: Evidence from China [J]. Journal of Corporate Finance, 2014 (25): 419 – 434.

[208] Andreou P C, Louca C, Petrou A P. CEO Age and Stock Price Crash Risk [J]. Review of Finance, 2017 (3): 1287 – 1325.

[209] Lee M. Corporate social responsibility and stock price crash risk [J]. Managerial Finance, 2016 (10): 963 – 979.

[210] An H, Zhang T. Stock price synchronicity, crash risk, and institutional investors [J]. Journal of Corporate Finance, 2013 (21): 1 – 15.

[211] Daryoush F, Gholamhossein K, Arezoo H. The Influence of Institutional Investors on the Incorporation of Market and Firm-Specific Information into Stock Prices and Crash Risk [J]. Asian Journal of Research in Banking and Finance, 2014 (2): 13 – 21.

[212] Xu N, Jiang X, Chan K C, et al. Analyst coverage, optimism, and stock price crash risk: Evidence from China [J]. Pacific-Basin Finance Journal, 2013 (25): 217 – 239.

[213] Callen J L, Fang X. Religion and Stock Price Crash Risk [J]. Journal of Financial and Quantitative Analysis, 2015 (1 – 2): 169 – 195.

[214] Tyson T. Believing That Everyone Else Is Less Ethical: Implications for Work Behavior and Ethics Instruction [J]. Journal of business ethics, 1990 (9): 715 – 721.

[215] Arlow P. Personal Characteristics in College Students' Evaluations of Business Ethics and Corporate Social Responsibility [J]. Journal of business ethics, 1991 (1): 63 – 69.

[216] Dreber A, Johannesson M. Gender differences in deception [J]. Economics Letters, 2008 (1): 197 – 199.

[217] Byrnes J P, Miller D C, Schafer WD. Gender differences in risk taking: A meta-analysis. [J]. Psychological Bulletin, 1999 (3): 367 – 383.

[218] Kisgen J, Huang D. Gender and Corporate Finance [J]. Journal of Financial Economics, 2008.

[219] Hillman A J, Shropshire C, Albert A, et al. Organizational Predictors of Women on Corporate Boards [J]. Academy of Management Journal, 2007 (4): 941 – 952.

[220] Perryman A A, Fernando G D, Tripathy A. Do gender differences persist? An examination of gender diversity on firm performance, risk, and executive compensation [J]. Journal of Business Research, 2016 (2): 579 – 586.

［221］ Pelled L H, Eisenhardt K M, Xin KR. Exploring the black box: an analysis of work group diversity, conflict, and performance ［J］. Administrative Science Quarterly, 1999, 44 (1): 1-28.

［222］ Adams R B, Ferreira D. Women in the boardroom and their impact on governance and performance ［J］. Journal of Financial Economics, 2009 (2): 291-309.

［223］ Croson R, Gneezy U. Gender Differences in Preferences ［J］. Journal of Economic Literature, 2009 (2): 448-474.

［224］ Offermann L, BeilC. Achievement styles of women leaders and their peers: Toward an understanding of women and leadership ［J］. Psychology of Women Quarterl, 2004 (16): 37-56.

［225］ Haslam S, Michelle R. The Glass Cliff: Evidence that Women are Over-Represented in Precarious Leadership Positions ［J］. British Journal of Management, 2005 (16): 81-90.

［226］ Nalikka A. Impact of Gender Diverity on Voluntary Disclosure in Annual Reports ［J］. Accounting and Taxation, 2009 (1): 101-113.

［227］ Francis B, Hasan I, Park J C, et al. Gender Differences in Financial Reporting Decision Making: Evidence from Accounting Conservatism ［J］. Contemporary accounting research, 2015 (3): 1285-1318.

［228］ Peni E, Vähämaa S. Female executives and earnings management ［J］. Managerial Finance, 2010 (7): 629-645.

［229］ Liu Y, Liu Y, Wei Z, et al. CFO gender and earnings management: evidence from China ［J］. Review of quantitative finance and accounting, 2016 (4): 881-905.

［230］ Kisge J, Huang D. Gender and Corporate Finance ［J］. Journal of Financial, 2012 (13): 35-47.